Friedrich Rückert

Saadis Bostan

aus dem Persischen übersetzt

Friedrich Rückert

Saadis Bostan
aus dem Persischen übersetzt

ISBN/EAN: 9783742895530

Hergestellt in Europa, USA, Kanada, Australien, Japan

Cover: Foto ©Thomas Meinert / pixelio.de

Manufactured and distributed by brebook publishing software
(www.brebook.com)

Friedrich Rückert

Saadis Bostan

Saadi's

Bostan

aus dem Persischen übersetzt

von

Friedrich Rückert.

—

Leipzig

Verlag von S. Hirzel

1882.

Vorwort.

Saadi, der größte Lehrdichter der Perser, wurde zu Schiras im letzten Viertel des zwölften Jahrhunderts n. Chr. geboren (s. Bostan 2, 17 und 220, 1), studierte, nachdem er seinen Vater früh verloren (das. 47, 11), in dem von Nisam elmulk zu Bagdad gegründeten Colleg (das. 187) und trat dann, noch sehr jung, große Reisen an. Eine seiner ersten Wanderungen führte ihn nach Syrien, wo er den Kreuzfahrern in die Hände fiel und von diesen gezwungen wurde, mit anderen Gefangenen an den Befestigungen von Tripoli zu arbeiten (Gulistan, übersetzt von Graf, S. 83). Von einem Gönner in Aleppo für zehn Goldstücke losgekauft, heiratete er dessen Tochter; doch war diese Ehe sehr unglücklich (das.), und der Mangel an häuslichem Behagen scheint es gewesen zu sein, welcher den Dichter bald von neuem in das Wanderleben trieb. So machte er, wie sich aus verschiedenen Stellen seiner Werke ergibt, nicht nur wiederholt die Pilgerfahrt nach Mekka und Medina, sondern besuchte auch fast alle muhammedanischen Länder Asiens; nur seinen angeblichen Aufenthalt in Indien (Bostan 219), dessen Schilderung mancherlei Unwahrscheinlichkeiten enthält, scheint Saadi erdichtet zu haben. Nach seinen Reisen in seine Heimat Schiras, welche sich unter dem Atabek Abu Bekr ben Saad (reg. 1226—1261 n. Chr.) einer ruhigen und glücklichen Zeit erfreute, zurückgekehrt, begann er erst jetzt, seine reichen Erfahrungen und die durch dieselben gewonnenen Anschauungen und Grundsätze dichterisch zu verwerten. Aus seiner beschaulichen Ruhe von neuem durch Einfälle der Mongolen gestört, nützte er seiner bedrängten Vaterstadt durch seine gewichtige Fürsprache bei dem Kaiser Abaka Chan, einem Enkel des Dschingischan, und dessen Statthalter Ankianu, und starb daselbst, als Heiliger verehrt, in ungewöhnlich hohem Alter im Jahre 1291 oder 1292 n. Chr.

Unter den zahlreichen Werken Saadi's sind die beiden be=
deutendsten und deshalb mit Recht berühmtesten das Guliſtan
und das Boſtan.* Der erſte Titel bedeutet „Roſengarten"; der
zweite pflegt mit „Frucht" oder „Baumgarten" überſetzt zu wer=
den, wie ich glaube nicht mit Recht. Wörtlich heißt Boſtan
„Stätte des Wohlgeruches", und die perſiſchen Lexikographen er=
klären hiernach das Wort als 1) ſynonym mit Guliſtan, und
2) einen Ort bedeutend, an welchem wohlriechende Früchte
wachſen. Daß Saadi das Wort als Titel ſeines Werkes in erſterem
Sinne aufgefaßt wiſſen wollte, ergibt ſich aus dem Verſe 2, 29:

O Saadi, haſt du hier nicht Roſen ins Boſtan
Getragen, thöricht wie Gewürz nach Hindoſtan?

Dieſem Verſe zufolge dachte ſich alſo Saadi das Boſtan nicht mit
Früchten, ſondern, ebenſo wie das Guliſtan, mit Roſen bereits
ſo reichlich angefüllt, wie Hindoſtan mit Gewürzen. Graf, von
deſſen Ausgabe und Verdeutſchung des Boſtan unten die Rede
ſein wird, überſetzt nicht unpaſſend „Luſtgarten".

Über die Zeit der Entſtehung ſeiner beiden Werke, des Gu=
liſtan und des Boſtan, gibt uns Saadi ſelbſt die bündigſte Aus=
kunft. Das Boſtan wurde nach 2, 17 im Jahre 655 der Flucht,
welches faſt genau dem chriſtlichen Jahre 1257 entſpricht, das
Guliſtan, wie gleichfalls der Dichter in dieſem Werke ſelbſt an=
gibt, nur ein Jahr ſpäter verfaßt. Saadi war damals ungefähr
70 Jahre alt (ſ. Boſtan 220, 1). Rückert findet dieſe raſche Auf=
einanderfolge zweier ſo bedeutender Werke „kaum glaublich" (ſ. die
Anmerkung zu 2, 17); die Thatſache, an welcher nicht zu zweifeln
iſt, wird vielleicht begreiflicher durch die Annahme, daß Guliſtan
und Boſtan in dem genannten kurzen Zeitraume nicht ſowol ver=
faßt, als vielmehr nur abgeſchloſſen und veröffentlicht ſein dürften.

* Ich folge Rückert, indem ich beide Wörter als Neutra behandle. Sonſt pflegen
dieſelben im Teutſchen als Maskulina betrachtet zu werden, indem man ihnen das=
jenige Geſchlecht gibt, welches die ihnen entſprechenden teutſchen Wörter haben. Das
Neuperſiſche ſelbſt hat kein grammatiſches Geſchlecht.

Dem zeitlichen Zusammenhange im Entstehen beider Werke ent
spricht ihr nahe verwandter Inhalt: beide verfolgen einen durch
aus didaktischen Zweck und suchen denselben zu erreichen, indem
sie an häufig recht kurze und triviale Erzählungen Lehren und
Betrachtungen anknüpfen. Das Bostan läßt die lehrhafte Seite
den Erzählungen gegenüber in noch weit stärkerem Grade hervor
treten, als das Gulistan, welches seine Erzählungen etwas mehr
entwickelt und dagegen seine Lehren in etwas knapperer Form
gibt; und diesem Umstande, neben dem anderen, daß das Bostan
durchaus in dem gleichen, etwas ermüdenden Versmaße, das
Gulistan dagegen in einer zwischen Prosa und Versen angenehm
wechselnden Form abgefaßt ist, mag es zuzuschreiben sein, daß das
Gulistan, obgleich eigentlich, wie schon die Zeitfolge andeutet, nur
eine Art Supplement zum Bostan, doch im Orient viel weiter
verbreitet, im Occident seit weit längerer Zeit bekannt ist, als
das Bostan. In Sammlungen persischer Handschriften pflegen
noch einmal so viele Exemplare des Gulistan, als des Bostan
vorhanden zu sein, und was Ausgaben und Übersetzungen an
langt, so ist das Gulistan bereits im Jahre 1651 zu Amsterdam
persisch und lateinisch gedruckt und nur drei Jahre später in das
Deutsche von Adam Olearius übersetzt worden, welcher als ein
Mitglied der von dem Herzoge Friedrich von Schleswig Holstein
nach Persien geschickten Gesandtschaft, der auch Paul Fleming
angehörte, Gelegenheit gehabt hatte, die persische Sprache zu er
lernen. Seitdem ist das Buch vielmals herausgegeben und in
fast alle Sprachen Europa's übersetzt worden.* Weniger Berück
sichtigung fand das Bostan. Zwar erschien bereits im Jahre 1696,
als Anhang zu einer erneuten Auflage der Reisebeschreibung des
Olearius, neben der Übersetzung des Gulistan auch eine angeb-

---

* Die beste deutsche Übersetzung ist die von K. H. Graf (Leipzig 1846. 8°), die
beste französische die von Defrémery (Paris 1858. 8°), die beste englische die von East
wick (Hertford 1852. 8°), welche zugleich mit geschmackvollem und stilhaftem Luxus aus
gestattet ist.

liche Übersetzung des Bostan („Persianischer Baumgarten"); doch
ist diese, nicht nach dem persischen Originale, sondern nach einer
(ungedruckten) holländischen Übersetzung verfertigte Arbeit kaum
im Stande, auch nur eine schwache Vorstellung von den Vorzügen
des Gedichtes zu geben. Fast volle hundert Jahre lang geschah
nun für das Bostan nichts, bis im Jahre 1791 zu Calcutta der
erste Band der von J. H. Harington besorgten Gesammtausgabe
der Werke Saadi's und in ihm (Fol. 94—199) der erste Druck
das Bostan erschien. Eine stattliche Reihe von Ausgaben, welche
zum Teil mit persischen oder türkischen Commentaren versehen
sind, folgte dieser ersten. Was deutsche, aus dem Originale
geflossene Übersetzungen des Bostan betrifft, so möge zunächst
die von dem österreichischen Orientalisten O. v. Schlechta-Wssehrd
veröffentlichte Auswahl Erwähnung finden (Wien 1853. 8°); sie
ist in gewandten Versen verschiedener Form abgefaßt, trägt jedoch
mehr den Charakter einer Umdichtung, als den einer dem Originale Vers für Vers folgenden Verdeutschung. Bereits zwei
Jahre früher (Jena, 1850. 12°) hatte der schon als Übersetzer
des Gulistan genannte K. H. Graf, welchem wir auch eine Ausgabe des Bostan verdanken, die erste und bis jetzt einzige voll-
ständige, dem Originale sich eng anschließende, poetische Übersetzung
dieses Werkes erscheinen lassen. Von englischen Übersetzungen
ist die (mir nicht bekannte) von E. Clarke (London, 1879. 8°),
von französischen die sehr empfehlenswerthe von Barbier de Meynard
(Paris, 1880. 8°) zu erwähnen. Die beiden letztgenannten sind
in Prosa abgefaßt.

Die Übersetzung von Graf ist eine durchaus anerkennenswerte
Leistung, sowol was die Wiedergabe des Sinnes, als was die dich-
terische Form anbelangt. Trotzdem wird es nicht der Entschuldigung bedürfen, wenn jetzt eine Übersetzung Fr. Rückert's, in welchem
sich der Gelehrte und der Dichter zu seltener Vollkommenheit ver-
einigten, der Öffentlichkeit übergeben wird. An vielen Stellen
seiner Übersetzung wird man den wirklichen, dem Verfasser eben-

bürtigen Dichter erkennen, und es ist nur zu bedauern, daß Rückert, wie sich aus mancherlei Schreib= und sonstigen kleinen Versehen erkennen läßt*, es verschmäht hat, seine Übersetzung einer Revi= sion und abschließenden Überarbeitung zu unterwerfen: er würde dann gewiß mit Leichtigkeit manche Härte entfernt haben, die so hat stehen bleiben müssen. Aus eben dem Umstande, daß Rückert, nachdem er seine Übersetzung — sauber und nur mit wenigen Cor= recturen — niedergeschrieben, dieselbe nicht noch einmal durch= gelesen hat, wird man vielleicht schließen dürfen, daß sie ein Werk seiner letzten Lebensjahre ist. Ein fester Anhalt zur Bestimmung der Zeit, in welcher sie entstand, fehlt mir.

Was den Text betrifft, welchem Rückert bei seiner Über= setzung folgte, so ist als sicher anzunehmen, daß er die von Harington besorgte editio princeps vor sich hatte. Entscheidend hierfür ist schon allein der Umstand, daß denjenigen Abschnitt, welchen Rückert als Nr. 53 übersetzt hat, von den sieben mir vorliegenden Drucken nur eben der Harington'sche (Fol. 126ᵃ) genau in der von der Übersetzung befolgten Fassung enthält.** Daß Rückert daneben auch hier und da Lesarten durch Conjectur,*** vielleicht auch aus Handschriften oder anderen Ausgaben haben mag, ist wahrscheinlich; zur genaueren Nachprüfung war mir die für die Drucklegung der Übersetzung bestimmte Zeit zu knapp zugemessen.

Daß Rückert in seiner Übersetzung dem sechsfüßigen Jambus vor dem von Graf gewählten fünffüßigen den Vorzug gab, ist ge= wiß zu billigen: der sechsfüßige, von Rückert auch in seiner „Weis= heit des Brahmanen" angewandte ist getragener, deßhalb für ein Lehrgedicht geeigneter und kommt auch dem Versmaße des Ori= ginals (Mutakarib):

$$\smile - - \quad \smile - - \mid \smile - - \quad \smile -$$

_____

* m. vgl. 61, 3; 119, 14; 176, 3; 191, 6; 218, 6; die Überschrift der neunten Pforte (S. 252); 240, 3; 249, 8. Kleinere Schreibfehler sind hie und da stillschweigend verbessert worden.
** vgl., neben andern Stellen, besonders auch die Anmerkungen zu 231, 8 und 232, 17.
*** nicht sowol auf einer Conjectur, als vielmehr auf einem Lesefehler scheint die Variante zu beruhen, nach welcher Rückert den Vers 156, 1 übersetzt hat.

näher. Zur Probe hat Rückert den Abschnitt 174 auch in diesem Versmaße übersetzt (s. die Anmerkung auf S. 205), und dieser Probe in seinem Manuscripte die Bemerkung beigefügt: „Vielleicht findet man diesen Ton angemessener, und vielleicht gibt sich ein anderer die nicht geringe Mühe, ihn in einer neuen Übersetzung durchzuführen." Schwerlich! hat es doch auch der formgewandte Platen dabei bewenden lassen, die acht ersten Doppelverse von Nisami's Iskandernameh in diesem, der deutschen Sprache wenig angemessenen Versmaße nachzubilden (Werke, Ausgabe in einem Bande, Stuttgart 1839, Fol., S. 156).

Aus den von Rückert sehr flüchtig niedergeschriebenen, oft nur skizzierten Anmerkungen habe ich, dem berechtigten Wunsche des Herrn Verlegers folgend, nur diejenigen für den Druck ausgewählt, welche zum Verständnisse des Gedichtes, hauptsächlich für Nichtorientalisten, nötig schienen. Einige Anmerkungen habe ich zu gleichem Zwecke auch selbst beigefügt; diese sind dadurch kenntlich gemacht, daß sie in eckige Klammern eingeschlossen sind.

Was endlich die deutsche Orthographie betrifft, so habe ich mich beim Abdrucke des Rückert'schen Manuscripts wohl im allgemeinen, nicht aber mit Ängstlichkeit an die in demselben befolgte Schreibung gehalten. Ich glaubte mich zu einzelnen Abweichungen berechtigt, da Rückert, wie sein Sohn Heinrich sagt, „niemals einen dauernden Frieden mit der deutschen Orthographie geschlossen hatte, aber doch auch sich der einmal zur Regel erhobenen Willkür in derselben niemals ganz entschlagen konnte"; ja, es fehlt nicht an Beispielen, daß im Manuscripte des Bostan selbst ein und dasselbe Wort an verschiedenen Stellen verschieden geschrieben wird.*

Gotha, November 1882.   W. Pertsch.

---

* z. B. Athem und Atem, Mähre und Märe (beides im Sinne von „Erzählung") und wohl noch a. m.

Inhalt.

Lob Gottes.

1 Im Namen dessen, der den Geist zum Schwunge schuf,
Des Meisters, der das Wort auf unsrer Zunge schuf:

2 Des Huldverleihers, der die Hand zur Hülfe beut,
Des Schuldverzeihers, den der Bitt' Erhörung freut:

3 Des Herrn der Ehren: wer von seiner Thür gegangen,
Zu welcher Thür er geht, wird er nicht Ehr' erlangen.

4 Das Padischahenhaupt, das hoch den Nacken trägt,
Ist in den Staub des Flehns vor seinem Thron gelegt.

5 Er will den Frevelnden nicht auf der Stell' erfassen,
Und nicht den Flehenden in Ungenad' entlassen.

6 Und zeigt er sich erzürnt ob deinem bösen Wandel:
Kehrst du zum Bessern um, so thut er ab den Handel.

7 Wenn widerspenstig sich dem Vater zeigt ein Kind,
So ist des Vaters Zorn gewißlich ungelind:

- 8 Wenn mit den Eignen ist der Eigner unzufrieden,
Wie Fremde werden sie von ihm vors Thor beschieden:

9 Und wenn der Knecht nicht flink will an die Arbeit gehn,
Wird er bei seinem Herrn nicht lang in Gnade stehn:

10 Wenn du den Freunden nicht erweisest Freundlichkeit,
Wird sich der Freund von dir zurückziehn meilenweit:

11 Und wenn ein Mann vom Heer versäumt den Dienst der Waffen,
So hat der Heerfürst bald mit ihm nichts mehr zu schaffen:

12 Doch Er, der Herr, der herrscht so tief als hoch empor,
Schließt keinem über sein Vergehn des Soldes Thor.

13 Der Erde breiten Tisch deckt er für Arm und Reich,
Und Freund und Feind gilt an der offnen Tafel gleich.

14 Vorstellungen von gleich und ungleich sind geschwunden
Vor ihm, des Wesen ist der Gegensätz' entbunden.

14ᵇ Er, der sich selbst genügt in seiner Herrlichkeit,
Bedarf des Dienstes nicht, den Dschinn und Mensch ihm weiht.

15 Ein jedes Was und Wer ist seines Winks gewärtig,
So Mück' als Mensch, so Fisch als Vogel ihm dienstfertig.

16 Soweit hin hat den Tisch er seiner Huld gedeckt,
Daß Simurg auf Berg Kaf davon den Anteil schmeckt.

17 Der Spender reich an Huld, der werkbeschickende,
Geheimniskundige, Geschöpferquickende.

18 Nur ihm kommt Hochgefühl und Ichheit zu mit Fug,
Denn ewig ist sein Reich, sein Wesen selbgenug.

19 Dem einen setzt er auf das Haupt des Glückes Krone,
Den andern ziehet er zum Staub herab vom Throne.

20 Er macht zum Rosenbeet dort für den Freund die Glut,
Und wirft ins Feuer hier ein Heer aus Niles Flut.

21 Das dort sein offner Brief als seiner Gnade Spiegel,
Dies hier sein Machtbefehl mit Namenszug und Siegel.

22 Wo er das Schwert der Macht in Schrecken gürtet um,
Da bergen Cherubim vor ihm sich taub und stumm.

23 Wo freien Zutritt dann gewährt sein Gnadenhauch,
Da sagt Asasil wol: ein Anteil wird mir auch.

24 Wo seine Herrlichkeit und Huld Eintritt erlaubt,
Thun ihre Herrlichkeit die Herrlichen vom Haupt.

---

¹³ Göthe's Diwan, Buch der Sprüche:
   Welch eine bunte Gemeinde!
   An Gottes Tisch sitzen Freund' und Feinde.
¹⁵ [Simurg, ein fabelhafter Vogel von ungeheurer Größe, wird auf dem die Erd-
scheibe umgebenden Gebirge Kaf nistend gedacht.]
²⁰ Der Freund Chalil Abraham. Das Heer wol Pharao's.
²³ Asasil — der gefallne Engel Asa oder Asa'el, vergl. Klopstock's Abbadonna.

25 Den Armdemütigen ist sein Erbarmen nah,
Gewärtig dem Gebet der Flehenden sein Ja.

26 Sein scharfer Blick durchforscht des Ungeschehnen Kreise,
Und Ungesprochenes hört seines Ohres Leise.

27 In Höh' und Tief' entzieht sich seiner Obhut nichts,
Noch seiner Rechenschaft am Tage des Gerichts.

28 Wer muß den Nacken nicht erniedern unter ihn?
Und über seine Schrift wer darf den Finger ziehn?

29 Der Uranfängliche, der alles Guten waltet,
Mit Schicksalsmaß die Frucht im Mutterleib gestaltet,

30 Er hat von Ost zu West für Sonn' und Mond bereitet
Die Straßen, und die Welt aufs Wasser hingebreitet.

31 Der Erde Teppich hat er hingebreitet gut
Wie eines Heiligen Bet'teppich auf die Flut.

32 In seiner Furcht ergreift die Erd' ein Fieberschauer,
Sie wankt, da stützt er sie mit der Gebirge Mauer.

33 Ein Samentröpfchen hat er pergleich gestaltet;
Wo ist ein Bildner, der Gestalt aus Flut entfaltet?

34 Er wirft aus Wolkenschoß ein Tröpflein in den Tos,
Ein Tröpflein aus der Lend' in einen Mutterschoß;

35 Aus jenem Tropfen läßt er eine Perl' entstehn,
Und einen Menschenwuchs hervor aus diesem gehn.

36 Rubin und Saphir legt er in Steinlenden hier,
Dort Rosen von Rubin auf Zweige von Saphir.

37 Kein Stäubchen ist, dem er nicht wöge sein Geschick,
Denn gleich ist unsichtbar und sichtbar seinem Blick.

33 Vergl. Göthe's Weltseele:
Das Wasser muß, das unfruchtbare, grünen,
Und jedes Stäubchen lebt.
und im Diwan (Buch des Sängers):
Schöpft des Dichters reine Hand,
Wasser wird sich ballen.

38 Er gibt der Schlang' und gibt der Ameis' ihre Spende,
Ob jen' auch ohne Fuß und dies' ist ohne Hände.

39 Sein Wort hat aus dem Nichts der Schöpfung Flor gebracht:
Wer außer ihm hat Sein aus Nichtsein vorgebracht?

40 Und in des Nichts Verschluß bringt er zurück die Welt,
Und führt sie draus hervor ins Auferstehungsfeld.

41 Darüber, daß er ist, sind wir all einverstanden,
Darüber, was er ist, all in Unwissens Banden.

42 Kein Ende seiner Größ' ist Menschen abzusehn,
Noch Grenzen seiner Macht dem Auge zu erspähn.

43 Zum Gipfel seines Seins hebt Ahnung nicht die Schwingen,
Die Einsicht kann die Hand zum Saum des Kleids nicht bringen.

44 Ich saß, wie manche Nacht! an dem verlornen Weg,
Als die Betäubung mich am Ärmel zog: hinweg!

45 Viel Schiffe scheiterten in diesem Wogenbrande,
Von denen nicht ein Boot zum Vorschein kam am Strande.

46 Wol an Wohlredenheit kann man dem Sahban gleichen,
Doch nicht darum was unaussprechlich ist erreichen.

47 Ein Engel das Gebiet der Schöpfung übersieht,
Doch Ihn zu schaun ist nicht in deines Geists Gebiet.

48 Erwählte sporneten ihr Roß auf diesen Wegen,
Doch zahllos unterwegs sind sie dem Ritt erlegen.

49 Nicht gegen jede Stell' es anzureiten gilt,
An mancher Stelle gilts zu werfen weg den Schild.

50 Die Schale füllen sie wol einem bei dem Mahle,
Doch mit Betäubungssaft nur füllen sie die Schale.

51 Und wenn ins Heiligtum man einließ den Geweihten,
So schließt man hinter ihm, er darf heraus nicht schreiten.

52 Den Weg zu Karun's Schatz fand keiner, oder wer
Auch fand den Weg, der fand den Rückweg doch nicht mehr.

52 [Karun, der Korah der Bibel, ist sprichwörtlich wegen seines Reichthums.]

53 Dem einen Falken sind vernäht die Augenlider,
Der andre sieht, allein versengt ist sein Gefieder.

54 Wenn diese Fahrt ist anzutreten dein Begehr,
So brich zuerst den Fuß dem Roß der Wiederkehr.

55 Im Herzenspiegel mußt du stille dich beschaun,
Und dich mit Lauterkeit allmählich ganz durchthaun;

56 Damit vielleicht ein Duft der Liebe dich berausche,
Dein suchend Ohr das Wort des ew'gen Bunds erlausche.

57 Wenn mit der Forschung Fuß bis dort hinan du dringst,
Dann dich von dort empor mit Liebesflügeln schwingst,

58 Das Schaun vom Schleierflor des Wähnens dich befreit,
Und kein Zeltvorhang bleibt als Gottes Herrlichkeit.

59 Wenn der Vernunft Gespann alsdann erliegen will,
Hält das Erstaunen ihm den Zügel an: steh still!

60 Das ist das Meer, durch das allein der Spürer ging:
Ab kam vom Wege, wer nicht hinterm Führer ging.

61 Die da zurückgekehrt von dieser Fahrt bestäubt,
Die gingen weit umher und sind davon betäubt.

62 Wol mancher for den Weg zuwider dem Propheten,
Der nie die Station des Heiles wird betreten.

63 Saadi, unmöglich ist's, zu der Erwählung Flur
Zu kommen anders als auf des Erwählten Spur.

(2.)

Vom Anlaß zum Dichten dieses Buches.

1 Die Grenzen aller Welt durchschweift' ich weit und lang,
Und Umgang hielt ich gern mit jedem auf dem Gang.

2 In jedem Winkel ward ich an Erfahrung reicher,
Und Ähren las ich mir aus jedem Garbenspeicher.

---

63) Der Erwählte, Muftafa = Mohammed.

3 Den Männern Schiras gleich, fromm und bescheiden, fand
Ich keine sonst: von Gott gesegnet sei dies Land!

4 Mit Freundesneigung zu den Edlen dieser Auen
Erweckt' ich mein Gemüt aus Roms und Syriens Gauen.

5 Es schien mir Unrecht, wenn aus all den Würzegärten
Mit leerer Hand ich sollt' heimkommen den Gefährten.

6 Zum Herzen sprach ich: Aus Ägypten Zuckerland
Bringt von der Reise mit den Freunden Freundesband.

7 Von solchem Zuckerland wenn leer ist meine Hand,
Doch hab' ich Worte süß weit über Zuckerkand.

8 Nicht solch ein Zuckerland wie mit dem Mund man kaut,
Ein solcher wie ein Mann von Geist auf Blättern baut.

9 Als diesen Glückspalast ich anfing aufzuführen,
Versah ich ihn mit zehn der Zucht und Sitte Thüren.

10 Die erste Thür ist Recht, Gerechtigkeit und Rat
Des Volksbehütenden, der Gott vor Augen hat.

11 Als zweite Pforte hab' ich Wohlthun aufgeführt,
Weil der Wohlthätige Gott dankt wie's ihm gebührt.

12 Die dritte Pfort' ist Lieb' und Rausch und trunkner Sinn,
Nicht Liebe, die mit Lug sucht bei sich selbst Gewinn.

13 Die vierte Demut und die fünfte Gottgefallen,
Die sechste deren Lob, die da genügsam wallen.

14 Zum siebenten soll Zucht und Bildung Eingang finden,
Zum achten Thore Dank für Heil und Wohlbefinden.

15 Im neunten Thore kommt Bekehrung, Reu und Buß',
Im zehnten ein Gebet und unsres Buches Schluß.

16 Am herrlichsten der Tag' und in der Jahre besten,
In wonniglicher Zeit all zwischen beiden Festen,

---

⁹ Zehn Thüren, oder Pforten (arab. bâb, pers. der), d. i. Hauptstücke, Kapitel.

¹⁶b Zwischen dem großen und dem kleinen Beiramfeste.

17 Als fünfundfunfzig zu sechshundert ward gezählt,
Ward mir dies Schatzhaus voll von Perlen auserwählt.

18 Wie aber reich im Schoß mir die Juwelen blinken,
So laß' ich auf die Brust beschämt den Kopf noch sinken.

19 Denn in dem Perlenmeer sind Muschelschalen auch,
Und zwischen Bäumen wächst im Garten mancher Strauch.

20 Wolan, Verständiger, geschmückt mit reiner Zucht!
Ich hörte nie, daß ein Verständ'ger Fehler sucht.

21 Ein Leibrock mag von Taft und von Glanzseide sein,
Notwendig fügt sich ihm der Watte Stopfwert ein.

22 Wenn lauter Seide nicht du fandst, nicht zürne du,
Laß Großmut walten und das Stopfwerk decke zu.

23 Ich brüste mich nicht stolz mit eigner reicher Habe,
Und strecke selber aus die Hand nach milder Gabe.

24 Ich höre, daß am Tag voll Hoffen und Erbeben
Um Guter willen Gott den Bösen wird vergeben;

25 Wenn Böses du entdeckst in meiner Rede Kreise,
So handle du auch nach des Weltenschöpfers Weise.

26 Wenn unter hunderten ein Vers dir wohlgefällt,
Bei Menschlichkeit! o sei dein Tadel eingestellt.

27 Wol weiß ich, daß in Fars so meine Schreiberei
Wie Muskus ohne Wert ist in der Tatarei.

28 Wie Trommelschall hab' ich von fern Aufsehn erweckt,
Und die Verborgenheit hielt meinen Fehl bedeckt.

29 O Saadi, hast du hier nicht Rosen ins Bostan
Getragen thöricht wie Gewürz nach Hindostan?

---

17 Also im Jahr 655 der Hedschra (= 1257 n. Chr.) ist das Bostan vollendet, ein
einziges Jahr vor dem Gulistan, dessen Abfassung der Dichter in einem Tarich [Chrono-
gramm] auf 656 setzt. Kaum glaublich. Im Gulistan finden sich viele Verse des Bostan
eingelegt.
²ᵃ Fars, das engere Persien, dessen Mittelpunkt Schiras [also die Heimat des
Saadi.]
b Muskus in der Tatarei in Überfluß verhanden, wie Poesie in Fars.

30 Wie eine Dattel, an der Haut mit Süße fein
Bestrichen, aufgemacht, im Innern ist ein Stein.

(3.)
Zum Lobe seines Fürsten.

1 Zu solcher Weise war mein Wesen nie geneigt:
Zu singen Fürstenlob hab' ich nie Lust bezeigt.

2 Doch hab' ich ein Gedicht gemacht auf Eines Namen,
Das nachgesprochen sei von aller Edlen Samen:

3 Daß Saadi, der den Preis der Red' errungen hat,
Gelebt hat in der Zeit des Abubeker Saad.

4 Wol billig seine Zeit rechn' ich zum Ruhm mir an,
Wie der Prophet sich selbst die Zeit von Nuschirwan.

5 Ein solcher Herr der Welt und Hort des Glaubens war,
Wie Abubeker Saad, nicht wieder seit Omar.

6 Der hohen Häupter Haupt, der Kronenträger Krone,
Gerechtigkeit beglückt die Welt von seinem Throne.

7 Wer vor Bedrängnissen muß suchen einen Hort,
Findet in diesem Reich allein den Zufluchtsort.

8 Gesegnet sei die Burg, gleich Kaaba's heil'ger Bucht,
Um die ein Zudrang ist aus jeder Thalesschlucht.

9 Nie hab' ich solche Schätz' und solche Macht gesehn
So zu Gebot dem Greis als wie dem Kinde stehn.

10 Noch kein Bedrängter kam zu ihm mit einem Schmerz,
Dem er ein Pflaster nicht gelegt aufs wunde Herz.

30 erklärt sich aus 28.
1 Mohammed sagt nach der Überlieferung wohlgefällig von sich, daß er unter Nuschirwan dem Gerechten geboren sei. Saadi ist aber nicht unter Abubekr ben Saad geboren, sondern unter dessen Vater Saad, von dem er seinen Zunamen Saadi hat.

11 Den für so Vieler Wohl bemühten Hoffnungsreichen,
Laß, Gott, die Hoffnung ihn auch, die er hegt, erreichen.
12 Des Himmels Höhn erreicht die Spitze seiner Haube,
Doch liegt in Demut noch das Haupt ihm tief im Staube.
13 Wenn sich ein Unterthan demütigt, was ist's dann?
Ein Obrer demutsvoll das ist ein Gottesmann.
14 Demut ist ein Verdienst an hohen Nacken nur,
Denn schon demütig ist ein Bettler von Natur.
15 Doch seine Tugenden sie bleiben nicht verschwiegen;
Stets wird von Edelmut der Ruhm die Welt durchfliegen.
16 Auf so hochsinnigen und hochgebornen Mann
Besinnt die Welt sich nicht, solang sie sich besann.
17 In seinen Tagen siehst du keinen, welchen graust
Vor Überwältigung von übermächt'ger Faust.
18 Wer hat je solche Zucht und solch Gericht gesehn?
Feridun, herrlich wie er war, hat's nicht gesehn.
19 Das dienet sein Verdienst so stark vor Gott zu machen,
Daß stark durch seinen Schutz die Hand ist jedes Schwachen.
20 Solch einen Schattenschirm hat er der Welt gegeben,
Daß ein alt Weib nicht darf vor einem Rostem beben.
21 Es klagen jederzeit die Menschen über Drang
Und Druck vom Lauf der Zeit und von des Himmels Gang:
22 Allein, o Schehrezar, in deines Rechtes Tagen
Darf niemand über das Geschick der Tage klagen.
23 In deines Herrschens Frist seh' ich des Volkes Frieden,
Ich weiß es nicht was ist nach dir dem Volk beschieden.
24 Auch dies umfaßt dein Glück von hochgestecktem Ziel,
Daß Saadi's Lebenslauf in deine Tage fiel:

---

[18] [Feridun, ein durch Güte und Weisheit ausgezeichneter Beherrscher Persiens in vorgeschichtlicher Zeit.]
[20] [Rostem, der persische Nationalheld, dessen Thaten Firtusi besingt.]

25 Denn allsolang als Sonn und Mond am Himmel gehn,
Wird ewiglich dein Nam' auf diesen Blättern stehn.

(4.)

Erste Pforte.

Gerechtigkeit und gutes Regiment.

1 Des Himmels Gnaden sind in Zahl nicht anzuschlagen;
Was kann für Dienste wol des Dankes Zung' abtragen?

2 O Gott, laß diesen Schah, der Armen Freundeshort,
In dessen Schatten ist des Volkes Friedensport,

3 Laß ihn beständig ob des Volkes Häupten schweben,
Und stets sein Herz, die Kraft der Frömmigkeit beleben.

4 Dem Baum der Hoffnungen erhalt den Früchtekranz,
Die Scheitel grün, die Wang' erhellt von Himmelsglanz.

5 Den Weg des Wortgepränge, o Saadi, wandle nicht;
Hast du Aufrichtigkeit, so bring sie treu und schlicht.

6 Ein Wegekund'ger du, ein Pilger ist der Schach,
Du bringst die Wahrheit gern, er strebt der Wahrheit nach.

7 Es thut fürwahr nicht noth, daß du den Himmelsplan
Neunthronig untern Fuß legst dem Kisil Arslan.

8 Sag nicht: Setz auf's Gestirn den Fuß der Selbsterhebung!
O sag: Leg in den Staub das Antlitz der Ergebung!

9 Die Stirne lege mit Gehorsam auf die Schwelle!
Das ist Rechtsinnigen die rechte Betestelle.

10 Bist du ein Knecht des Herrn, so leg an seinem Throne
Dein Haupt hin, und vom Haupt des Herrschertumes Krone.

11 Am Fuße seines Throns, des Herrn der Herrlichkeit,
Trag, wie dem reichen Mann ein Bettler, vor dein Leid.

12 Bringst du dein Opfer dar, so trag nicht das Gewand
Der Herrschaft, sondern steh als Bettler leer von Hand:

13 „O du der Reiche, der Nahrunggewährende,
Du bist der Mächtige, der Bettlernährende.

14 Kein Volksgebieter, Reicheroberer bin ich:
Der Bettler einer deines Thors, o Herr, bin ich.

15 Was kann mein eignes Thun mit seiner Hand vollbringen,
Wenn deiner Gnade Hand nicht beisteht mit Gelingen?

16 Handreichung gibst du mir zum Guten und zum Frommen:
Wie könnte sonst von mir zu andern Gutes kommen?

17 O Gott, verleihe mir zum Guteswirken Stärke,
Unmächtig ohne dich bin ich zu jedem Werke.“

18 So bete du bei Nacht dem Bettler gleich und klage,
Und wenn du dieses thust, bist du der Fürst am Tage:

19 Die Helden hochgenackt zum Dienste dir geschürzt,
Du selbst zum Staub der Schwell' in Andacht hingestürzt.

20 O Heil den Dienern, die da dienen solchem Herrn,
Der dienend seine Pflicht dem Herren darbringt gern.

(5.)

1 Die Überlieferung erzählt von frommen Männern,
Mit wahrer Einsicht Blick begabten Wahrheitskennern:

2 Daß einen Tiger einst ein Gottesmann beschritt,
Und so, mit einer Schlang' in seiner Hand, ihn ritt.

3 Zu ihm sprach einer nun: O Gottes Wegbereiser,
Im Wege den du gehst o sei mein Wegeweiser.

4 Wie fingst du's an, daß dir das Wilde ward zum Zahmen,
Des Glückes Siegelring geprägt mit deinem Namen?

5 Er sprach: „Wenn unterthan mir Tiger ist und Schlange,
Und Aar und Elephant, verwundre dich nicht lange.

6 Entzieh du göttlichem Gebot den Nacken nicht,
Und auf der Welt wird nichts entziehn sich deiner Pflicht." —

7 Wo ein Befehlender dem Höchsten zu Befehle
Sich hält, den schützet er, daß seiner Macht nichts fehle.

8 Undenkbar ist's, daß er, wenn er zum Freunde dich
Genommen hat, geb' in die Hand der Feinde dich.

9 Es kommt der gute Rat zu Statten einem Mann,
Wenn seine Seele Lust an Saadi's Wort gewann.

(6.)

1 Ich hörte, daß, als ihn der Todeskampf kam an,
Zu Hormus seinem Sohn sprach also Nuschirwan:

2 „Auf deiner Armen Glück und Ruh sei du beflissen,
Nicht auf Gemächlichkeit und eigne Ruh beflissen.

3 In deinem Lande wird niemand der Ruhe pflegen,
Wenn dir vor allem ist an deiner Ruh gelegen." —

4 Gutheißen wird es nicht der Weise, daß im Schlafe
Der Hirte lieg', indeß der Wolf fällt in die Schafe.

5 Geh und nimm dich der Hut des armen Volkes an,
Denn seine Krone trägt der Fürst vom Unterthan.

6 Die Wurzel ist das Volk, der Sultan ist der Stamm;
Den Stamm, o Knabe, hält allein die Wurzel stramm.

7 Wo möglich, mache nie des Volkes Herzen wund,
Du unterwühlest sonst den eignen Wurzelgrund.

8 Dafern am Herzen dir der Richtweg liegt der grade,
Den Frommen, wisse, dient Hoffnung und Furcht zum Pfade.

9 Denn einem Manne wird die Weisheit zur Natur
Durch Furcht des Bösen und Hoffnung des Guten nur.

10 Wo bei dem Fürsten sind die zwei zugleich gefunden,
Da ist ein sichrer Hort in solchem Reich gefunden.

11 Denn einen Hoffenden wird er mit Huld bedenken
   Aus Hoffnung jener Huld, die Gott ihm selbst wird schenken.

12 Und einen Schaden thut er gerne keinem an,
   Er fürchtet, daß sein Reich auch Schaden mög' empfahn.

13 Doch wo die Sinnesart in seinem Wesen fehlt,
   Da sei auf Friede nicht in seinem Reich gezählt.

14 Der mag des Reiches Flor hinfort im Träumen schauen,
   Durch den verödet sind des Volkes Herzensauen.

15 Verödung ist die Frucht von Druck und übler Namen,
   Das wissen alle, die zu tiefrer Einsicht kamen.

16 Man darf nicht ungerecht die Unterthanen drücken,
   Weil für die Herrschaft sie der Schirm sind und der Rücken.

17 Nimm dich des Bauren doch um deinetwillen an,
   Denn doppelt Werk thut ein vergnügter Arbeitsmann.

(7.)

1 Ich hörte, daß Chosro so zu Scheruje sprach
   Im Augenblick als ihm der Blick des Auges brach:

2 Auf eines richte dich, woran du immer denkest,
   Daß du den Blick auf's Wohl der Unterthanen lenkest.

3 Den Nacken wend', o Sohn, nie von des Rechtes Spende,
   Damit von deiner Hand das Volk den Fuß nicht wende.

4 Es wird der Unterthan vorm Ungerechten fliehn,
   Und in der Welt macht er zum bösen Märchen ihn.

5 Nicht lange steht es an, und selber untergrub
   Der seines Baues Grund, wer bösen Bau erhub.

6 Verwüsten kann sosehr kein Feindesschwert das Land
   Als eines alten Weibs Gestöhn aus Herzensbrand.

7 Hast du nicht oft gesehn, daß eine Witwe hat
   Ein Lämpchen angesteckt, davon verbrannt die Stadt?

8 Wer hat ein beſſer Teil erwählt in dieſer Welt
  Als wer die Herrſchaft in gerechten Händen hält?

9 Wann ihn die Reihe trifft aus dieſer Welt zu gehn,
  Werden ſie auf ſein Grab Erbarmung niederflehn.

10 Da beides, Gut und Bös, der Sturm der Zeit vertreibt,
  Iſt's beſſer, daß nach dir ein guter Name bleibt.

11 Dem Gottesfürchtigen vertrau des Volkes Pflege,
  Denn urbar macht das Reich, wer geht auf frommem Wege.

12 Der iſt dein eigner Feind, wer trinkt des Volkes Blut
  Und durch des Volkes Druck vermehren will dein Gut.

13 Wenn du die Guten pflegſt, wirſt du nichts Böſes ſehn;
  Wenn du die Böſen hegſt, wird übel dir geſchehn.

14 Sünd' iſt es, die Gewalt in deſſen Hand zu geben,
  Vor des Gewalthand ſich zum Himmel Händ' erheben.

15 Solch einen Feind des Volks beſtraf nicht um ſein Gut,
  Ihn mit der Wurzel auszurotten das iſt gut.

16 Dem ungerechten Vogt des Landes gib nicht Friſt,
  Um ihn zu ſchinden, wann er fett geworden iſt.

17 Im Anbeginn ſollſt du des Wolfes Kopf abſchlagen,
  Nicht erſt wann er das Schaf der Leute hat im Magen.

(8.)

1 Wie ſchön der Kaufmann ſprach, der fiel in Räuberhand,
  Als mit Geſchoſſen ihn die freche Schaar umſtand:

2 Wo Wegelagerer ſo mannhaft ſind, fürwahr,
  Da iſt die Reichsmannſchaft gleich einer Weiberſchaar.

3 Der Fürſt, in deſſen Land der Kaufmann wird gekränkt,
  Der hat für Stadt und Land des Heiles Thor verſchränkt.

4 Wie ſoll ein andermal dahin ein Kluger kommen,
  Wo er hat vom Gerücht ſo ſchlimmen Brauch vernommen?

5 Wenn angenehm im Land dein Name werden soll,
So halt den Reisenden und den Gesandten wol.

6 In kurzen Tagen wird das Reich zu Grunde gehn,
Aus welchem Reisende mit Herzenswunde gehn.

7 Sei du ein Fremdenfreund, ein Wandererverpfleger,
Ein Wandrer ist durchs Land des guten Namens Träger.

8 Den Pilger ehrenvoll, den Gast auch halte gut,
Vor ihrer Fährlichkeit sei gleichwol auf der Hut.

9 Vor Fremden sicher dich zu stellen mag dir frommen,
Weil Feinde leichtlich im Gewand der Freunde kommen.

10 Die alten Diener laß bei dir im Werte steigen,
Nie als Verräter wird sich solch ein Pflegling zeigen.

11 Wenn ein Dienstleistender bei dir gealtert ist,
Vergiß nicht, schuldig was du seinen Jahren bist.

12 Wenn der Dienstleistung Hand das Alter ihm zerbrach,
Zur Wohlthat blieb dir selbst die Hand wie vor so nach.

(9.)

1 Ich las, daß Schapur's Stolz den Athem eingezogen,
Als seine Pfründe ward von Chosro eingezogen.

2 Als seinen Zustand er zu Grunde sah gerichtet,
Da hat er einen Brief so an den Schah gerichtet:

3 Schah, der in Ordnung hält die Lande weit und breit,
Wenn ich nicht bleibe, du verbleib in Herrlichkeit.

4 Nachdem die Jugend ich auf deinen Dienst verwandt,
O treibe mich nicht jetzt im Alter aus dem Land.

5 Den armen Flüchtling, dem das Haupt ist schwer von Wirren,
O quäl ihn nicht und laß ihn in der Fremd' umirren.

6 Mit deinem Zorne nicht brauchst du ihn erst zu zwacken,
Ihn, dem als ärgster Feind sein Unmut sitzt im Nacken.

7 Und war einst Persien das Vaterland des Braven,
Send' ihn zu Arabern, zu Griechen nicht, noch Slaven.
8 Denn sagen würden sie: Verwünscht sei jenes Land,
Aus welchem Leute sind von solcher Art verbannt.

(10.)

(Verwaltungsmaßregeln und Regierungsgrundsätze.)

1 Wähl den Wohlhabenden, um ihm ein Amt zu geben;
Ein Habeloser wird nicht vor dem Sultan beben.
2 Der Habelose zieht den Kopf zur Schulter ein,
Und weiter kommt dann nichts von ihm heraus als Schrei'n.

3 Wenn ein Aufseher hat des Amtes Treu verletzt,
So werde selbem ein Aufpasser beigesetzt.
4 Wenn dann sich dieser auch mit ihm versteht zuletzt,
So werd' Aufseher und Aufpasser abgesetzt.

5 Gott fürchten soll, wem du vertrauest eine Pflicht:
Wenn dein Vertrauter dich nur fürchtet, trau ihm nicht.
6 Vor Gottes Rechenschaft sei dem Vertrauten bange,
Vor Rechenkammer nicht, Verweis und Untergange.
7 Schütt aus vor dir die Meng' und zähle fein mit Ruh,
Nicht unter hunderten solch einen findest du.

8 Zwei Kameraden und vertraute Schulgesellen
Mußt du zusammen nicht auf einen Posten stellen.
9 Wer weiß, sie machen dort gemeinschaftliche Sache,
Der eine macht den Dieb, der andre steht ihm Wache. —
10 Wenn vor einander Furcht die Räuber selber haben,
Kann sicher mittendurch die Karawane traben.

11 Haſt einen du geſetzt von ſeiner Würde nieder,
  So ſchenk nach ein'ger Zeit ihm deine Gnade wieder.

12 Denn einem Hoffenden Gewährung zu verleihn,
  Iſt ſo verdienſtlich, wie Gefangne zu befrein.

13 Dem Angeſtellten, wenn ihm der Beſtallung Säul'
  Entzogen worden, reißt nicht ab der Hoffnung Seil.

14 Dem Dienſtbeflißnen ſoll ein Schah auf ſeinem Throne
  So ſtreng ſich zeigen, wie ein Vater ſeinem Sohne.

15 Bald ſchlagen wird er ihn, damit er Schmerz empfinde,
  Das Waſſer bald vom Aug' ihm wiſchen ab gelinde.

16 Sei lind, alsbald gibt er dem Übermute Statt,
  Und wenn du ſtrenge biſt, ſo wird er deiner ſatt.

17 Drum, Streng' und Lindigkeit verbunden, das iſt gut,
  Wie'n Vader ſchlägt die Wund' und drauf das Pflaſter thut.

18 Freigebig, holden Sinns und liebreich ſollſt du ſein;
  Wie Gott es dir geſtreut, ſollſt du dem Volk es ſtreun.

19 Zur Welt kam niemand der dort frei von Grame bleibt,
  Und der nur bleibt, von dem ein guter Name bleibt.

20 Geſtorben iſt der nicht, von welchem bleibt zur Stelle
  Die Brücke, das Baſſin, das Gaſthaus, die Kapelle.

21 Wem ein Andenken nicht zu ſtiften iſt verliehn,
  Deſſelben Daſeinsbaum iſt nicht zur Frucht gediehn.

22 Und wer da ging und ließ nicht ſolche Spuren nach,
  Nachſenden ſoll man ihm ins Grab kein frommes Ach.

23 Wenn vor der Welt dich ſoll ein guter Name ſchmücken,
  Mußt du den Namen nicht der Guten unterdrücken.

24 Nach deines Herrſchens Zeit o ſtell daſſelbe Bild
  Dir vor, das von der Zeit vormal'ger Herrſcher gilt.

25 So hatten sie auch Lust und Freude zu genießen,
Und gingen endlich fort, indem sie alles ließen.

26 Der eine trug davon den guten Namen nur,
Der andre hinterließ des Bösen ew'ge Spur.

27 Nicht höre gern, was dir sagt der Verläumdung Mund;
Doch ist es dir gesagt, so geh ihm auf den Grund.

28 Von dem, der sich verging, nimm an des Unbedachtes
Entschuldigung, und Flehn um Schonung schonend acht' es.

29 Wenn sich ein Fehlender ergeben deiner Macht,
Nicht auf den ersten Fehl sei er gleich umgebracht.

30 Wenn man's ihm einmal sagt und er den Rat nicht hört,
Dann sei zur Witzigung ihm Haft und Band beschert.

31 Wenn aber dann an ihm nicht haftet Rat noch Haft,
So ist's ein schlechter Baum, laß umhaun seinen Schaft.

32 Doch, eh des Lebens, sei der Freiheit er beraubt,
Denn nicht zu heilen ist ein abgeschlagnes Haupt.

33 Bist du ob dem Vergehn von jemand ungehalten,
Laß über seine Straf' erst Überlegung walten.

34 Zerbrechen kannst du leicht den Bedachschau-Rubin,
Nicht wieder kannst du doch zusammensetzen ihn.

(11.)

1 Von Onman's Küste kam einmal ein Mann daher,
Der Reisen viel gethan weit über Land und Meer,

2 Der Araber gesehn und Perser, Griechen, Türken,
Und Wissenschaft gesucht in allen Weltbezirken.

3 Er war an hohem Wuchs dem stämmigen Baume gleich,
Allein vom Glück gebengt, nicht an Belaubung reich.

4 Schriftrollen hatt' er aufgestapelt an zweihundert,
Doch selber abgebrannt war er bei soviel Zunder.

5 Er kam in eine Stadt herein vom Meeresstrande,
Da war ein Mächtiger der Oberherr im Lande,
6 Der guten Namen sich am Herzen liegen ließ,
Und unterwürfig gern sich Derwischen erwies.
7 Da wuschen ihm des Schahs dienstbare Leut' im Bade
Alsbald von Kopf und Leib den Staub der Wanderpfade.
8 Wie auf des Fürsten Schwell' er nun sein Haupt gesenkt,
Lobpreisend hielt die Händ' er vor der Brust verschränkt;
9 So schritt er in den Saal der Fürstenherrlichkeit:
„Dir bleibe jung das Glück, die Herrschaft dienstbereit!"
10 Da sprach der Schahinschah: Woher bist du gekommen,
Und wie geschah's, daß du den Weg zu uns genommen?
11 Was hast du hier im Land gesehn von Bös und Gut?
Davon gib uns Bericht, o Mann von edlem Mut.
12 Er sprach: „O waltender im weiten Erdenrunde,
Dein Helfer bleibe Gott, das Glück mit dir im Bunde.
13 In diesem Reiche bin ich nirgends eingekehrt,
Wo ich gefunden hätt' ein Herz von Not beschwert.
14 Auch fand ich nicht ein Haupt von Rausche schwer und wüst,
Die Schenkenhäuser selbst nur fand ich leer und wüst.
15 Des Königs edlem Sinn genügt wol dieser Schmuck:
Zufrieden ist er nicht, daß jemand leide Druck."
16 So sprach er sein und goß Juwelen aus dem Schoß,
Daß bald von Huld dem Schah der Ärmel überfloß.
17 Des Manns Wohlredenheit erwarb sein Wohlgefallen,
Er rief ihn zu sich her und ehrt' ihn hoch vor allen.
18 Er gab Gold und Juwel zum Danke daß er kam,
Nach seiner Herkunft auch fragt' er und seinem Stamm.
19 Dem Fragenden erzählt' er sein Erlebtes dann,
Und näher stand er bald dem Schah als jedermann.
20 Der König sich beriet in seinem Herzen schon:
Die Stelle des Wesirs sei dieses Mannes Lohn.

2*

21 In seinem Sinne stellt' er die Betrachtung an:
Zum Reichsverweser taugt gewiß mir solch ein Mann;

22 Jedoch nur Schritt für Schritt, daß nicht die Leute lachen,
Und wegen Unbedachts ob mir sich lustig machen.

23 Erst muß ich den Verstand des Mannes wohl erproben,
Nach des Verdienstes Maß sei dann sein Stand erhoben.

24 Denn aufgeladen hat dem Herzen Kummers Wucht
Jedweder der ein Werk begonnen unversucht.

25 Schreibt recht sein Protokoll der Kadhi mit Bedacht,
So wird er nicht von Rechtsdoctoren ausgelacht.

26 Es gilt zu zielen, wenn der Pfeil liegt auf dem Bogen,
Nicht dann, wann das Geschoß dir aus der Hand geflogen.

27 Wie Joseph braucht ein Mann voll Geist und Sittenzier
Der Jahre vierzig um zu steigen zum Wesir.

28 Ehr eine gute Frist von Tagen=nicht verliefe,
Läßt jemands Sinn sich nicht ergründen in der Tiefe.

29 Nach jeder Eigenschaft genau prüft' er ihn dann;
Verständig, frommen Sinns und fehllos war der Mann,

30 Von gutem Wandel und von heller Urteilskraft,
Abwägend was er sprach, voll Menschenkennerschaft.

31 An Rate saß er ihn den Räten all voran,
Und übern obersten Wesir setzt' er ihn dann.

32 So übt' er Einsicht nun und Weisheit, daß in Not
Kein Herz kam über sein Gebot und sein Verbot.

33 Das Regiment bracht' er in seiner Feder Macht,
So daß dadurch in Leid kein Dasein ward gebracht.

34 Den Wortanklaubenden legt' er die Zung' in Band,
Weil nicht ein falsches Wort er schrieb mit seiner Hand.

35 Weil nicht ein Körnchen Falsch zu finden war am Manne,
Platzte des Neiders Grimm wie Körner in der Pfanne.

36 Durch den Erleuchteten das Reich zu Glanze kam,
Darob in neues Leid der alte Schranze kam.

37 An dem verständigen gewahrt' er keine Blöße,
Wo beizubringen er ihm wüßte seine Stöße.

38 Ein Günstling und der Neid ist Mußtopf und Ameise;
Nicht beizukommen ist gewaltsam, aber leise.

39 Nun standen dienstbereit in jedem Augenblick
Dem Schah zween Jünglinge von sonnenhaftem Blick,

40 Zwo Huldgestalten rein wie Huri und Peri,
Aus edlem Stoff wie Mond und Sonne waren sie;

41 Zwei Bilder, daß du meinst, nur eines sei's, nicht zwei,
Das sich genüber selbst gestellt im Spiegel sei.

42 Des weisen Manns Gespräch, des redezauberreichen,
Macht' Eindruck auf das Herz der zwei cypressengleichen.

43 Weil seine Sinnesart sie sahen rein wie Gold,
So wurden sie ihm bald von Herzen freund und hold.

44 Ein menschliches Gefühl der Neigung faßt' auch ihn,
Nicht Neigung wie sie zieht zur Sünde Thoren hin.

45 Von Ruh empfand er sich im Augenblick erquickt,
Wo in das Angesicht der beiden er geblickt.

46 Vom alten Schranzen ward die Wittrung aufgespürt
Und der Bericht dem Schah böswillig zugeführt:

47 „Der Mann, ich weiß nicht wer er ist, noch wie er heißt,
Der guten Wandels nicht sich hier am Hof befleißt;

48 Ich höre, daß sein Sinn sich jenen Sklaven neigt,
Er sich verräterisch und unenthaltsam zeigt.

49 Es pflegen Reisende zu leben rücksichtslos,
Die nicht erzogen sind im Fürstenherrschaftschoß.

50 Doch nicht geziemet sich so frecher böser Gast,
Der bringt in üblen Ruf den fürstlichen Palast.

51 Sollt' ich so undankbar der Huld des Schahs mich zeigen,
Daß einen Übelstand ich sollte sehn und schweigen?

52 Nach Meinungen soll man nicht sprechen auf der Stelle;
Ich sprach nicht eh als bis mir ward die Wahrheit helle.

53 Durch meine Diener ist mir Kundschaft zugekommen,
Daß einen von den zwein er in den Arm genommen.

54 Ich hab's gesagt, dem Schah steht nun die Einsicht zu;
Ich selbst hab' ihn erprobt, erprob ihn auch nun du."

55 Er deutete so schlimm als man nur deuten mag:
O hab' ein schlechter Mann nie einen guten Tag!

56 Wenn ein Mißwollender nur fand ein dürres Reis,
Macht er damit das Herz schon einem Fürsten heiß.

57 Mit einem Reise schürt man erst ein Feuer an,
Womit man einen Baum alsdann verbrennen kann.

58 Dem Schabe ward davon so heiß, daß übern Kopf
Ihm so die Wallung stieg wie auf dem Herd dem Topf.

59 Schon nach des Armen Blut hob Zorn die Hand empor,
Allein Besonnenheit schob eine Hand davor:

60 „Zu töten wen du hast gepflegt, bringt Ungewinn,
Und Unhuld auf den Fuß der Huld hat keinen Sinn.

61 Vergreife du dich nicht an deines Pfleglings Heil;
Wenn er den Pfeil dir hält, schieß ihn nicht mit dem Pfeil.

62 Du hättest lieber ihn nicht sollen auferziehn
In Freuden, wenn du nun in Schmach willst töten ihn.

63 Eh du dich überzeugt von dieses Mannes Wert,
Hast du den Zutritt ihm zum Hofe nicht gewährt.

64 Nun auch, ehr überzeugt von seiner Schuld du bist,
Laß ihn verderben nicht durch eines Feindes List."

65 Der Schah verschlossen dies in seinem Sinne trug,
Weil er der Weisen Wort nicht aus dem Sinne schlug:

66 Das Herz, verständ'ger Mann, ist des Geheimen Schrein;
Wenn du es aussprachst, fängst du's nicht mit Ketten ein.

67 Verborgen achtet' er nun auf des Manns Verhalten;
In des verständ'gem Sinn bemerkt' er Brüch' und Falten.

68 Denn unversehens er hin nach dem einen blickte,
Der auf der Lippe dann ein Lächeln unterdrückte.

69 Zwei, deren Seel' und Sinn sich zu einander neigen,
Die unterreden sich indem die Lippen schweigen.

70 Freund, wünschest deinen Rang du zu verringern nicht,
So wende du dein Herz nicht auf ein glatt Gesicht.

71 Und wenn es selbst dich nicht verlockt vom rechten Pfade,
Doch hüte dich, daß es nicht deiner Würde schade.

72 Wenn sich dein Aug' einmal gewöhnt ans Blicken hat,
Wird's, Wassersücht'gen gleich, von Tigris Flut nicht satt.

73 Dem Schah ward sein Verdacht bestärkt von jenes Schwächen,
Und seine Eifersucht droht' aus in Grimm zu brechen.

74 Jedoch aus Wohlbedacht und echter Klugheit Samen
Sprach er mit Ruh zu ihm: „O du von gutem Namen!

75 Als einen weisen Mann hab' ich dich angeschaut,
Und die Geheimnisse des Staats dir anvertraut.

76 Gehalten hab' ich dich für klug und musterhaft,
Verblendung traut' ich dir nicht zu und Leidenschaft.

77 Solch eine hohe Stell' ist nicht der Ort für dich:
Der Fehler ist nicht dein, nur selbst gefehlt hab' ich.

78 Wenn einen schlechter Art ich nehm' in meine Hut,
So heiß' ich den Verrat im Harem selber gut."

79 Darauf erhob sein Haupt der Mann an Wissen reich,
Und sprach: „O Chosro, dem an Kunde keiner gleich!

80 Da meines Kleides Saum ist rein von schlimmen Flecken,
So darf ich vor des Feinds Verläumdung nicht erschrecken.

81 Dergleichen hab' ich nie im Herzen hie gedacht:
Ich weiß nicht, wer das sprach, woran ich nie gedacht."

82 Darauf der Schahinschah: „Das was mein Mund hier spricht,
Wird dein Ankläger selbst dir sagen ins Gesicht.

83 Der vorige Wesir hat mir's gesagt, und nun
Bedenke selbst dich, was du sagen willst und thun."

84 Da lächelt' er und legt' an seinen Mund den Finger:
„Was du von dem mir sagst, verwundert mich geringer.

85 Wenn mich ein Neider sieht an seiner Stelle stehn,
Was sollte von der Zung' ihm außer Böses gehn?

86 Ich dacht' als meinen Feind von jener Stund' an ihn,
Da niedrern Sitz als mir der Chosro ihm verliehn.

87 Doch wenn du über mich ihn wolltest wieder setzen,
So sähest du, er würd' als Feind nicht mehr mich hetzen.

88 Nie bis zum jüngsten Tag wird er mir herzenstraut,
Solang in meiner Ehr' er seine Schande schaut.

89 Davon erzähl' ich dir die wahreste Geschichte,
Wenn erst ein günstig Ohr du leihn willst dem Berichte.

(Parabel.)

90 Ich weiß nicht, wo die Schrift ich fand in einem Buch,
Daß Iblis kam im Traum zu einem zu Besuch,

91 An Wuchs cypressengleich, Huri von Angesicht,
Wie Sonne leuchtete von seiner Wang' ein Licht.

92 Hin trat der Mann und sprach: „O Wunder, bist du der?
Ein Engel selber kann nicht aussehn herrlicher.

93 Du mit dem Angesicht als ob's der Vollmond wäre,
Wie wardst du in der Welt durch Häßlichkeit zur Märe?

94 Was hat im Saal des Schahs so häßlich angefärbt
Der Maler dein Gesicht, so garstig und verderbt?

95 Ein gräuliches Gesicht hat man von dir erdacht,
Und in den Bädern dich so häßlich angebracht."

96 Der unglücksel'ge Geist, als er das Wort vernahm,
Erhub er einen Ruf aus bitterm Seelengram:

97 O guter, nicht mein Bild ist jenes an der Wand,
Allein der Pinsel ist in meiner Feinde Hand.

98 Ich hab' einst ihren Stamm vom Paradies vertrieben,
Bei ihnen bin ich drum so häßlich angeschrieben. —

90 Iblis diabolus.

99 „Mein Nam' auch wäre gut, doch meinen Feinden fehlen
Die Gründe nicht, von mir nichts gutes zu erzählen.

100 Das Wasser des Wesirs versiegt durch meinen Bronnen;
O wär' ich meilenweit nun seinem Groll entronnen!

101 Jedoch ich fürchte mich nicht vor des Schahes Grimme,
Denn ein Unschuldiger erhebt mit Mut die Stimme.

102 Nur jenem geht es schlimm, wenn ihn der Vogt erreicht,
Dem, was zu Markt er bringt, ist an Gewicht zu leicht.

103 Da jeder Buchstab mir kommt aus der Feder sauber,
Warum bekümmert' ich mich um Buchstabenklauber?

104 Wenn der Verwalter bringt im Sacke keine Spreu,
Macht ihn die Sichtung nicht der Rentbeamten scheu." --

105 Bei seiner Rede blieb voll Ernst des Königs Seele,
Er streckte gegen ihn die Hand aus mit Befehle:

106 „Es macht ein Schuldiger nicht durch Schönrednerei
Und Zungenfertigkeit von seiner Schuld sich frei.

107 Wär' auch die Klage nicht von deinem Feind geschehn,
Hab' ich es etwa selbst mit Augen nicht gesehn,

108 Daß von der Menge Volks in meinen Sälen hie
Dein Blick auf niemand ist gerichtet als auf sie?"

109 Da lächelte der Mann der Redekunst und sprach:
„Das ist die Wahrheit, und die Wahrheit kommt an Tag.

110 Ein Rätsel steckt hierin; wenn dir's beliebt, so höre!
(Daß nichts dein Leben kürz' und deine Herrschaft störe!)

111 Siehst du den Bettler nicht, verkürzet vom Geschick,
Wie auf den Reichen er kehrt sehnsuchtsvoll den Blick?

112 Um meine Jugend so seh' ich mich selbst verkürzt,
In Spaß und Spiel ist mir das Leben hingestürzt.

113 Des Schönen Anblick kann ich nicht entbehren itzt,
Weil er das Kapital, das ich verlor, besitzt.

114 Solch rosenfarbenes Gesicht war mein einmal,
Der Glieder Schönheit so krystallenrein einmal.

115 Jetzt aber spinnen darf ich mir des Grabes Windel,
Denn Baumwoll' ist mein Haar, mein Leib ist wie die Spindel.

116 Wie jene trug ich einst nachtfarbiges Gelock,
Und knapp schloß um die Brust die schwellende der Rock.

117 Zwei Perlenreihn den Platz in meinem Munde hatten,
Wie eine Mauer festgefügt aus Silberplatten.

118 Nun siehst du, wenn der Mund zum Reden offen stand,
Wie sie zerbröckelt sind gleich alter Lehmenwand.

119 Wie sollt' ich sehnsuchtsvoll den Blick nicht dorthin lenken,
So oft ich muß an mein verlornes Leben denken!

120 Die schöne Zeit ist mir vergangen wie ein Hauch,
Und dieses Stündchen wird zu Ende bald gehn auch."

121 Als der Verständige so reihte Perlen an
Und Worte sprach wie man nicht beßre sprechen kann,

122 Blickt' unter seines Throns Vasallen um der Schah:
„Wer ist, der Schöneres an Sinn und Worten sah?".

123 Auf unsre Schönen ist ein Blick wol dem zu gönnen,
Der mit so schönem Wort sich hat entschuld'gen können.

124 Hätte mich nicht Vernunft zur Mäßigung gelenkt,
Auf seines Feindes Red' hätt' ich den Mann getränkt.

125 Wer vorschnell mit der Hand zum Schwert greift um zu schlagen,
Wird seine Nägel mit dem Zahn der Reue nagen.

126 Von der Verläumdung Mund sollst du nicht Red' annehmen,
Denn wenn du danach thust, so hast du dich zu schämen." --

127 Dem Unbescholtenen vermehrt' er Ehr' und Preis
Und Gut, dem böslichen Verkläger ward Verweis.

128 Nach seines kundigen Ministers weisem Rat
Ward seines Namens Klang beliebt in seinem Staat.

129 Mild und gerecht führt' er die Herrschaft Jahre lang,
Und guter Name blieb nach seinem letzten Gang.

130 So haben Fürsten, die der Gottesfurcht oblagen,
Durch Gottesfurcht den Ball der Macht davongetragen.

131 Von solchen möchte jetzt zu finden keiner sein,
Und ist es einer, ist's Bubeker Saad allein.

132 Du bist, o Padischah, der Paradiesesbaum,
Der seinen Schatten wirft auf jahreslangen Raum.

133 Vom Glücke günstiger Gestirne bat einst ich,
Der Fittig des Humai möcht' überschatten mich.

134 Da sprach Vernunft: Humai kommt niemals dir zu Statten:
Wenn du Befried'gung suchst, so geh in jenen Schatten.

135 Gott, deiner Gnade Blick hast du auf uns erstreckt,
Daß diesen Schatten du hast übers Volk gedeckt.

136 Seitdem bring' ich Gebet im Dienst der Herrschaft dar:
Den Schatten wolle Gott erhalten immerdar!

12.)

(Fürstenlehren.)

1 In Langmut und Geduld erweist sich der Verstand,
Solch ein Verstand, den nicht bezwingt des Zornes Hand.

2 Ich sage nicht: wenn Kampf du führest, halte Stand:
Ich sage: wanke nicht, wann dich der Zorn bestand.

3 Den Fürsten würdevoll besonnen ernst und huldig
Macht des gemeinen Manns Geschrei nicht ungeduldig.

4 Ein Kopf leer von Geduld, von Übereilung voll,
Ist nicht ein solcher, der die Krone tragen soll.

5 Führt aus dem Hinterhalt der Zorn sein Heer zum Raube,
Da bleibt nicht Billigkeit, nicht Gottesfurcht noch Glaube.

6 Nie unterm Himmel sah ich einen Teufel so,
Vor dem ein ganzes Heer von guten Geistern floh.

7 Zuwider dem Gesetz wird ein Trunk Wasser Sünde,
Vergoßnes Blut wird Recht durch des Gesetzes Gründe.

8 Wem des Gesetzes Spruch hat aberkannt das Leben,
Wolan, dem scheue du dich nicht den Tod zu geben.

9 Wenn Angehörige von ihm sich aber finden,
Dieselben laß in Ruh Barmherzigkeit empfinden.

10 Der Frevelthäter hat die Schuld verübt; was müssen
Ein hilfeloses Weib und arme Kinder büßen?

11 Mit Kraft gerüstet ist dein Leib, mit Mut dein Heer;
Doch trag in feindliches Gebiet nicht deine Wehr.

12 Denn in ein festes Schloß wird sich dein Gegner werfen,
Und das unschuld'ge Land erliegt des Schwertes Schärfen.

13 Sieh nach den armen Staatsgefangnen manchesmal;
Denn ein unschuldiger kann sein in ihrer Zahl.

14 Wenn fremd ein Handelsmann verstarb in deinem Land,
Verrat ist's, wenn du legst an dessen Gut die Hand.

15 Es werden, wenn sie nun um seinen Tod wehklagen,
Untereinander Freund' und Anverwandte sagen:

16 So ist im fremden Land der Arme umgekommen,
Und was er hinterließ, hat ein Tyrann genommen.

17 An jenes Kindelein, das vaterlose, denke,
Und hüte dich, daß nicht sein Schmerzensach dich kränke.

18 Manch guter Name, der hat innzig Jahr erreicht,
Ein böser Name kann zertreten ihn wie leicht!

19 Gefällig waltende mit Namen von Bestand,
Sie legen nicht aus Gut des Volkes ihre Hand.

20 Ein Herrscher, der das Reich der ganzen Welt gewann,
Nimmt er von Habenden, ist er ein Bettelmann.

21 Ein Hochgesinnter starb an Händeleerheit wol,
Nie macht' er seinen Bauch aus Armer Lenden voll.

(13.)

1 Ich hört' einmal, es hatt' ein edler Fürst vor Zeiten
Ein Wammes, aus Futtertuch gemacht auf beiden Seiten.

2 Zu diesem sprach ein Freund: O edelster Chosru,
Schneid aus Chineserstoff doch einen Rock dir zu.

3 Er aber sprach: Soviel genügt zu Deck' und Schutz,
Und was darüber geht, das ist nur Prunk und Putz.

4 Und dazu nehm ich nicht die Schatzung von dem Land,
Daß sie zu Prunke sei mir und dem Thron verwandt.

5 Wollt' ich mit Putz den Leib, den Weibern gleich, behängen,
Wie sollt' ich als ein Mann zurück die Feinde drängen?

6 Wünsch' und Begierden hab' ich selber mancherlei,
Doch glaub' ich nicht, daß mein allein der Staatsschatz sei.

7 Des Schatzes Kammern sind für meine Heeresmacht
Allein gefüllt, und nicht für überflüß'ge Pracht.

8 Wenn mißvergnügt sind mit dem Schah die Kriegerschaaren,
So werden sie ihm schlecht des Reiches Grenzen wahren,

9 Wenn fort den Esel treibt der Feind dem Bäuerlein,
Wozu denn nimmt der Schah des Dorfes Steuern ein?

10 Den Esel führt der Feind, das Geld der Schah davon;
Was siehst du für ein Glück bei derlei Thron und Kron'?

11 Gewalt an Schwachen ist nicht echte Mannesweise:
Ein schlechter Vogel raubt ihr Körnchen der Ameise.

12 Die werden ihres Glücks und ihrer Jugend froh,
Die nicht den Unterthan behandeln hart und roh.

13 Wenn seinen festen Fuß dein Unterthan verlor,
O fürchte, daß zu Gott sein Klagen steig' empor.

14 Kannst du mit Lindigkeit das Land dir dienstbar machen,
So presse nicht mit Kampf das Blut ihm aus dem Rachen.

15 Bei aller Mannlichkeit! das Reich der ganzen Erd'
Ist nicht den Tropfen drauf vergoßnen Blutes wert.

(14.)

1 Ich hörte, daß Dschemschid, von dem der Ruhm geblieben,
An einer Quelle Rand auf einen Stein geschrieben:
2 Schon mancher hat den Mund hier auf wie du gethan,
Und ist gegangen wie das Aug' er zugethan.
3 Erfaßt hat er die Welt mit Mannheit und mit Macht,
Und hat am Ende nichts davon ins Grab gebracht.

4 Wenn über einen Feind du trugst den Sieg davon,
Quäl' ihn nicht mehr, gequält ist er von Kummer schon.
5 Ein Feind am Leben, der beschämt vor dir sich schmiegt,
Ist besser als daß auf dem Hals sein Blut dir liegt.

(15.)

1 Ich hörte, daß Dara, der Fürst von hoher Art,
Einst auf der Jagd getrennt von dem Gefolge ward.
2 Da kam entgegen ihm der Hüter einer Herde;
Zu sich im Herzen sprach Dara, der Herr der Erde:
3 Das ist vielleicht ein Feind, der aus zum Kampf gezogen;
Von ferne treff' ihn gleich ein Pfeil von meinem Bogen.
4 Am Königsbogen zog er straff bereits die Senne,
Daß er mit einem Ruck vom Leben jenen trenne.
5 Doch jener rief: „O Herr von Iran und Turan,
Ein böses Auge sei entfernt von deiner Bahn!
6 Ich bins, der für den Schah die Schaar der Rosse zieht,
Im Dienste bin ich hier in diesem Waidgebiet."
7 Dem König kam zurück das Herz, das ihm entronnen;
Er lacht' und rief ihm zu: „O Mann sehr unbesonnen!
8 Der heilige Serosch hat dich gerettet, Thor,
Wo nicht, gezogen hatt' ich schon die Senn' ans Ohr."

9 Der Herde Hüter hob darauf mit Lachen an:
„Wol einen guten Rat gibt man dem reichen Mann.

10 Nicht Wohlberatenheit und Einsicht ist's zu nennen,
Daß einen Freund der Schah nicht mag vom Feinde kennen.

11 Als unerläßlich steht dies einem Obern bei,
Daß jeden Unterthan er kenne, wer er sei.

12 Gesehn hast du mich mehr als einmal im Palast,
Wo du mich auch befragt um Trift und Herden hast.

13 Und wieder komm' ich nun als Freund dir zu Gesicht
Du unterscheidest mich von deinem Feinde nicht.

14 Ich selber finde wol, berühmter Scherejar,
Ein einzig Roß heraus aus einer ganzen Schaar.

15 Der Herde Hut führ' ich mit Sinn und mit Verstand;
Du halte deine Herd', o Schah, nur auch in Stand."

16 Als Dara von dem Mann gehört den guten Rat,
Gab er ihm gute Wort', und Gutes auch ihm that.

17 Er ging und sprach bei sich, und fühlte Scham dabei:
Der Rat ist wert, daß er ins Herz geschrieben sei.

18 Was Wunder, wenn das Reich zu Schaden kommen wird,
Wo weniger Verstand der Herr hat als der Hirt.

(16.)

1 Wie kannst du hören, Fürst, des Hülferufers Klagen,
Wenn über Sternen du dein Bett hast aufgeschlagen?

2 Du schlaf an solchem Ort, daß, wenn zu dir empor
Will ein Bedrängter schrein, der Schrei erreicht dein Ohr.

3 Wer klagt den Frevler an, o Fürst, in deinem Staat?
Was übel er gethan, ist deine Übelthat.

4 Es ist der Hund nicht, der des Wandrers Rock zerreißt
Der Bauer thut's, weil er hält einen Hund, der beißt.

5 Kühn bist du mit dem Wort, o Saadi, vorgeschritten;
Das Schwert ist dir zur Hand, so sei der Sieg erstritten!

6 Sprich alles was du weißt, denn gut ist Wahrheit sprechen;
Bestich mit Schmeicheln nicht, und laß dich nicht bestechen.

7 Gib Raum dem Eigennutz, und streich dann aus dein Buch!
Leg Zaum ihm an, und sprich freimütig deinen Spruch!

(17.)

1 Ein herrschaftsstolzer Mann in Irak ward vom Schalle
Betroffen, den erhob ein Bettler vor der Halle:

2 Vor eines Höhern Thür sitzt deine Hoffnung auch,
Darum beachte des Thürsitzers Hoffnungshauch.

3 Und wenn du nicht dein Herz beladen willst mit Schmerz,
So lös' aus seinem Band ein schmerzbeladnes Herz.

4 Verstörung des Gemüts des, der um Hülfe schreit,
Wirft einen Fürsten aus des Reiches Herrlichkeit.

5 Behaglich schlummerst du im Harem am Mittag,
Ob draußen in der Hitz' ein Fremder schmachten mag.

6 Gott selber ist es, der Recht schaffet einem Mann,
Der nicht vom Padischah sein Recht verlangen kann.

(18.)

1 Aus der Gelehrten Chor berichtet einer dies,
Was sich begeben hat mit Ben Abdilasis,

2 Daß einen Stein im Ring er an dem Finger trug,
Des Preis die Hoffnungen der Käufer niederschlug.

3 Nachts sprächest du: ein Stern ist das im Strahlenkranze,
Und ein Juwel nur war's, dem Tage gleich an Glanze.

4 Da kam von ungefähr ein dürres Jahr ins Land,
Daß manches Angesichts Vollmond zum Neumond schwand.

5 Wie an den Menschen er sah Kraft und Wohlsein schwinden,
Schien's ihm nicht Menschlichkeit sich selber wohl zu finden.

6 Wenn jemand herbes Gift zieht an des andern Gaum,
So mundet ihm der Trunk des süßen Wassers kaum.

7 Da ließ er zum Verkauf den Stein zum Wechsler reisen,
Denn ihn erbarmete der Witwen und der Waisen.

8 In einer Woche gab er den Erlös zum Raube
Den armen dürftigen, bedeckt mit Kummerstaube.

9 Da fielen über ihn die Tadelredner her:
Nie kommt dir mehr zur Hand ein andrer Stein wie der.

10 Ich hörte, daß er sprach, indem der Thränen Guß
Ihm von der Wange rann, heiß wie der Kerze Fluß:

11 Dem Stadtbeschirmer will Schmucktragen übel ziemen,
Wenn er das Herz der Stadt muß sehn voll blut'ger Striemen.

12 Wohl steht ein Ring mir an auch sonder Edelstein,
Nicht aber steht mir an des Volkes Herz voll Pein.

13 Heil dem, der gibt dem Wohlbehagen Manns und Weibes
Den Vorzug vor dem Wohlbehagen seines Leibes.

14 Die Tugendpflegenden, sie trugen kein Verlangen,
Die eigne Lust aus Leid der andern zu erlangen.

15 Wenn angenehm der Fürst auf seinem Throne ruht,
Ich glaube nicht, daß dann der Bettler ruhe gut.

16 Doch wenn die lange Nacht in Sorgen er durchwacht,
Dann mögen wohlgemut die Menschen ruhn bei Nacht.

17 Gott sei gelobt, es geht auf diesem graden Pfad
Atabeg Abubekr, der edle Sohn des Saad.

18 Nun ist auf Persiens Flur zu sehen keine Spur
Von Herzverstörung als im Wuchs der Schönen nur.

19 Sechs Verse tönten jüngst anmutig mir im Ohr,
Als ich sie singen hört' in der Gesellschaft Chor:

20 Vom Glück des Lebens ward mir jüngst ein Lustertrag,
Als jenes Mondantlitz in meinen Armen lag.

3

21 Ich sprach, indem ich sah sein Haupt von Schlummer trunken:
O Wuchs, vor dem in Staub Cypressen hingesunken!

22 Vom Schlaf des Rausches mach des Augs Narzisse los,
Sing wie die Nachtigall, und lächle wie die Ros'.

23 O Herzensungemach der Zeit, was schlummerst du?
Wach auf, und trink mir süß des Weins Rubinen zu. —

24 Auf blickte da das schlafverwirrte Huldgesicht:
„Du nennst mich Ungemach, und sagest: schlafe nicht!

25 In Tagen unseres glorreichen Schahs soll wach
Kein Aug' in Persien mehr sehn das Ungemach."

(19.)

1 In vor'ger Könige Geschichten liest man, daß,
Als Tafla auf dem Thron des Reichs nach Zengi saß,

2 Zu seinen Zeiten litt Niemand von Niemand Pein;
Den Preis trug er davon auch schon für dies allein.

3 Einst aber sprach er so zu einem Geistbegabten:
„Das Leben ging umsonst mir hin, dem ungelabten.

4 In einer Zelle will ich ruhn und Andacht üben,
Um der fünf Tage froh zu werden, die mir blieben.

5 Weil so vergänglich ist der Herrschaft Glanz und Zier,
Trägt aus der Welt das Glück davon nur ein Fakir."

6 Als dies vernahm der Mann von hellem Atemzug,
Geriet er stracks in Zorn: „Genug, o Tafla, gnug!

7 Dein Ordensweg ist nur, daß du Volksdienstes pflegst,
Nicht Kutt' und Rosenkranz und Beteteppich trägst.

8 Du sitz auf deinem Thron der Herrschaft immerhin,
Und trage vom Fakir das Kleid nicht, doch den Sinn.

9 Beflügle deinen Geist mit reiner Andacht Schwunge,
Und zügle vom Geschwätz der Schule deine Zunge.

10 Zum Wege mußt den Fuß du bringen, nicht den Gruß,
Denn ohne Nachdruck ist der Gruß dort ohne Fuß.

11 Hochedle waren's, die der Reinheit Münze schlugen,
Die unterm Fürstenkleid das Bettlerhemde trugen."

(20.)

1 Ich hört' erzählen, daß ein griech'scher Kaiser weinte
Vor einem weisen Mann, der gut mit ihm es meinte:

2 „Mir ist kein fester Fuß vor Feindeshand geblieben,
Nichts außer dieser Burg ist mir vom Land geblieben.

3 Ich habe viel mich angestrengt, daß meinem Sohne
Nach mir der Sitz verblieb' auf diesem Herrschaftsthrone.

4 Nun hat der arge Feind die Oberhand bekommen
Und der Anstrengung Preis mir aus der Hand genommen.

5 Wo schaff' ich Rat? wo geh ich holen Arzenei?
Denn mir im Busen brach das Herz der Gram entzwei."

6 Der Weise kam in Zorn: „Was will dies Weinen sagen?
Zum Weinen wäre wol so thörichtes Verzagen.

7 Was geht das Reich dich an? bekümmre dich um dich;
Denn mehr und besser als das Leben ist das Ich.

8 Du hast, solange du noch lebst, genug zum Leben,
Und stirbst du, wird die Welt Gott einem andern geben.

9 Ob er verständig nun, ob er ein Thor mag sein,
Du sorge nicht für ihn, er sorgt für sich allein.

10 Der Mühe wert ist's nicht, zu halten und zu fassen
Mit einem Schwert die Welt, und wieder sie zu lassen.

11 Thu dir nicht viel zu gut auf die fünf Tage Rast,
Und denke weislich dran, daß du zu wandern hast.

12 Wer ist dir denn bekannt von persischen Chosru'n
Der alten Zeit, Dschemschid, Sohhak und Feridun,

3*

13 Der nicht von Thron und Reich den Untergang erfuhr?
Und unvergänglich bleibt der Thron des Höchsten nur.

14 Wem blieb die Hoffnung, daß auf lange da verbleiben
Er werde, wo auf lang er keinen sah verbleiben?

15 Was einer hinterließ an Schatz und Prunkgeräten,
Das wird nach seinem Tod mit Füßen bald getreten.

16 Wer aber Gutes hat an anderen gethan,
Wird der Erbarmung Hauch in seiner Seel' empfahn.

17 Wohlauf daß du den Baum der Hulden fleißig pflegest,
Wenn nach desselben Frucht du selbst Verlangen trägest!

18 Sei huldreich! denn wenn dort den Diwan sie bestellen,
Verteilen nach dem Maß des Wohlthuns sie die Stellen;

19 Derjenige, der mehr des Guten hat gethan,
Wird näher seine Stell' an Gottes Thron empfahn.

20 Verrechnet hat sich der, und trifft Beschämung an,
Wer Lohn begehrt, wo er nicht Arbeit hat gethan.

21 Benag' er mit dem Zahn sich nun die Fingerzacken!
Der Ofen war so warm, und er hat nicht gebacken.

22 Zur Zeit der Ernte wirst du einsehn nur zu spät,
Wie sich der Leichtsinn straft, daß du nichts ausgesät."

(21.

1 Freund Gottes hieß ein Mann im Grenzgebiet von Scham,[1]
Der von der Welt die Flucht zu einer Höhle nahm;

2 Und wie entsagend dort er weilt' am finstern Ort,
Fand er den lichten Hort des Selbstgenügens dort.

3 Des Landes Mächtige vor seiner Thür erschienen,
Denn niemals sah man selbst ihn an der Thür von ihnen.

4 Was von sich selbst ein Mann von heiliger Bestrebung
Heischt an Almosen Statt, ist der Begierd' Aufgebung.

---

[1] Scham   Syrien.

5 Weil ihm auf jedem Schritt gib! die Begier gejagt,
Hat er mit Schmach von sich sie Schritt vor Schritt gejagt.

6 In jenen Marken, wo der edle Greise war,
Befand ein Markgraf sich, der sehr unweise war,

7 Der jedem Schwächeren, der ihm nicht konnt' entgehn,
Mit der Gewalt der Faust die Faust pflegt' aufzudrehn;

8 Ein blind dreinschlagender, ein Weltverwüstungsschauer,
Von dessen Herbigkeit der Welt Gesicht ward sauer.

9 Volkshaufen gingen da vor Druck und Schmach vom Lande,
Die trugen überall hin seines Namens Schande.

10 Ein Häuslein aber blieb zurück gedrückt und wund,
Das hinterm Spinnrad saß und Fluch nahm vor den Mund.

11 Denn da wo ihren Arm Gewaltthat lang darf machen,
Da siehst du Menschenmund nicht aufgethan zum Lachen.

12 Auch zum Besuch kam er zum Scheich von Zeit zu Zeit,
Doch vom Freund Gottes war kein Blick für ihn bereit.

13 Einst sprach der Fürst zu ihm: O Mann von hohem Glück,
Zieh nicht mit Scheue streng den Blick von mir zurück!

14 Du weißt, daß Freundessinn ich hege gegen dich,
Woher ist nun in dir die Feindschaft gegen mich?

15 Gesetzt auch, daß ich nicht der Fürst des Landes wäre,
Doch einem Derwisch stell' ich wol mich gleich an Ehre.

16 Nicht sag' ich: räume mir Vorzug vor andern ein;
Du sollst nur gegen mich wie gegen alle sein.

17 Als er dies Wort vernahm, geriet in heil'gen Grimm
Der fromme Mann, und sprach: Gebietender, vernimm!

18 Volksruh verstören ist dein Lebenszweck allein,
Nicht mit Verstörung kann mein Herz in Freundschaft sein.

19 Sollt' ich als meinen Freund dich halten vor der Welt,
Da ich doch weiß, daß Gott als seinen Feind dich hält?

20 O drück nicht auf die Hand den Kuß mir freundschaftlich;
Geh und erweis' als Freund von meinen Freunden dich.

21 Doch meinen Freunden bist du nur ein Feind allein;
Ich glaube nicht, daß du für mich ein Freund kannst sein.

22 Dem Freunde Gottes mag man selbst die Haut zerreißen,
Dem Feinde seines Freunds ein Freund wird er nie heißen.

23 Ich bin erstaunt, wie solch ein Steinherz schlafen kann,
Durch dessen Schuld schläft herzbekümmert Weib und Mann.

24 Wolauf, wenn Tugend und Vernunft dein Sinn erkor,
So nimm ein gutes Wort von Saadi gern ins Ohr:

(22.

1 O Großer, übe nicht Gewaltthat gegen Kleine,
Weil der Verlauf der Welt nicht immer ist der eine.

---

2 Nie sollst du einen Feind für zu gering ansehn:
Aus kleinen Steinen seh' ich einen Berg bestehn.

3 Sieh, wenn zusammen sich ein Heer Ameisen thut, .
Vermag es grimme Leu'n zu plagen bis aufs Blut.

4 Ist schwach ein Härchen wie ein Seidenfädchen nicht?
Doch stark wie Ketten ist's, wenn man's zusammen flicht.

---

5 Bring nicht, ich sag' es dir, der Menschen Fuß zu Falle;
Du möchtest, wenn du stirbst, hülflofer sein als alle.

---

6 Geh, statt des Schatzes leg die Herzen an: die Kammer
Ist besser nicht gefüllt, als mit des Volkes Jammer.

---

7 Hab mit dem Starken nur Geduld, Ohnmächtiger:
Denn eines Tages wirst du stärker sein als er.

---

8 Sag dem Bedrückten: Laß die trockne Lippe lachen!
Zerbrochen wird der Zahn in des Bedrückers Rachen.

---

9 Mit Guter Segen schlag der Bösen Widerstand;
Der Arm des Segens thut mehr als der Waffen Hand.

10 Der Reisende sorgt nur, die Last mög' ihn nicht drücken,
Und kümmert sich nicht um des Esels wunden Rücken.

11 Bei Trommelschall ist früh der Herr vom Schlaf erwacht:
Was weiß er, wie die Nacht der Wächter zugebracht!

(23.)

1 Solch eine Hungersnot war ein Jahr in Damast,
Daß der Verliebte selbst vergaß des Liebchens Mast'.

2 Der Himmel war so karg der Erde, daß kein Halm
Der Saat befeuchtete die Lipp' und keine Palm'.

3 Der nie versiegte Quell versiegte von der Glut:
Kein Wasser blieb, als nur der Waisen Augenflut.

4 Und anders war es nichts, als einer Wittib Ach),
Wenn irgend stieg ein Hauch aus einer Luk' im Dach.

5 Ich sah den Gartenbaum wie einen Bettler nackt,
Und jeden starken Arm geschwächt und abgezwackt.

6 Kein grüner Rain am Berg, kein grünes Blatt an Hecken;
Heuschrecke fraß das Laub, und Menschen die Heuschrecken.

7 In solchem Zustand kam ein Freund mir zugesprochen,
Dem nichts war als die Haut geblieben um die Knochen.

8 Das nahm mich Wunder, denn er war ein wackrer Held
Gewesen sonst, ein Mann von Ansehn, Gut und Geld.

9 Ich sprach zu ihm: O Freund voll edlen Sinnes, sprich,
Wie solch ein schmählicher Verfall betroffen dich?

10 Da schrie er gegen mich: Wohin ist dein Verstand?
Wer etwas weiß und fragt, dem macht die Frage Schand'.

11 Siehst du nicht, daß die Not den Gipfel hat erstiegen,
Der bittre Drang ums Brot den Wipfel hat erstiegen?

12 Kein Regen kommt zur Erd' herab vom Himmelsthor,
Und zu ihm, scheint es, steigt kein Hülferuf empor.

13 Ich sprach: Bei alle dem, was hast du zu besorgen?
Da tötet nicht das Gift, wo Theriak ist verborgen.

14 Wenn die Nichthabenden bedroht der Untergang,
So hast du, und der Ent' ist vor der Flut nicht bang.

15 Verdrießlich maß mich der gelehrte Mann mit Blicken,
Wie einen Thoren pflegt ein Weiser anzublicken:

16 „Wer, wenn er auch vom Meer zum Ufer selbst entflieht,
Kann ruhig sein, wenn er die Freund' ertrinken sieht?

17 Die Nahrungslosigkeit blaßt meine Wange nicht,
Um Nahrungslose bleicht der Kummer mein Gesicht.

18 Wol kein Verständiger hat Wunden gern geschaut,
Auch nicht an fremder wie an seiner eignen Haut.

19 Ob ich vor Wunden gleich mag wohlbehalten sein,
Seh ich ein wundes Fleck, so schaudert mein Gebein.

20 Trüb wird die lautre Lust des Lebens dem Gesunden,
Der an die Seite sich des Kranken sieht gebunden.

21 Seh ich den Armen, der die Nahrung jetzt muß missen,
So wird zu herbem Gift an meinem Gaum der Bissen.

22 Wer seine Freunde weiß in Kerkermauern schmachten,
Wie kann er wohlgemut das Rosenbeet betrachten?"

(23 b.)

1 Vom Rauch des Volks entstand in einer Nacht ein Brand;
Mir ist gesagt, daß halb Bagdad in Flammen stand.

2 In solchem Zustand dankt' ein Mann dem Himmel nur:
„Daß unserm Laden doch kein Schaden widerfuhr."

---

1 Der Seufzerrauch der Armen, Unterdrückten, der figürlich Städte anzündet, wie Nr. 7, V. 6 und 7 gesagt ist; hier aber wirkliches Feuer? Es ist eben die Grund-vorstellung, daß solche Unglücksfälle Folge der Unterdrückung seien.

3 Ein andrer sprach zu ihm: „Du in der Selbstsucht Strick
Gefangner, sorgest du allein für dein Geschick?

4 Gefällt dir's, daß in Glut die ganze Stadt aufgeht,
Wenn sicher nebenaus nur deine Wohnung steht?" —

5 Nur ein Steinherziger kann stopfen seinen Magen,
Und einen andern sehn den Stein am Bauche tragen.

6 Wie schmeckt der Bissen wol dem reichen Manne gut,
Wenn er den armen sieht vor Kummer essen Blut!

7 Sag nicht: Gesund ist, wer beim Kranken sich befindet;
Sieh, wie er selbst vor Weh dem Kranken gleich sich windet.

8 Der Leichtfuß kann, wenn ins Quartier die Leute kamen,
Nicht schlafen, weil zurück sind unterwegs die Lahmen.

9 Beladen mag sein Herz dem Sultan selber dünken,
Wenn er im Kote sieht Holzhackers Esel sinken.

10 Wenn dir im Lebensfeld geraten Heiles Saaten,
So gnügt von Saadi dir ein Wort dich zu beraten:

11 Soviel, dasern du hörst, kann dir zur Gnüge dienen,
Daß, wo du Dornen säst, nicht ernten wirst Jasminen.

(24.)

1 Gelesen hast du wol von persischen Chosru'n,
Gewohnt, dem Unterthan Bedrückung anzuthun.

2 Nicht ist von ihnen nun der Herrschaft Schmuck geblieben,
Noch der am Bauersmann verübte Druck geblieben.

3 O sieh, wie sehl es ist dem Frevelsmann gegangen!
Die Welt blieb, er ist in des Frevels Bann gegangen.

4 Heil dem Gerechten, der am Auferstehungstag
Im Schatten jenes Throns sein Zelt aufschlagen mag.

---

5 Stein am Bauch — Schmachtriemen.
6 Das Bluteffen ist hier ganz zur Phrase geworden. Das Blut, in die Leber oder das Herz zurücktretend oder steckend der Kummer oder Ärger, wird „gegessen" (eingeschluckt).
9 Vgl. unten Nr. 69.

5 Wenn Gott es meinet gut mit einem Volksgeschlecht,
  Dem gibt er einen Herrn wohlwollend und gerecht.

6 Doch wenn des Himmels Lauf verderben will ein Land,
  Legt er die Herrschaft nur in eines Frevlers Hand.

7 Zu hüten sucht vor ihm sich jeder gute Mann,
  Denn ein Zorn Gottes ist auf Erden der Tyrann.

8 Erkenne du von Ihm und dank' ihm deine Macht,
  Weil der Undankbare sein Glück zunichte macht.

9 Nicht zweifle, wenn du ihm für diese Güte dankst,
  Daß du zu andern unvergänglichen gelangst.

10 Hast du nicht selber auch gelesen im Koran,
   Daß Dankbarkeit allein das Glück verdoppeln kann?

11 Doch übst du Ungebühr in deiner Fürstenkraft,
   So wird nach Fürstenschaft dir dort die Bettlerschaft.

12 Den Fürsten dürfe nie ein sanfter Schlaf erquicken,
   Der von den Stärkeren die Schwächern läßt bedrücken.

13 Mach dem gemeinen Mann kein Senfkörnlein Beschwerde,
   Weil du der Hirte bist, und jene sind die Herde.

14 Du bist, wenn man von dir Unbilde sieht und Leid,
   Der Hirte nicht, der Wolf, ob dem man Zeter schreit.

15 Wenn du nicht willst, daß dir Verwünschung folg' und Schmach.
   Sei gut, und niemand sagt dir etwas Böses nach.

(25.)

1 Mir ist berichtet, daß sich einst in Morgenlanden
  Zween Brüder fürstliche von Einem Vater fanden,

2 Heerführer, stolzen Leib und hohen Nacken tragend,
  Von Antlitz schön und klug und mit dem Schwerte schlagend.

3 Der Vater, der sie fand von gleicher Stattlichkeit,
  In Rossetummelung erfahren, kampfbereit,

4 Ging hin und sonderte gleich in zwei Hälften ab
Das Land, und einen Teil jedwedem Sohne gab,
5 Damit nicht ihren Trotz sie aneinander kehrten,
Einander mit dem Schwert des Krieges nicht verheerten.
6 Der Vater blieb hernach noch eine Zeit am Leben,
Um seinen Geist zuletzt dem Schöpfer aufzugeben,
7 Als die gesteckte Frist zerbrach der Hoffnung Band,
Und von dem Tod gelähmt ward seines Wirkens Hand.
8 Den beiden Schahen ward die Herrschaft dargebracht,
Da ohne Maß und Zahl war Schatz und Heeresmacht.
9 Wie jedem gut es schien nach eigenem Behagen,
Begann nun einen Weg ein jeder einzuschlagen.
10 Der eine den des Rechts, sich guten Ruf zu schaffen,
Der andre den des Drucks, Reichtümer einzuraffen.
11 Der eine kor als Pfad ein liebreiches Erbarmen,
Almosen spendet' er und sorgte für die Armen.
12 Er führte Bauwerk' und gab Brot, und Sold dem Heer,
Herbergen für die Nacht den Bettlern öffnet' er.
13 Schatzkammern macht' er leer, und voll der Truppen Zahl,
So daß von allem Volk in Wohlsein überall
14 Sich laut erhub ein Schrei der Freude, wie im Staat
Von Schiras in der Zeit des Abubekr Saad,
15 Des edelmütigen Hausherren weisen Sinnes,
Sei seiner Hoffnung Zweig voll reichen Fruchtgewinnes!
16 Hör' die Geschichte nun: das ruhmbeflißne Kind
War angenehmen Thuns und wonniglich gesinnt,
17 Auf Herzeroberung von Groß und Klein bedacht,
Und wach zu Gottes Lob am Morgen und bei Nacht.
18 In diesem Lande ging ein Karun ohne Fahr,
Worin der Schah gerecht und satt der Derwisch war.

---

18 Karun, ein Reicher, besonders Handelsmann: ohne Furcht vor dem Schah und vor dem Volke, das nicht durch Not zu Räubereien getrieben ist. Karun ist der Korah der Bibel.

19 Er war's, zu dessen Zeit weh keinem Herzen that,
Ich sage nicht ein Dorn, auch nur ein Rosenblatt.

20 Und von den Großen ward, zum Schlußstein seiner Macht,
Ihm Unterwürfigkeit wetteifernd dargebracht.

21 Der andre wollte nur vermehren Reich und Habe,
Und mehrete dazu des Landmanns Steu'r und Gabe.

22 Gelüsten ließ er sich des reichen Kaufmanns Gut,
Und an Hülflosen ließ er aus den Übermut.

23 Mehr haben wollt' er nur, nicht geben noch genießen;
Ein Weiser sieht es ein: sein Thun war ungepriesen.

24 Denn während er mit Macht zusammen raffte Gold,
Ging auseinander ihm die Heermacht ohne Sold.

25 Die fremden Handelsherrn erfuhren es alsbald,
In des Tyrannen Land sei Plündrung und Gewalt,

26 Und brachen den Verkehr mit jener Gegend ab:
Die Saat ging dort nicht auf, der Sämann ging zu Grab.

27 Als seiner Freundschaft nun das Glück den Rücken wies,
Ward von des Feindes Hand ihm Schaden und Verdrieß,

28 Vom Groll des Himmels Stock und Stamm ihm ungehau'n,
Von Feindesrosselhuf zertreten seine Gau'n.

29 Von wem sucht er nun Treu, der Untreu nur gepflogen?
Wo treibt er Steuern ein, da fort die Bauern zogen?

30 Was Gutes hoffen kann der ungetreue Mann,
Der auf den Nacken nur den bösen Fluch gewann?

31 Ihm war von Anbeginn Unseligkeit beschieden,
Deswegen that er nicht was ihm die Guten rieten.

32 Die Guten sprachen nun zu jenem guten Mann:
Gewinne du, was dort der Frevler nicht gewann!

33 Sein Wähnen war verkehrt, sein Streben ohne Frucht,
Denn bei dem Recht war, was beim Unrecht er gesucht.

(26.)

1 Als jemand einem Sproß die obre Spitze brach,
  Ward es gewahr der Herr des Gartens, und er sprach:
2 Der Mann that Böses, der den schwachen Zweig gebrochen,
  Nicht gegen mich, er hat das an sich selbst verbrochen.
3 In deinem Leben gilt der Rat, willst du ihn hören?
  Du sollst nicht Schwache mit des Armes Kraft zerstören.
4 Denn morgen beim Gericht wird als ein Fürst betrachtet
  Der Bettler, den du nicht für einen Halm geachtet.
5 Dafern du morgen als ein Großer willst erscheinen,
  So mache nicht zum Feind dir einen von den Kleinen.
6 Denn wann vorüber dir ging deiner Herrschaft Traum,
  Faßt dort der Bettler mit Gewalt dein Kleid am Saum.
7 Thu's nicht, o lege nicht an Schwache deine Hand,
  Denn schämen mußt du dich, wenn sie dich übermannt.
8 Ja eine Schand' ist es in Augen aller Freien,
  Daß von Hinfälligen gefället Starke seien.
9 Von Edlen klaren Sinns, die hohes Glück erkürt,
  Ward Thron und Krone mit Besonnenheit geführt.
10 Dem Gradewandelnden o geh du schief nicht nach,
  Und wenn du Gradheit willst, so hör' was Saadi sprach.

(27.)

1 O sage nicht: es gibt nichts über Fürstengröße!
  Es ist erhabener kein Stand als Derwischblöße.
2 Die leichtbeladen sind, die werden leichter gehn;
  Das ist die Wahrheit, die der Weise wird verstehn.
3 Der Mann mit leerer Hand sorgt um ein Stücklein Brot,
  Der Herrscher einer Welt hat eine Welt voll Not.

4 Der Bettler, wenn sein Brot er Abends hat zur Hand,
  Schläft minder gut nicht als der Herr vom Abendland.

5 So Leid als Freude muß einmal zu Ende gehn,
  Beim Tod wird beides aus dem Haupt behende gehn,

6 So jenem, welcher auf dem Haupt die Krone trägt,
  So jenem, welchem ist die Schatzung aufgelegt.

7 Ob ein Hochhauptiger bis an die Sterne rage,
  Ob ein Leerhandiger des Kerkers Fessel trage,

8 Wenn über beide her des Tods Heerschaaren rennen,
  Wird man den einen nicht vom andern mehr erkennen.

9 Herrschaft und Fürstenmacht befreien nicht vom Grame;
  Der Bettler ist ein Fürst, und Bettler nur sein Name.

(28.)

1 Ich hörte, daß einmal an einem Tigrisarm
  Ein Totenschädel sprach zu einem Büßer arm:

2 Ich war einmal vom Glanz der Majestät umlaubt,
  Und trug den Herrscherkranz der Hoheit auf dem Haupt.

3 Als mir der Glückstern lacht' und ich vor nichts erschrak,
  Ergriff ich mit dem Arm die Herrschaft von Irak.

4 Ich hatte Lust bereits auch Kerman zu verschlingen,
  Da hub im Grabe mich der Wurm an zu verschlingen.

5 Zieh der Verstocktheit Woll' aus deinem Ohr hervor,
  Damit der Toten Rat find' Eingang in dein Ohr.

(29.)

1 Dem Gutes thuenden wird Böses nicht geschehn,
  Wie keiner Böses wirkt, dem es wird gut ergehn.

---

⁴ Im Original Wortspiel zwischen Kerman und kirman, „Würmer".

2 Der Unheilstifter sieht sich selber Unheil drohn,
Wie sich verkriechen muß im Haus der Storpion.

3 Wem von Natur kein Nutz für andre wohnet bei,
Ein solches Wesen und ein Stein ist einerlei.

4 Das Wort nehm' ich zurück, o Freund von hohem Herzen,
Denn doch ein Nutzen ist in Steinen und in Erzen.

5 In Schande besser ist ein solcher Mensch begraben,
Vor welchem das voraus die toten Steine haben.

6 Nicht besser als ein Thier ist jedes Menschenkind,
Da Thiere besser noch als böse Menschen sind.

7 Dem Thier ist vorzuziehn ein Wesen mit Vernunft,
Kein menschenfeindliches gleich wilder Thiere Zunft.

8 Wenn weiter nichts ein Mensch als essen kann und schlafen,
Welch einen Vorzug hat vor Rindern er und Schafen?

9 Dem Reiter ohne Schick, der auf dem Abweg reitet,
Gewinnt den Vorsprung ab, wer grad zu Fuß aufschreitet.

10 Ein Korn des Guten hat noch keiner ausgestreut,
Den eine Ernte nicht des Heiles hätt' erfreut.

11 Und nie hab' ich gehört, daß je in seinem Leben
Dem Böses Schaffenden sich Gutes hab' ergeben.

(30.)

1 In eine Brunnengrub' ein Steureinnehmer fiel,
Vor dessen Furchtbarkeit dem Leu'n das Herz entfiel.

2 Der menschenfeindliche sah feindliches Geschick,
Er fiel, und Ohnmacht lag ihm schwer auf dem Genick.

3 Die ganze Nacht ließ er mit Hülfeschrei nicht nach:
Doch einer warf den Stein ihm auf den Kopf und sprach:

4 „Hast eine Hülfe du wol einem je gethan,
Daß du heut in der Not rufst einen Helfer an?

5 Unmenschenfreundlichkeit hast du allein gesät,
Nun sieh, was dir daraus für Frucht zu Handen steht,
6 Wer dir ein Pflaster auf den wunden Busen legt,
Da jedes Herz von dir noch einen Stachel trägt!
7 Du grubest uns die Grub' am Weg mit Wohlgefallen,
Drum bist du in die Grub' itzt auf den Kopf gefallen." —
8 Zwei haben einen Brunn für Groß und Klein gegraben,
Der eine gut von Art, der andre schlecht von Gaben;
9 Der ein', um Durstigen zu feuchten ihre Lippe,
Der andre, daß man fall' und brech' Hals oder Rippe.
10 Wenn Böses du gethan, erwarte Gutes nicht,
Weil von der Tamarind man nie Weintrauben bricht.
11 Ich glaube nicht, o der du Gerst' im Herbste säest,
Daß du, wann Erntezeit geworden, Waizen mähest.
12 Den Giftbaum, magst du ihn mit deinem Herzblut nähren,
Nicht hoffe, daß er dir wird gute Frucht gewähren.
13 Nicht Datteln lesen auch wirst du vom Dornenstrauch;
Was du gesäet hast, das wirst du ernten auch.

(31.)

1 Die Sage meldet uns von einem Mann beherzt,
Der durch Freimütigkeit Hedschadschens Huld verscherzt.
2 So ließ er gegen ihn dem Eifer freien Lauf,
Daß zu erwidern ihm Hedschadsch nichts wußte drauf.
3 Wenn nicht mehr streiten kann mit Gründen ein Tyrann,
So kündigt blut'gen Kampf sein finstres Antlitz an.
4 Schnell gab er einen Wink dem Hauptmann seiner Schaar:
Bring auf den Richtplatz ihn, und bring sein Haupt mir dar.
5 Der Gottesmann hub an zu lachen und zu weinen,
Dem finstern Wüterich wollt' es ein Wunder scheinen.

Jur Antwort gab er ihm: Ich wein' ums Weltgeschick,
Denn Kindlein laß' ich vier unmündige zurück.

8 Hingegen lach' ich, daß ich Gottes Huld erworben,
Daß Unrecht leidend ich, nicht Unrecht thuend, gestorben.

9 Zum Wütrich sprach ein Freund: „O Herrscher hoch zu preisen,
Thu's nicht! o lege nicht die Hand an diesen Greisen.

10 Auf ihn blickt alles Volk und lehnt an ihn den Rücken:
Du kannst ein ganzes Volk nicht auf den Richtplatz schicken.

11 Großmütig übe Huld und zeige dich gelinder:
In deinem Herzen denk' an seine kleinen Kinder.

12 Willst deiner eigenen Familie Feind du sein,
Daß du Familien willst dem Verderben weihn?

13 O hoffe nicht, wenn wund durch dich die Herzen sind,
Daß dir der letzte Tag erscheinen wird gelind.

14 Und macht es dir nicht bang, daß Nachts ein frommer Mann
In glühendem Gebet dich einst verwünschen kann?

15 Auch Iblis hat nicht bös gethan und Guts genossen;
Wie könnte Heiles Frucht aus Unheils Samen sprossen!

16 Zerreiße nicht im Grimm den Vorhang fremder Ehren!
Die Schande möcht' auch dir sich hinterm Vorhang mehren.

17 An Löwenmänner laß den Schlachtruf nicht ergehn!
Du kannst mit Kindern selbst den Faustkampf nicht bestehn.

18 Der Schah im Schachbrett trägt wol einen Namen hoch;
Wenn ins Gedräng' er kommt, schlägt ihn ein Bauer doch.

19 Ein Mann hat seinem Sohn einst diesen Rat vermacht
(O nähmest du den Rat der Weisen doch in Acht!):

20 ‚O Sohn, versetze nicht den Kleinen Frevelstöße!
Denn eines Tages fällt vom Haupte dir die Größe.

21 Befürchtest du denn nicht, o Leu voll Unvernunft,
Daß einmal dich zerreiß' ein Tiger in der Brunst?

22 Am Stand der Kleinen hab' auch ich die Faust geübt,
   Den Untergebnen ward von mir das Herz betrübt.

23 Doch als ich einst die Faust Gewaltiger geschmeckt,
   Nicht gegen Schwächtige hab' ich mich mehr erfeckt.'"

24 Ich hört', er hörte nicht und ließ das Blut versprützen.
   Was Gott beschlossen hat, wer kann davor dich schützen?

25 Ein Edler in der Nacht hing dem Gedanken nach,
   Im Traum sah er den Mann, befragt' ihn, und er sprach:

26 Nur einen Augenblick empfand ich seinen Schlag:
   Doch die Vergeltung bleibt ihm bis zum jüngsten Tag.

32.

1 Eins war ein König, die Geschicht' ist ungelogen,
  Die Fallsucht hatt' ihn spindelgleich gebogen.

2 Von Schwäche war ihm so die Herrschermacht verleidet,
  Daß er den Unterthan, den niedrigsten, beneidet.

3 Denn wenngleich auf dem Brett der Schach ragt hoch empor,
  Doch wenn er matt wird, thut's ein Bauer ihm zuvor.

4 Den Boden küßte vor dem König ein Vertrauter:
  „Die Herrschaft meines Herrn sei ewig freudenlauter!

5 Es lebt in dieser Stadt ein Mann voll Wundergaben,
  Der nicht an Heiligkeit mag seines gleichen haben.

6 Den Weg der Ungebühr hat er niemals betreten,
  Hell ist sein Geist, und voll Erhörung ist sein Beten.

7 Nie vorgetragen hat man ihm ein schwer Geschick,
  Dagegen er nicht Rat gewußt im Augenblick.

8 Ruf ihn, damit er sprech' ein hohes Gebet,
  Von dem zur Erde wird des Himmels Gnad' erlebt."

Die Fallsucht ist wol eine Art von Gicht. Sie ist besonders in Bochara verbreitet.

9 Der König gab Befehl den höchsten von den Knechten,
Daß sie den wunderkraftbegabten Alten brächten.

10 Sie kamen mit Bericht: Genaht ist der Fakir,
Mit ehrfurchtwürd'gem Leib in Kleidern ohne Zier.

11 Der König sprach: Sprich ein Gebet, Mann ohne Tadel,
Weil ich vom Faden bin gebunden wie die Nadel.

12 Dies Wort vernahm der Scheich mit Alters Rückenkrümme,
Und rief mit Heftigkeit und lautem Ungestüme:

13 „Der Herr ist liebevoll für den gerechten Mann;
Sei gnädig, und von Gott erwarte Gnade dann.

14 Wie sollte mein Gebet dir nützen, da gefangen
Notleidende soviel in Kertergruben bangen?

15 Gutmachen mußtest du die Sünden erst, und dann
Verlangen ein Gebet von einem frommen Mann.

16 Solang vom Hals dir nicht Bedrückter Fluch wird weichen,
Solange kann dir mein Gebet die Hand nicht reichen."

17 Als dieses Wort der Schah von Persien vernahm,
Ward ihm der Sinn verwirrt von Unmut und von Gram.

18 Erst zürnt' er, aber sprach im Herzen gleich darnach:
Ich will nicht zürnen: wahr ist was der Derwisch sprach.

19 Sofort gab er Befehl, daß augenblicklich frei
Gegeben jeglicher in Haft gehaltne sei.

20 Zwei Andachtsbeugungen nahm nun der Weise vor
Und hob die Hand des Flehns zum Höchsten dann empor:

21 O du, in dessen Hand des Himmels Säulen ruhn,
Den du mit Kampf bedrängt, mit Frieden stärk' ihn nun!

22 Noch hielt der Heilige die Hand empor zum Beten,
Als der Krankliegende konnt' auf die Füße treten.

23 Alswie ein Pfau, wann ihm vom Fuß der Faden rollte,
War er zu sehn, als ob vor Lust er fliegen wollte.

24 Zum Danke ließ er ihm aus der Schatzkammer Schreinen
Das Haupt mit Gold bestreun, den Fuß mit Edelsteinen.

4*

25 Das alles schüttelte der Derwisch aus dem Schoß,
Und sprach: Die Wahrheit muß man reden rücksichtlos.

26 Dem Faden gehe nach, dem vorigen, nicht wieder,
Der Faden käme sonst dir wieder an die Glieder.

27 Einmal erlagest du, nun lern' achtsamer schreiten,
Um mit dem Fuße nicht noch einmal auszugleiten.

28 Der Warnung treues Wort von Saadi nimm zu Handen:
Nicht immer ist, wer fiel, auch wieder aufgestanden.

29 Die Welt, mein Sohn, ist nicht der Herrschaft ew'ger Garten,
Und nicht vom Irdischen ist Treue zu erwarten.

30 Ist früh und abends nicht gegangen in den Wind
Der Thronsitz Salomo's, dem Gott sei hold gesinnt?

31 Sahst du zuletzt nicht, daß er in den Wind gegangen?
Heil jedem, der dahin klug und gelind gegangen.

32 Den Ball des Glückes hat von hier davongetragen
Der, dem am Herzen nur des Volkes Wünsche lagen.

33 Zu Statten kam nur das, was einer mit sich nahm,
Nicht was er sammelt' und verlassen mußt' in Gram.

34 Dem bleibt kein ander Glück als diese Tagesfrist,
Des Herzenslust das Ungemach der Menschen ist.

33.)

1 Ich hörte, daß ein Fürst Ägyptens hoch und hehr
Sich überfallen sah vom grimmen Todesheer.

2 Die Schöne schwand ihm von den freudenhellen Wangen;
Wenn bleich die Sonne wird, dann ist der Tag vergangen.

3 Verlegen nagten die Doctoren sich die Hand,
Daß in der Heilkunst sich kein Kraut vorm Tode fand.

4 Jedweder Herrschaftsmacht steht Untergang bevor,
Außer dem ew'gen Herrn, der nie die Macht verlor.

5 Als nahe nun der Nacht war seines Lebens Tag,
Vernahm ich, daß er mit der Lippe murmelnd sprach:

6 Kein Herrschender wie ich saß auf Ägyptens Thron;
So groß war der Ertrag, und nichts verblieb davon.

7 Zusammen rafft' ich Welt, um nicht sie zu genießen,
Und lassen muß ich sie, wie ärmste sie verließen.

8 Nur der Wohlsinnige, der spendet' und genoß,
Erraffte diese Welt zu seinem Besten bloß.

9 Du trachte jenem nach, was bei dir bleiben mag;
Denn das was nach dir bleibt, ist Schade dir und Schlag.

10 Wenn übern Herrn ergeht des Sterbebettes Pein,
Streckt eine Hand er aus, und zieht die ander' ein.

11 Der Hände nun bedient er sich zu Fingerzeigen,
Da die Betlommenheit macht seine Zunge schweigen:

12 Streck' eine Hand zu Hülf' und milden Gaben aus,
Und eine Hand zieh' ein von ungerechtem Schmaus.

13 Nun freie Hand du hast, o rühre du die Hand;
Nicht heben kannst du einst sie aus dem Grabgewand.

14 Vorüber werden viel Mond, Sonn' und Sterne schweben,
Da von des Grabes Bett du nicht das Haupt wirst heben.

(34.

1 Fürst Kisil Arslan hatt' ein festes Felsenschloß,
Das übern Berg Elwend aufragte riesengroß:

2 Ohn' eines Dings Bedarf, ohn' eines Feinds Gefahr:
So kraus wand sich sein Weg wie Schöner Lockenhaar.

3 Es lag so einzig schön ob einem grünen Thale,
Alswie ein weißes Ei auf der lazurnen Schale.

4 Ich hört' erzählen, daß ein Mann, der um sich Segen
Verbreitete, zum Schah herkam von fernen Wegen;

5 Ein wahrheitspähender, der sich die Welt sah an,
Ein tüchtiger, der weit im Land sich ungethan.

6 Und Kisil sprach: Da du so weit umhergekommen,
Wo hast du einen Platz so fest schon wahrgenommen?

7 Er lächelte: Die Burg ist allerherrlichest,
Demungeachtet denk' ich nicht, daß sie ist fest.

8 Denn, hatten vor dir sie nicht tapfre Helden inne?
Ein Weilchen hielten sie, dann ließen sie die Zinne.

9 Und werden nicht nach dir sie andre Schahe haben,
Von deiner Hoffnung Baum sich an den Früchten laben? ·

10 Denk', daß dein Vater hier einst Herr gewesen sei,
Und mache deinen Geist von Weltgedanken frei.

11 Du siehst, wie ihn die Zeit zu einem Orte trieb,
Wo auch ein Heller nicht ihm zur Verfügung blieb.

12 Da wo die Hoffnung ihm auf jed's und jeden schwand,
Blieb ihm die Hoffnung nur auf Gottes Gnadenhand.

13 Für den Besonnenen ist Spreu nur diese Welt,
Die jeden Augenblick in andre Hände fällt.

(35.)

1 Ein Närrischer sprach einst in Persiens Gebiet:
O Chosro, du der Erb' im Reiche des Dschemschid!

2 Wenn Reich und Herrschaft bei Dschemschid geblieben wäre,
Wie wäre denn an dich gelangt des Thrones Ehre?

3 Wär' in die Hände dir gefallen Karun's Hort,
Er bleibt dir nicht; nur was du schenkst, trägst du mit fort.

(36.)

1 Als Alp Arslan die Seel' ihm, der sie ihm gegeben,
Heimgab, sah auf den Thron man seinen Sohn erheben.

---

3 Karun, s. eben zu 25, 18.

2 Ihn brachten sie zum Grab vom Kronsaal; zu verweilen
 Ist an der Scheibe nicht, wohin man zielt mit Pfeilen.

3 Und ein Wahnsinniger sprach klugen Sinnes, da
 Er andern Tags zu Pferd den jungen Fürsten sah:

4 Ahi, der Lauf der Welt ist ein verkehrtes Spiel:
 Der Sohn sitzt auf dem Roß, von dem der Vater fiel.

5 Sobald ein alter ist vom Thron ins Grab gestiegen,
 Hebt sein gekröntes Haupt ein junger aus der Wiegen.

6 So ist der Tage Lauf beschaffen: unverständig,
 Leichtsinnig, treulos, unbeständig, wetterwendig.

7 Trau nicht dem Glück, es ist ein Vagabund, beim Schmaus
 Ein Spielmann, jeden Tag in einem andern Haus.

8 Behaglich leben läßt sich nicht mit einer Braut,
 Die jeden Morgen um nach andern Buhlen schaut.

9 Ihm Gutes dieses Jahr, dieweil das Gut ist dein;
 Im nächsten Jahre wird ein Andrer Gutsherr sein.

(37.)

1 Vor Keikobad that einst ein Weiser diesen Gruß:
 O Schah, des Herrlichkeit sei endlos ohne Schluß!

2 Der Edlen einer hob ihn drum zu rügen an:
 „Ei! Unvernünftiges sagt kein vernünft'ger Mann.

3 Wer ist dir denn bekannt von persischen Chosrün
 Der vor'gen Zeit, Dschemschid, Sohhak und Feridun,

4 Der nicht von Thron und Reich den Untergang erfuhr?
 Für einen Weisen ziemt verständ'ge Rede nur."

5 Darauf antwortete der Biedersinnige:
 Gewiß, ein Thor nur sagt das Widersinnige.

6 Ich aber wünschte nicht ihm ew'ges Erdenleben,
 Des Himmels Beistand wünsch' ich ihm zum Heil gegeben.

7 Denn wenn er tadellos und rein zu wandeln trachtet,
Den rechten Weg erkennt und guten Rat beachtet;

8 Dann, wann er losreißt einst das Herz vom Reich der Welt,
Schlägt er in anderm Reich auf seiner Herrschaft Zelt.

9 So wird für ihn nicht sein der Herrschaft Untergang,
Er macht allein von Reich zu Reich den Übergang.

10 Was schadet ihm der Tod, wenn fromm er ist und rein?
Er wird, in dieser Welt und jener, König sein.

11 Wem zu Gebote steht Schatzkammer, Heeresmacht,
Weltoberherrlichkeit, Wunschfülle, Glanz und Pracht;

12 Wenn er dabei im Weg des Guten, Schönen schreitet,
So ist ihm Lebenslust für alle Zeit bereitet.

13 Doch wenn Gewaltsamkeit er übt an dem Fakir,
Ist ihm die Tagesfrist ein Drang und Kampf schon hier.

14 Als Pharao von sich nicht that den Unverstand,
Ging seine Herrschaft nur bis an des Grabes Rand.

(38.)

1 Ein frevellust'ger Fürst im Lande Gur gesessen,
Ließ oft zu seinem Dienst der Bauern Esel pressen.

2 Die Esel unterm Pack, und ohne Futtersack,
Um fielen sie in ein paar Tagen von dem Plack.

3 Vertreibt der Reiche sich die Zeit mit niederm Scherz,
So fällt die Last davon auf armer Leute Herz.

4 Hebt seiner Hoheit Bau aus Eigensucht sich frecher,
So fällt Unrat und Mist davon auf niedre Dächer.

5 Nun hört' ich, daß einmal, bewehrt mit Pfeil und Bogen,
Der ungerechte Mann zur Jagd war ausgezogen.

6 Er rannte spornstreichs dort her hinter einem Wild;
Fern vom Gefolge traf die Nacht ihn im Gefild.

7 In finstrer Nacht allein, wußt' er nicht Weg noch Steg,
Und unbewußt geriet er in ein Dorfgeheg.

8 In diesem Dorfe saß ein Mann hoch in den Jahren,
Der Alten einer, die im Weltlauf sind erfahren.

9 Der sprach zu seinem Sohn: „Mein lust'ger Kamerad,
Mit deinem Esel reit mir morgen nicht zur Stadt.

10 Denn jener Unglücksmann, an jeder Tugend karg,
Des Stell' ich möchte sehn statt auf dem Thron im Sarg;

11 Der seinen Gurt anlegt dem Teufel zu Gebot,
Darob zum Himmel schlägt im Land ein Schrei der Not:

12 In diesem Lande hat von Freuden einen Schimmer
Gesehn kein Menschenaug' und wird ihn sehn auch nimmer,

13 Bis jener Unhold, der geschwärzt sein Lebensbuch,
Zur Hölle niederfährt, ihm auf dem Hals ein Fluch."

14 Da sprach der Sohn: Der Weg dahin ist lang und schwer,
Zu Fuße kann ich ihn nicht gehn, Vortrefflichster!

15 Sinn' einen Ausweg aus, und einen Rat erfinde,
Denn heller ist dein Rat als der von deinem Kinde.

16 Der Vater sprach: „Wenn dir mein Vorschlag leuchtet ein,
So nimmst du dir zur Hand recht einen tücht'gen Stein,

17 Und triffst das edle Thier damit ein paarmal gut,
Daß Vor= und Hinterbein und Seit' ihm läuft von Blut:

18 Der Niederträchtige, mit Schändlichkeit im Bund,
Vielleicht stelt ihm nicht an ein Esel lahm und wund.

19 Zerbrochenes Gerät in deiner Hand befand
Sich besser doch als ganz in deines Feindes Hand:

20 Wie Chider, der Prophet, als er das Schiff zerbrach,
Wodurch des frevelnden Tyrannen Hand er brach;

21 Im Jahr, als mit Gewalt er weg die Schiffe nahm,
Davon ihm übler Nam' auf viele Jahre kam.

22 Gespieen sei auf den, der so die Herrschaft treibt,
Daß bis zum jüngsten Tag auf ihm die Schande bleibt."

23 Der Sohn, als er gehört vom Vater den Bericht,
Der Linie des Befehls entzog sein Haupt er nicht.

24 Den armen Esel traf er so mit einem Stein,
Daß er am Arme lahm und hinkend ward am Bein.

25 Der Vater sprach: „Nun thu', was du vorhast zu thun,
Und auf den Weg, den du willst machen, mach dich nun."

26 Der Sohn stieß einem Trupp von Krämern auf, und mußte
Nachreiten; während dem flucht' er, was er nur wußte.

27 Der Vater seinerseits zum Himmel sah beklommen:
„O Herr, beim Teppich des Gebetes aller Frommen!

28 So lange gönne mir der Lebenstage Frist,
Bis dieses Ungetüm zu Grund gegangen ist.

29 Wenn ich nicht sehen soll, daß ihn erreicht die Strafe,
So kommt in Grabes Nacht mein Auge nicht zum Schlafe.

30 Ob eine Schlange selbst gebär' ein schwanger Weib,
Besser als solch ein Mensch mit Teufelei im Leib:

31 Ein Weib viel besser als ein Mann, der andre zwackt,
Ein Hund ist besser als ein Mensch, der Menschen plackt:

32 Ein Unmann, der die Schmach am eignen Leib verübt,
Ist besser als ein Mann, der andre nur betrübt."

33 All das hört' an der Schah und sprach kein Wort dawider,
Band an sein Pferd und legt' aufs Sattelzeug sich nieder.

34 Die ganze Nacht durch zählt' er wach des Himmels Sterne,
Und im Gedankensturm blieb Schlaf dem Auge ferne.

35 Doch als er den Gesang des Morgenvogels hörte,
Vergaß er alles, was die Nacht durch ihn verstörte.

36 Die Reiter waren all die Nacht hindurch gerannt,
Am Morgen hatten sie des Rosses Spur erkannt.

37 Den König fanden sie bei seinem Rosse liegen,
Und waren männiglich alsbald vom Roß gestiegen.

---

37 Die Übersetzung hat eine Anspielung aufs Schachspiel verwischt. Wörtlich: Auf

38 Sie senkten dienstbereit die Häupter ihm zu Fuß;
   Die Landschaft ward ein Meer von all des Heers Erguß.

39 Und einer sprach zu ihm, sein alter Freund vom Schlosse,
   Der Nachts sein Kämm'rer war und Tags sein Trinkgenosse.

40 Sag, was für Ehren dir heut Nacht das Volk erwies,
   Da weder Aug noch Ohr die Sorg' uns ruhen ließ?

41 Doch nicht getraute sich der Schahinschah zu sagen,
   Was schmachvoll Schmähliches mit ihm sich zugetragen.

42 Er neigte nur den Kopf geheimnißvollerweise
   Zu seinem Kopf und sprach zum Ohr ihm nieder leise:

43 Von keinem Huhn hat man den Schenkel mir gebracht,
   Der Esel aber lief, wie ich es nie gedacht.

44 Die Edlen setzten sich und riefen nach den Tischen,
   Darauf begannen sie beim Mahl sich zu erfrischen.

45 Vom Taumel des Gelags begann sein Sinn zu wanken,
   Da kam von gestern ihm der Bau'r in die Gedanken.

46 Sie holten ihn sofort und banden ihm die Glieder,
   Und warfen ihn mit Schmach zu Fuß des Thrones nieder.

47 Der Finsterherzige zuckt' eines Schwertes Wucht,
   Und der Verlassene sah keinen Weg der Flucht.

48 Er hielt den Augenblick für seines Lebens letzten,
   Und alles sagt' er, was vorschwebte dem Entsetzten.

49 Du siehst ja, wenn dem Kiel kommt übern Kopf das Messer,
   Daß dann geläufiger die Zung' ihm geht und besser.

50 Er merkte, daß er nicht dem Zorngericht enteile,
   Und ungescheut ergoß er seines Köchers Pfeile.

51 Mit der Verzweiflung Mut hob er sein Haupt und sprach:
   „Der, den ins Grab man legt, der schläft nicht im Gemach.

52 Nicht ich allein hab' es gesagt, o Gnädiger,
   Daß ein Unseliger du bist, ein Schädiger.

---

jenem Feld (Schachbrett) sahen sie den König beim Rosse (Springer), und kam'n männiglich als Fußgänger (als die Bauern) herbei.

53 Warum willst du das Schwert des Zorns auf mich nur zücken?
Ich sagt' es ins Gesicht, die andern hinterm Rücken.

54 Ich bin es nicht, der Weh schreit über Druck und Not,
Das Volk ist's, und vom Volk was hilft dir einer tot?

55 Ein Wunder, was von mir so hart aufs Herz dir fällt;
Bring um doch, wenn du kannst umbringen alle Welt!

56 Und zieht mein Tadel dir so sehr die Stirne kraus,
Hau mit Gerechtigkeit des Tadels Wurzel aus!

57 Umkehren von der Schuld, das kann dir Hülfe bringen,
Nicht den Unschuldigen, Hülflosen umzubringen.

58 Erwarte nicht, wenn nur gefrevelt deine Hand,
In gutem werde gehn dein Name durch das Land.

59 Doch wenn so übel dir solch eine Rede frommt,
So thu' in Zukunft nicht, was übel dir bekommt.

60 Das ist mein guter Rat, wenn du ihn an willst nehmen;
Und nimmst du ihn nicht an, so wirst du einst dich schämen."

61 So sprach er und es schwebt' ob seinem Haupt das Beil,
Sein Herz macht er zum Schild vor des Geschickes Pfeil.

62 Des Königs bessrer Sinn vom Rausch erwachend staunte,
Wie leiser ihm ins Ohr ein Himmelsbote raunte:

63 „Halt ab von diesem Greis das Schwert von Rache brausend;
Denk, einen tötest du von tausend abertausend."

64 Ein Weilchen blieb das Haupt zum Kragen ihm gesenkt;
Den Ärmel des Verzeihns hat er darauf geschwenkt.

65 Mit seinen Händen macht er los das Band des Armen,
Er küßt' ihn auf die Stirn' und hielt ihn in den Armen.

66 Er gab ihm höchste Würd' und obersten Befehl,
Da trug der Hoffnung Baum ihm Früchte sonder Fehl.

67 Die Märe ward davon gesagt auf jeder Flur;
Beglückt ist, wer da geht auf schlichter Wahrheit Spur.

68 Wie kann der Padischah das halten für ein Lob,
Wenn lautes Lobgeschrei das Volk vorm Thron erhob?

69 Und ist dir öffentlich der Jubelruf erwünscht,
Wenn hinterm Spinnrad dich ein altes Weib verwünscht?

70 Von viel gebildeten Verständ'gen lernst du nicht
Soviel als wenn ein Thor einmal in Schmähn ausbricht.

71 Von deinen Feinden laß dein Leben dir beschreiben;
Denn schön wird, was du thust, stets deinen Freunden bleiben.

72 Nicht deine Freunde sind, die dir ein Loblied singen:
Die lieben dich vielmehr, die dir den Tadel bringen.

73 Des Kranken Tod ist es, ihm Zuckerwerk zu geben:
Mit bittrer Arzenei erhältst du ihm das Leben.

74 Ein Sauertöpfischer setzt besser dir den Kopf
Zurecht als jeder Freund, der Süßes hat im Topf.

75 Sieh, einen bessern Rat gibt niemand dir: wo klug
Du und verständig bist, ist dir ein Wink genug.

(39.)

1 Als die Chalifenreih an Mamun war gekommen,
Hatt' er ein Mädchen schön wie Mond zu Kauf bekommen,

2 Von Antlitz eine Sonn', an Leib ein Rosenzweig,
Zu weiser Männer Herzberückung künstereich.

3 Sie hatte wol die Händ' in Edler Blut getaucht,
Daß jede Fingerkupp' ihr rot war angehaucht.

4 Man sah den Farbenstrich verführerischer Brauen,
Wie Regenbogen um die Sonn', ums Auge thauen.

5 Da wollt' in einer Nacht das Engelspüppchen eben
In des Gebieters Arm den zarten Leib nicht geben.

6 Da faßt' ihn großer Zorn, er wollt' ihr sonder Weilen
Das Haupt wie das Gestirn der Zwillinge zerteilen.

7 Sie sprach: Hier ist mein Kopf, hau' ab ihn meinetwegen,
Nur heiß' mich nicht mit dir aufstehn und niederlegen.

8 Er sprach: Was kann dein Herz mit solchem Weh behaften?
Sprich, welche dir mißfällt von meinen Eigenschaften?

9 Sie sprach: Und tötest du, haust du entzwei mich auch:
Ich fühle mich bedrängt von deines Mundes Hauch.

10 Es trifft des Todes Schwert und der Gewaltthat Stahl
Mich einmal, doch der Hauch des Mundes tausendmal.

11 Der glückerkorne Fürst, als er das Wort vernahm,
Macht' es ihm viel Verdruß und mannigfachen Gram.

12 Er hing die ganze Nacht wach dem Gedanken nach;
Am andern Morgen er zu seinen Weisen sprach,

13 Den Kennern der Natur aus jeder Himmelsgegend:
Mit jedem redet' er, Rat über jedes pflegend.

14 Sein Herz war zwar betrübt, doch fand er Arzenei,
Die schuf, daß süß der Hauch wie Rosenknosp' ihm sei.

15 Die Perlwangige besucht' er wie vorher;
Wer meinen Fehl mir sagt, sprach er, mein Freund ist der. —

16 Nach meiner Meinung ist als Gönner dir zu hegen,
Wer ruft: He, Mann, es liegt ein Dorn auf deinen Wegen.

17 Sag einem Irrenden: Du bist im rechten Pfade;
Und du versündigst dich im allerhöchsten Grade.

18 Wem niemand seine Fehl' andeuten will, der zähle
Dem Tölpel zum Verdienst die Rüge seiner Fehle.

19 Sag nicht, vortrefflich sei der frische Honigseim,
Zu einem, wenn ihm ist zuträglich Mannaschleim.

20 Hast du gehört, wie fein der Apotheker spricht?:
Wenn du geheilt willst sein, so scheue Bittres nicht.

21 Doch wenn du ein Sorbet willst haben, das dir frommt,
So geh zu Saadi, wo man bittern Rat bekommt

22 Als Heilsaft, mit dem Sieb der Weisheit durchgesiebt,
Und mit dem Honigseim des Beispiels eingestiebt.

(40.)

1 Ich hört' erzählen, daß ob einem guten Alten
Ein großer Padischah einmal war ungehalten.

2 Warum? weil von der Zung' ihm eine Wahrheit kam,
Und die Halsstarrigkeit ihm jener übel nahm.

3 Zum Kerker ward der Weg ihm vom Palast gezeigt;
Denn zu Gewaltthat ist ein Fürstenarm geneigt.

4 Da sprach zu ihm ein Freund im finsteren Gemach:
Nicht rätlich war das Wort zu sprechen. Doch er sprach:

5 „Wahrheit zu bringen an den Mann, ziemt Botenmunde:
Gefängnis schreckt mich nicht, es ist nur eine Stunde."

6 Im selben Augenblick, da insgeheim erging
Die Rede, war's daß sie des Schahes Ohr empfing.

7 Er lacht' und sprach: Ihm ist die Meinung fehlgegangen:
Er weiß nicht, daß er bleibt bis an den Tod gefangen.

8 Dem Derwisch bracht' ein Knab den Gruß ins Kerkergrab:
Da sprach er: „Bring von mir dem Chosru dies, o Knab:

9 Auf meinem Herzen ist des Kummers Last nicht groß,
Denn diese Zeitlichkeit ist eine Stunde bloß.

10 Du kannst, wenn du die Hand mir reichst, nicht Lust mir wecken,
Noch auch, wenn du den Kopf mir abhaust, mich erschrecken.

11 Ob dein sei Heeresmacht, Schatzhaus und Herrngebot,
Ob Nahrungssorge mein und Kummer sei und Not;

12 Wenn in des Todes Thor wir sind gegangen ein,
So werden wir uns gleich in einer Woche sein.

13 O setze nicht dein Herz auf dies Fünftagereich,
Und o versetze dir nicht selbst den Todesstreich!

14 Hat mancher nicht vor dir noch mehr als du gehäuft,
Und ringsum eine Welt in Blut und Weh ersäuft?

---

12 [In einer Woche — in kurzer Zeit.]

15 Wann der Gewaltige zwang alles mit dem Schwerte,
   Bringt ihn nicht unter sich zuletzt des Grabes Erde?"

16 Der Wüterich befahl in seinem finstern Groll,
   Daß man ihm aus dem Hals die Zunge reißen soll.

17 So aber sprach darauf der mut'ge Wahrheitsschauer:
   Vor dem auch, was du sagst, empfind' ich keinen Schauer.

18 Von Zungenlosigkeit wird nicht mein Sinn verstört,
   Da Gott in meiner Brust das Ungesprochne hört.

19 Was ich ertragen mag von Druck und Frevelmut,
   Wenn ein gut Ende nur mir bleibt, ist alles gut.

20 Die Totenklage wird für dich zum Hochzeitfest,
   Wenn du mit gutem Schluß dein Werk besiegeltest.

•

(41.)

1 Ein Klopffechtmeister hatt' am Unterhalte Not,
  Zum Frühstück nichts bereit, und nichts zum Abendbrot.

2 Oft für den argen Bauch trug er auf Schultern Lehm;
  Denn von Klopffechterei lebt es sich nicht bequem.

3 Beständig, weil so leer er Teller sah und Topf,
  War voll Verdruß sein Herz, und sorgenvoll sein Kopf.

4 Der ungeschlachten Welt macht' er bald eine Faust,
  Bald übers wirre Glück war sein Gesicht gekraust.

5 Bald, wenn er sah, wie süß den Leuten ward der Mund,
  Rann bitter ihm hinab das Wasser in den Schlund.

6 Und bitter weinend rief er dann mit Jammerton:
  „Sah jemand kläglicher als dies ein Leben schon?

7 Den andern ist's bei Meth, bei Fisch und Vogel wohl;
  Bei mir sieht das Gesicht des Brotes nicht den Kohl.

8 Gewiß nicht recht ist's, wenn man nach dem Recht will fragen:
  Nackt bin ich, und die Katz' hat einen Pelz zu tragen.

9 Ach wenn der Himmel einst ein freundlich Einsehn hätte,
Und lenkte meine Hand zu eines Schatzes Stätte!

10 Daß ich es treiben könnt' einmal nach Herzenslust,
Den Staub des Kummers mir wegschütteln von der Brust!" —

11 Ich hörte, daß die Erd' er eines Tages grub,
Und draus das morsche Bein von einer Kinnlad' hub.

12 Im Boden waren ihr die Fugen aufgelöst,
Der Zähne Perlenreih' in Moder hingeflößt.

13 Der Mund gab ohne Zung' ihm guten Rat und Lehre:
Vertrage dich, o Mann, mit deiner Hände Leere!

14 Da unterm Boden so ein Mund aussieht wie alle,
Frag, ob er Zucker hat gegessen oder Galle!

15 Nicht über den Verlauf des Tages führe Klage,
Denn ohn' uns werden noch verlaufen viele Tage."

16 Sobald als dieser Sinn ihm aufgegangen war,
Da räumte seinen Sinn der Kummer ganz und gar:

17 O Seele sonder Rat und einsichtlos, trag' eben
Den Bündel deiner Sorg', und bring dich nicht ums Leben.

18 Ein Gottesknecht, mag auf dem Kopf die Last er tragen,
Mag er den Kopf empor zu Sternen lassen ragen,

19 Im selben Augenblick, wann um der Zustand schlägt,
Ist beides aus dem Kopf vom Tod hinausgesetzt.

20 All miteinander geht so Lust als Leid davon,
Nur guter Name bleibt und guter Werke Lohn.

21 Mildthätigkeit hält Stand, nicht Diadem und Thron;
Gib! dieses bleibt dir nach, o du des Glückes Sohn.

22 Verlaß dich nicht auf Macht, Ansehn und Dienerreihn;
Denn vor dir waren sie, und werden nach dir sein.

23 Streu Gold aus, denn nicht lang bleibt dir des Ird'schen Beute;
Wie Saadi, weil er Gold nicht hatte, Perlen streute.

23 [Perlen, Verse.]

1 Von einem Frevelmachtvollstrecker wird berichtet,
  Der seine Herrschaft hatt' in einem Land errichtet.

2 In seinen Tagen war der Tag der Menschen Abend,
  Und in der Nacht aus Furcht vor ihm der Schlaf unlabend.

3 Der Guten ganzer Tag verging durch ihn in Nöten,
  Und gegen ihn die Nacht der Frommen in Gebeten.

4 Da kam ein Haufe Volks zum Scheiche jener Tage,
  Und führte ob der Hand des Wütrichs bittre Klage:

5 O weiser Vater, hoch erleuchtet von Gemüte,
  Sag jenem Jüngling doch: vor Gottes Zorn dich hüte!

6 Er sprach: „Des Freundes Nam' ist mir zu hochgeehrt;
  Denn nicht ein jeder ist von ihm des Grußes wert."

7 Von Gott und Wahrheit wen du siehest ab sich wenden,
  Mit Gott und Wahrheit sollst du nicht an den dich wenden.

8 Dir red' ich Wahrheit, Fürst von hoher Seelenklarheit;
  Vorm Manne Gottes kann man reden Gottes Wahrheit.

9 Doch an den Thoren wend' ich nicht der Weisheit Odem;
  Verlieren würd' ich nur mein Korn im schlechten Bodem.

10 Wenn es auf ihn nicht wirkt, vergilt er mir's mit Grimme,
   Im Herzen plagt es ihn, und er plagt mich, der Schlimme.

11 Dein Wandel aber ist in Wahrheit allerwärts,
   Von der Zeit' ist getrost des Wahrheitsprechers Herz.

12 Der Siegelring, o Fürst, hat diesen Brauch, allein
   Zu wirken auf das Wachs, nicht auf den harten Stein.

13 Kein Wunder, wenn mir gram im Herzen ist ein Schlechter;
   Denn er ist in der Nacht der Dieb, und ich der Wächter.

14 Ein hoher Wächter bist du selbst von Recht und Güte;
   O daß die Wächterschaft des Höchsten dich behüte!

---

6 Der Freund, Gott.

15 Den Dank dafür mit Recht in Anspruch nimmst nicht du;
Dem Herren kommt der Dank und Preis und Ehre zu,
16 Der dich hat mit dem Dienst im guten Wert beglückt
Und nicht wie andere gelassen ungeschmückt.
17 Du hast das Paradies erlangt nicht durch Bestreben,
Ein paradiesisches Gemüt ward dir gegeben.
18 Dein Herz sei Heiterkeit, und deine Tage Frieden,
Erhabne Stelle dir und fester Stand beschieden,
19 Dein Leben süß, und dein Hingang des Lebens wert,
Dein Opfer angenehm und dein Gebet erhört!

(43.)

(Kriegslehren.)

1 Solang bei klugem Rat noch Auskunft dir erschien,
Ist Schonung eines Feinds dem Kampfe vorzuziehn.
2 Wenn Gegner mit Gewalt sich nicht wegräumen ließen,
Frommt es, des Unheils Thor mit Güte zu verschließen.
3 Wirf deinem Feinde Gold anstatt Fußangeln hin:
Denn scharfe Zähne macht man stumpf mit sanftem Sinn.
4 Die Trommel rühre sein mit weislichem Bedacht;
Verschlagenheit allein hilft gegen Übermacht.
5 Dem Feinde magst du dich mit Freundlichkeit erweisen,
Um bei Gelegenheit das Fell ihm zu zerreißen.
6 Schlag dich mit keinem Heer, wenn deine Macht geringer:
Denn auf den Schnepper schlägt man nicht mit seinem Finger.
7 Ob Elephantenleib du hast und Löwentatz',
Ich räume vor dem Krieg dem Frieden ein den Platz.
8 Wenn in der Hand sich kein Hülfsmittel weiter fand,
Dann ist's erlaubt, das Schwert zu nehmen in die Hand.

5 *

9 Wend' ab dein Haupt nicht, wenn dein Gegner Frieden sucht;
Und sucht er Kampf, wend' auch den Zügel nicht zur Flucht.

10 Denn wenn er selber will das Thor des Krieges schließen,
Wird tausendfältig dir Ansehn und Ehre sprießen;

11 Und wenn der Kampflust Fuß er in dem Bügel strafft,
Zieht Gott am jüngsten Tag dich nicht zur Rechenschaft.

12 Zum Kampfe stelle dich, wo er den Kampf erwählt;
Denn gegen Hassende liebreich sein ist gefehlt.

13 Willst du den Niedrigen mit Mild' und Güte locken,
Nur wachsen wird sein Trotz, sein Hochmut sich verstocken.

14 Mit Mannschaft mannhafter und mit arab'schem Renner
Bezwing und leg in Staub den Sinn feindsel'ger Männer.

15 Doch was mit Lindheit und Besinnung ist zu schlichten,
Sollst du mit Heftigkeit und Zorn ins Werk nicht richten.

16 Wenn der erlegne Feind zu dir kommt in dein Haus,
So thu aus Kopf und Brust Feindschaft und Haß hinaus.

17 Wenn er um Schonung fleht, so zeig ihm Edelmut;
Sei freundlich, aber sei vor Arglist auf der Hut.

18 Weich ab vom Rate nicht der Männer hoch bei Jahren;
Denn wer viel Jahre zählt, der hat auch viel erfahren.

19 Wol stürzen eine Burg, die ehrne Mauern hat,
Die Jungen mit dem Schwert, die Alten mit dem Rat.

20 Ein Junger, der mit Leu'n und Elephanten ficht,
Die Schliche kennt er doch des alten Fuchses nicht.

21 Halt in der Mitte dich des Treffens, wo man ficht;
Denn wo sich hin der Sieg wird neigen, weißt du nicht.

22 Und siehst du, daß gesprengt des Heeres Rücken sind,
So schlage nicht allein dein Leben in den Wind.

23 Wenn du bist außenher, so suche deine Bahn;
Und bist du mitteninn, zieh Feindeskleider an. —

[22 — 44, 8.]

24 Wenn du den Weg bei Nacht einschlagen willst, nun gut,
Doch sei vor Hinterhalt zuerst auf deiner Hut.

25 Fünf Mann, in finstrer Nacht vorbrechend aus Verstecken,
Versetzen wol das Land, fünfhundert gleich, in Schrecken.

26 Magst du eintausend sein, der Feind zweihundert nur,
Mach', wann die Nacht einbrach, nicht Halt auf Feindesflur.

27 Wo zwischen Feindesheer und deinem ist die Strecke
Von einem Tagesmarsch, daselbst dein Lager stecke!

28 Wenn er den Überfall versucht, laß dich's nicht kümmern;
Wär' er Afrasiab, du wirst sein Hirn zertrümmern.

29 Weißt du nicht, daß ein Heer, das eine Tagefahrt
Gemacht hat, keine Kraft in seiner Faust bewahrt?

30 Du schlag nur ausgeruht die wegemüde Schaar;
Ein Unverständiger bringt selbst sich in Gefahr. —

31 Wenn deinen Feind du schlugst, zerschmettr' ihm die Standarte,
Damit er nimmermehr auswetzen mag die Scharte.

32 Doch nicht den Flüchtigen sollst du zu sehr nachrennen;
Du möchtest dich zu weit von deinen Freunden trennen.

33 Seh'n würdest du die Luft vom Staub des Kampfs wie Nebel,
Umringen würden sie dich mit Geschoß und Säbel.

34 Nach Beute laß das Heer nicht auseinander stäuben,
Geruhig soll dem Schah es hinterm Rücken bleiben.

35 Dem Heere hilft die Hut von seinem Fürsten mehr,
Als in des Kampfes Feld ihm hilft die eigne Wehr. —

36 Ein Tapfrer, der einmal ein Wagestück bestand,
Gut ist es, wenn alsbald Beförderung er fand,

37 Damit ein andermal er mehr noch sich erkecke,
Und ihn auch nicht ein Kampf mit Gog und Magog schrecke. —

38 Gib deinen Mannen jetzt die Ehre, die gebührt,
Nicht dann erst, wenn der Feind die Trommel hat gerührt.

39 Verpflegen mußt du wohl dein Heer zur Zeit der Ruhe,
Daß seine Schuldigkeit zur Zeit der Not es thue.

40 Bewahr dein Reichsgebiet vor dem, der dir nicht hold,
Mit deinem Heere, doch dein Heer mit deinem Sold.

41 Der Fürst die Oberhand ob seinen Feinden hat,
Dem Truppen stehn zu Dienst, die fröhlich sind und satt.

42 Ist nicht der Lebensbaum dem Krieger frohbelaubt,
Wie gäb' er in der Schlacht dem Tode preis sein Haupt?

43 Da von des eignen Kopfs Kaufpreise sie sich nähren,
Unbillig wär' es, wenn in Lebensnot sie wären.

44 Wenn gegen sie das Gold du schonst mit Unverstand,
So werden sie im Krieg auch schonen Schwert und Hand. —

45 Zum Kriege mit dem Feind mußt du den Krieger senden,
Zum Kampfe mit dem Leun mußt du den Tiger senden.

46 Nur nach dem Rat der Weltversuchten sei verfahren,
Denn der betagte Wolf ist in der Jagd erfahren.

47 Verständig wird der Mann, der weltgeprüfte nur,
Der Hitze mannigfach und Kälte schon erfuhr.

48 Gib, wenn du zu des Reichs Erhaltung bist entschlossen,
Kein wichtiges Geschäft dem, der jung aufgeschossen.

49 Gib einen andern nicht zum Führer deinem Heer,
Als der in Schlachten schon gewesen ist vorher.

50 Ein schweres Werk mußt du Geringen nicht auftragen,
Denn nicht den Amboß kann man mit der Faust zerschlagen.

51 Der Unterthanen Pfleg' und Heeres Hauptmannschaft
Ist keine Spielerei und Posse thorenhaft.

52 Wenn du dein Zeitliches nicht schlagen willst in Wind,
So gib nicht das Geschäft dem unerfahrnen Kind.

53 Nicht jeder Stier besteht den Kampf mit einem Tiger,
Nur jener, der bereits am Löwen ward zum Sieger. —

54 Ein Jüngling, zu der Jagd erzogen und zum Ritt,
Erschrickt nicht, wenn die Schlacht ihm vor die Augen tritt.

55 Bei Waidwerk, Ringekampf, Ballwurf und Scheibenschuß
Ist, wo ein Mutiger das Kriegspiel lernen muß.

56 Doch wer im Warmbad und Wohlleben wuchs heran,
Erschrickt, wann er das Thor des Kriegs sieht aufgethan.

57 Zwei Männer setzten ihn zu Sattel auf dem Pferde,
Da wird's geschehn, daß ihn ein Kind wirft auf die Erde. —

58 Von wem den Rücken du gesehn hast in der Schlacht,
Den bring du um, wenn ihn der Feind nicht umgebracht.

59 Denn besser nicht, als wer läßt schänden seinen Leib,
Ist ein Schwerttragender, der ausreißt wie ein Weib.

(44.)

1 Wie trefflich sprach dies Wort Gurgin zu seinem Sohn,
Als er das Kriegsbesteck des Köchers umband schon:

2 Wenn du nur wie ein Weib Flucht suchest flink und jach,
So geh und bringe nicht streitbaren Männern Schmach.

3 Ein Ritter, der im Kampf den Rücken zeigt, zu Falle
Bringt er nicht sich allein, zugleich die Tapfern alle. —

4 Des Mutes Überschwang erscheint an zwei Gesellen,
Die stürzen in Verein sich in des Kampfes Wellen;

5 Zwei engverbündete Stamm=, Tisch= und Sprachgenossen,
Arbeiten im Gedräng' der Wahlstatt unverdrossen.

6 Denn diesem ist es Schmach, zu weichen vorm Geschoß,
Wenn in des Feindes Klaun zurückblieb sein Genoß.

7 Doch wenn du siehest, daß die Freunde Freundesdienst
Versagen, achte Flucht vom Kampfplatz für Gewinst.

8 Und siehst du, daß gesprengt des Heeres Rücken sind,
So schlage nicht allein dein Leben in den Wind.

(45.)

1 Zwei Männer halte wohl, o Fürst, du Hort des Staates,
Den einen Mann des Kampfs, den andern Mann des Rates.

[8 = 43, 22.]

2 Im Kreis der Namhaften den Ball der Herrschaft trägt,
Wer wohl den weisen Mann und wohl den tapfern pflegt.

3 Wer nicht die Feder kann und nicht das Schwert handhaben,
Nicht sagen sollst du „Schad'" um ihn!" wenn er begraben.

4 Wer Schwert und Feder weiß zu führen, halt in Ehren,
Nicht Sängervolk; wer kann Mannheit vom Weib begehren?

5 O Feigheit, wenn dein Feind im Schmuck der Waffen blank,
Und du von Leierklang berauscht und Schenkentrank!

6 Wie mancher Herrschende, der nur dem Spiel nachhing,
Bis aus den Händen ihm im Spiel die Herrschaft ging!

7 Ich sage nicht, du hast den Feind im Heer zu scheuen,
Im Frieden, sag' ich dir, hast du ihn mehr zu scheuen.

8 Schon mancher hat am Tag gesungen Friedenslieder,
Und wenn die Nacht kam, hieb er die Entschlafnen nieder.

9. 10 Kriegsmänner schlafen mit dem Panzer auf dem Leib
In ihrem Zelt, nicht nackt wie im Gemach ein Weib.

11 Zum Kampf sei heimliche Bereitschaft überall,
Denn heimlich rufet auch der Feind den Überfall.

12 Vorsicht ist eines sachverständ'gen Mannes Sache;
Des Lagers Erzwall ist Vorhut und Heereswache.

13 In Mitte zweier Feind', ob kurz sei ihre Hand,
Sitzen in Sicherheit, ist sicher Unverstand.

14 Denn wenn sie sich verstehn in ihrem Unterfangen,
Wird ihre kurze Hand gar leicht zu einer langen. —

15 Wenn sich auflehnen will ein Feind in Übermut,
Vergieße mit dem Schwert der Klugheit dessen Blut:

16 Geh und mit seinem Feind den Bund der Freundschaft schreibe;
So wird zum Kerker ihm das Hemd an seinem Leibe.

17 Wenn du die Zwietracht kannst im Feindeslager wecken,
Darfst du dein eignes Schwert nur in die Scheide stecken.

18 Wenn Wölfen es gefällt, einander weh zu thun,
So mag der Schafe Herd' in ihrer Mitte ruhn.

19 Wenn mit dem Feinde selbst der Feind zu schaffen hat,
Ruh' du bei deinem Freund in Lust aus, ist mein Rat.

20 Hast du des Krieges Schwert gezogen nach Gebühr,
Halt offen insgeheim zum Frieden eine Thür.

21 Denn Welteroberer, Helmspalter sind bedacht
Auf Frieden in der Still', und sichtlich auf die Schlacht.

22 Wenn dir ein Feindeshaupt fällt in Gefangenschaft,
Es abzuhaun sei du nicht eilig, halt's in Haft.

23 Auch in Gefangenschaft gerät vielleicht ein Haupt
Von deiner Seite, dem auch dort wird Haft erlaubt.

24 Doch wenn du den von dir Gefangnen hiebest nieder,
So siehst du deinen dort Gefangnen niemals wieder.

25 Daß Glückeswechsel ihm Gefängniß bringen kann,
Bedenkt nicht, wer Gewalt thut dem gefangnen Mann.

26 Der beut Gefangenen die hülfbereite Hand,
Der von Gefangenschaft getragen selbst das Band.

27 Wenn sich dir unterwirft ein edler Gegenstreiter,
Nimm gut ihn auf, und bald thut es ihm nach ein zweiter.

28 Wenn du zehn Herzen dir geheim erobern kannst,
Ist's besser, als wenn zehn Blutnächte du gewannst.

29 Wenn deines Feindes Freund mit dir ein Bündniß macht,
Vor Täuschung darfst du ja nicht sicher sein, gib Acht!

30 Denn unversehns wird ihm das Herz von Rache wund,
Wenn in den Sinn ihm kommt sein alter Freundschaftsbund.

31 Sieh vom Feindseligen das süße Wort nicht an,
Weil unterm Honig sich das Gift verbergen kann.

32 Den allerbesten Hort vor Feindesschaden wählt,
Wer unter seine Feind' auch seine Freunde zählt.

33 Den Söldner, der sich hat empöret seinem Herrn,
Den halte, wenn du kannst, von deinen Diensten fern.

28 b Blutnacht, nächtlicher Überfall und Gemetzel.

34 Nicht seinem Führer hat er Dank gewußt, dir auch
Wird er ihn wissen nicht, du fürchte seinen Brauch.

35 Sein Schwur und Eid hat dir nicht Sicherheit verliehn;
Setz einen heimlichen Achthaber über ihn. —

36 Dem Wildfang mache du zuerst die Leine lang,
Nicht aber brich sie, sonst entgeht dir gar der Fang. —

37 Wenn du aus Feindeshand genommen hast ein Land,
Halt's besser, als es sich in seiner Hand befand.

38 Denn fällt ihm wieder bei, ans Kriegesthor zu pochen,
So wird vom Volke selbst der Schädel ihm zerbrochen.

39 Doch, störst du einer Stadt Bewohnern Glück und Ruh,
So schließe vor dem Feind nur nicht das Stadtthor zu!

40 Sag nicht: „in Waffen ist der Feind vorm Thor der Stadt";
Da seinen Waffenplatz selbst in der Stadt er hat. —

41 Berate wohl, was auf des Feinds Bekämpfung zweckt;
Betrieben sei das Werk, die Absicht sei versteckt.

42 Nicht jedem mußt du dein Geheimnis sehen lassen;
Denn Späher sah ich wol, die mit zu Tische saßen.

43 Als Alexanders Krieg gerichtet war gen Osten,
Kehrt' er nach Westen, wie man sagt, des Zeltthors Pfosten.

44 Als nach Sabulistan Schah Behram des Gefechts
Begierig zog, ließ er links rufen und zog rechts.

45 Wenn jemand außer dir um deine Plane weiß,
Geweint ob solchem Rat und solcher Weisheit sei's. —

46 Auf Großmut sei dein Sinn und nicht auf Kampf gestellt,
Daß deinem Siegelring werd' unterthan die Welt.

47 Wenn du's mit Lindigkeit und Güte kannst vollbringen,
Was brauchst du es mit Trotz und Ungestüm zu zwingen?

48 Nicht durch des Armes Kraft, o Fürst, ist stark dein Heer;
Geh, mach die Segnungen der Schwachen dir zur Wehr.

49 Der Armen Heilgebet, der in dir hoffnungsreichen,
Kann dir mehr Beistand als der Arm der Krieger reichen.

50 Wer in den frommen Schutz der Derwische sich stellt,
Greif' er Feridun an, er schlägt ihn aus dem Feld.

Zweite Pforte.

Wohlthätigkeit.

(46.)

1 Wenn du verständig bist, komm, an den Sinn dich halt:
Denn was ausdauert, ist der Sinn, nicht die Gestalt.

2 Wer weder Einsicht hat, noch Frömmigkeit, noch Milde,
Dem fehlt der innre Sinn im äußeren Gebilde.

3 Derjenige wird sanft einst unterm Boden ruhn,
Der hier nicht unterließ Bedrängten wohlzuthun.

4 Sei auf dich selbst bedacht im Leben, weil, versenkt
In eigne Lust und Not, kein Freund des Toten denkt.

5 Gib jetzt dein Geld und Gut, da du es nennest dein;
Denn nach dir wird es nicht dir zu Gebote sein.

6 Wenn herzbekümmert selbst du gehn nicht willst von hinnen,
Laß die Bekümmerten nicht aus Gemüt und Sinnen.

7 Erschließ am heut'gen Tag dein Schatzhaus ohne Sorgen:
Denn in den Händen hast du nicht den Schlüssel morgen.

8 Nimm einen Proviant für dich mit dir davon;
Denn sorgen wird für dich dein Weib nicht noch dein Sohn.

9 Der hat den Ball des Glücks aus dieser Welt getragen,
Der mit sich bringt sein Teil in jenes Zelt getragen.

11 Geh, lege was du hast auf deine flache Hand,
Sonst morgen mit dem Zahn nagst du den Fingerrand,

12 Den Armen halt in Schirm und laß ihn nicht beschämen,
Daß Gottes Schirm dich selbst in Obhut möge nehmen.

13 Vom Thore weise nicht den Fremdling ohne Gabe:
Du könntest selbst einst gehn als Fremdling ohne Habe.

14 Ein Edler wird sein Gut Begehrenden gewähren,
Weil er bedenkt, daß er einst könne selbst begehren.

15 Daß du kein Bettler bist an fremder Thür, dafür
Sei dankbar, weise nicht den Bettler von der Thür.

(47.)

1 Dem, dessen Vater starb, streu Schatten auf das Haupt,
Und zieh den Dorn ihm aus, und schüttl' ihm ab den Staub.

2 (3) Siehst du ein Waisenkind, das läßt sein Köpfchen hangen,
O küsse nicht vor ihm dem eignen Kind die Wangen!

3 (2) Weißt du nicht, was ihm fehlt mit seinen Kummermienen?
Kann wol ein Baum, wenn ihm die Wurzel fehlet, grünen?

4 (8) „Einst trug ich eine Kron' auf meinem Haupte hie,
Als dieses Haupt ich legt' auf meines Vaters Knie.

5 (9) Hätt' eine Fliege sich auf meinen Leib gesetzt,
Wie viele hätte das damals bestürzt! und jetzt,

6 (10) Wenn ins Gefängnis mich die Feinde wollten führen,
Nicht eine Freundeshand würde für mich sich rühren.

7 (4) Wenn der Verwaiste weint, wer wird danach wol fragen?
Und wenn er zürnen will, wer wird's von ihm vertragen?

8 (5) O mach, daß er nicht weint! Denn droben Gottes Thron
Erzittert, wenn hier weint ein vaterloser Sohn.

9 (6) Mach aus Barmherzigkeit sein Aug' von Wasser trocken,
Und schüttl' aus Mitleid ihm den Staub aus seinen Locken.

10 (7) Und wenn hinweg vom Haupt ihm wich der eigne Schatten,
In deinem Schatten woll' Erquickung ihm gestatten.

11 Ich selber weiß uns Leid verlaßner Kinder hier,
Denn in der Kindheit schied der Vater weg von mir.

(48.)

1 Im Traum sah einen Mann der Heil'ge von Chodschand,
Der einen Dorn einst grub aus eines Waisen Hand.

2 Der sprach, indem er sacht durch Gärten kam gegangen:
O wieviel Rosen mir aus jenem Dorn entsprangen! —

3 O, dem Erbarmen zeig dich ja nicht abgeneigt!
Erbarmen zeigt man dir, wenn du es hast erzeigt.

4 Wenn du Wohlthaten übst, denk nicht in eitlem Wahn:
Ich bin ein hoher Fürst, er ist ein Unterthan.

5 Wenn ihn des Schicksals Schwert danieder hat gedrückt;
O, ist nicht immer noch des Schicksals Schwert gezückt?

6 Wenn tausende den Thron dir mit Gebet umringen,
Hast du dem Herren Dank der Wohlthat darzubringen,

7 Daß alles Volk von dir erwartet allerhand,
Und du erwartest nichts von eines andern Hand.

8 Wenn wir Mildthätigkeit der Fürsten Tugend nannten,
So irrten wir; sie ist der Schmuck der Gottgesandten.

(49.)

1 Ich hörte, daß einmal in einer ganzen Wochen
Kein Gast in Abrahams Gezelten eingesprochen.

2 Sein hoher Sinn litt nicht, daß er ein Frühstück nähme,
Wo nicht ein Dürstiger dran Teil zu nehmen käme.

3 Er ging hinaus vors Zelt, umschauend hier und da,
Er richtete den Blick zur Seit' im Thal und sah:

4 Dort stand ein Mann allein, alswie ein Weidenbaum,
Sein Haupt von Alters Schnee bestreut mit weißem Flaum.

5 Ein menschenfreundliches Willkommen rief er ihm,
Zum gastlichen Empfang zu kommen rief er ihm:

6 „Stern meines Auges, komm, nimm an das Gastgebot,
 Verschmähen mögest du bei mir nicht Salz und Brot."

7 Er sagte Ja, und hob zum Wandern seine Schritte,
 Es war ihm wohl bekannt des Gottgeliebten Sitte.

8 Die Diener, die er ließ sein Gastgezelt verwalten,
 Empfingen ehrenvoll den kümmerlichen Alten.

9 Er selbst gebot alsbald den Gasttisch zu bereiten,
 Und alle setzten sich umher an dessen Seiten.

10 Als man das Tischgebet zu sprechen nun begann,
 Vernahm man keinen Laut dabei vom alten Mann.

11 Zu ihm sprach Gottes Freund: „Betagter Mann, ich finde,
 Daß minder Andacht dich, als Greisen ziemt, entzünde.

12 Ist es nicht billig, wenn die Speise du verzehrst,
 Daß du den Namen auch des Speisegebers ehrst?"

13 Er sprach: „Zu keinem Brauch bequem' ich Mund und Hand,
 Den bei des Feuerdiensts Hochmeistern ich nicht fand."

14 Da merkte Gottes Freund, den alle Welt lobpreise,
 Der Gebern einer sei der glückverlaßne Greise.

15 Da trieb er ihn mit Schmach als einen Fremden aus:
 Denn ein Ungläubiger ist Schmutz im reinen Haus.

16 Der Engel aber kam vom Herrn der Majestät,
 Um ihn mit Nachdruck auszuschelten: Ei Prophet!

17 Ich hab' ihm hundert Jahr Leibunterhalt verliehn,
 Und keinen Augenblick willst du ertragen ihn?

18 Wenn seine Andacht er dem Feuer zugewandt,
 Was wendest du darum von ihm der Milde Hand?

(50.)

1 Dein Wohlthun stell nicht ein, weil du dir sagst: dies ist
 Nur Heuchelei und Schein, und jenes Trug und List.

2 Sich selber schadet nur der schriftgelehrte Mann,
Der Kunst und Wissenschaft für Brot feilhalten kann:
3 Wie gäbe die Vernunft gesetzlich den Bescheid,
Daß einer Ewiges hingeb' um Zeitlichkeit?
4 Du aber nimm es nur, weil ein Vernünft'ger eben
Von denen gerne kauft, die etwas wolfeil geben.

(51.)

1 Es kam ein Zungenheld zu einem Mann von Sinn:
„O wisse, daß ich stark in Schlamm geraten bin.
2 Zehn Dirhem schuldig bin ich einem schlechten Wicht,
Von dem ein einz'ger Gran mir ist ein Pfundgewicht.
3 Die ganze Nacht bin ich um ihn in Ungemach,
Den ganzen Tag geht er mir wie mein Schatten nach.
4 Mit seines kränkenden Zudringens Ungebühr
Verwundet er mein Herz wie meines Hauses Thür.
5 Gott hat ihm wol, seit ihm die Mutter gab das Leben,
Nichts auf der Welt als die zehn Dirheme gegeben.
6 Gelernt hat er im Buch des Glaubens nicht das A,
Und das Kapitel nur gelesen ‚Er bleibt da‘.
7 Die Sonn' ist keinen Tag am Berg empor geschlagen,
Wo mir der Schwengel nicht den Ring am Thor geschlagen.
8 In Sorgen bin ich nun, wo ich den Edlen finde,
Der vom Steinherz'gen mich mit Silbers Hülf' entbinde.“
9 Das hörte nun der Mann von Sinnesart so nobel,
Und in den Ärmel schob er ihm gleich ein paar Nobel.
10 So hatte nun das Gold erhascht der Taugenichts,
Fort ging er gleich dem Gold verklärten Angesichts.
11 Zu jenem sprach ein Scheich: „Kennst du nicht diesen feinen?
Nicht über ihn braucht man, im Fall er stirbt, zu weinen.

12 Ein Unverschämter, der den Mann der Löwin schor;
 Er gibt dem Abuseid Springer und Kön'gin vor."

13 Der Fromme kam in Zorn: „Stell deine Reden ein!
 Du bist kein Mann der Zung' und hast nur Ohr zu sein.

14 Nicht Menschenfreundlichkeit schien mir's, den armen Wicht
 Weggehn zu sehn beschämt von meinem Angesicht.

15 Wann wahr gewesen ist, was mir dafür gegolten,
 So wahrt' ich vor der Welt die Ehr' ihm unbescholten.

16 Doch war es Heuchelei und eine freche List,
 So denke nicht, daß es mir leid gewesen ist.

17 Denn selber hab' ich dann die Ehre mir bewahrt,
 Daß einen windigen Wortmacher los ich ward." —

18 Verteil an Bös und Gut nur Gold und Silbergab';
 Dies wendet Segen zu, und jenes Unrat ab.

19 O Heil dem Manne, der in kluger Männer Kreisen
 Beispiele kennen lernt von Denkungsart der Weisen.

20 Wenn Überlegung, Geist und Sinn dein Herz erkor,
 Nimmst du den guten Rat von Saadi gern ins Ohr,

21 Des Redemeisterschaft stets in dergleichen war,
 Nicht in Ohrläppchen, Aug' und schwarzem Mal und Haar.

(52.)

1 Ein Mann schied, und ihm blieb sein Gut zum Angedenken,
 Ein Sohn auch, der den Sinn auf Edlers wollte lenken;

2 Daß er wie Geizige die Hand aufs Gold nicht drücke,
 Vielmehr Freigeb'gen gleich desselben Band entstricke.

3 Nie leer war seine Thür von armer Bettler Schwalle,
 Und voll von Reisenden stets seine Herbergshalle.

4 Den Angehörigen und Fremden Liebes that er,
 Und legte nicht in Haft das Silber, wie sein Vater.

5 Ein Tadler sprach zu ihm: „„Ei du mit wind'gen Händen,
Willst du auf einen Zug soviel du hast verschwenden?

6 In einem Jahre kann man einthun Kornvorrat:
Im Nu verbrennen ihn, ist keine Heldenthat.

7 Wohlleben, Geld und Gut hat nirgend Rast erwählt;
Hat diese Neuigkeit noch niemand dir erzählt?

8 In diesen Tagen wollt' ein Klausner Lehre geben
Dem Sohn, und sprach zu ihm: „O deines Vaters Leben!

9 Geh ohne Sack und Pack, und räume Hof und Haus,
Und mit freigeb'ger Hand das Gut der Welt streu aus!"

10 Vorsichtig war der Sohn und im Geschäft erprobt,
Den Vater pries er laut: „O Weiser hochbelobt!

11 Da bei der leeren Hand für dich ist kein Behag,
Nun in der Fülle Zeit denk' an den Rechnungstag."

12 Zu ihrer Tochter sprach gar schön die Bäuerin:
„Am Tag der Fülle leg ein Blatt für Mangel hin.

13 Den Eimer und den Schlauch gefüllt halt immerdar,
Denn durch das Dorf fließt nicht' der Bach das ganze Jahr."

14 Man kann mit Zeitlichem das Ewige gewinnen,
Man kann mit Gold ein Netz um Löwenklauen spinnen.

15 Auf einmal streue nicht dein Gold den Freunden hin,
Auch die Bedrängnisse von Feinden halt' im Sinn.

16 Wenn leer die Hand dir ist, zu Liebchen nicht dich schwing:
Doch wenn du Silber hast, geschwinde komm und bring.

17 Denn, magst du dein Gesicht zum Staub des Wegs ihm senken,
Es wird bei leerer Hand dir keine Antwort schenken.

18 Mit leeren Händen pflückst du keinen Hoffnungstrauß,
Mit Gold schlägst du das Aug' dem weißen Teufel aus.

19 Wenn alles was du hast du auf die Hand willst legen,
So wirst du in der Hand zur Zeit der Not nichts hegen.

---

18 [Dem weißen Teufel, welchen Rostem im Kampfe besiegte und tötete.]

20 Die Bettler werden nicht durch dein Bemühen feist,
   Ich fürchte, daß du bald geworden mager seist.""

21 Wie der Verpöner nun des Wohlthuns also sprach,
   Da ward dem jungen Mann die Zornesader wach.

22 Vom tadelsüchtigen ward so das Herz ihm wund,
   Daß er in Eifer kam und rief: „O Lästermund!

23 Dies mein Vermögen, das du siehest um und an,
   Mein Vater sagt', es sei geerbt von meinem Ahn.

24 Nun konnten diese nicht von Anfang es bewahren,
   Mit Kummer gingen sie davon und ließen's fahren.

25 So ist in meine Hand des Vaters Gut gefallen,
   Und wird nach mir in die des Sohns hinüber wallen.

26 Drum mögen lieber es verzehren jetzt die Leute,
   Als daß nach meinem Tod es werde Raubmahlbeute." —

27 Iß und bekleide dich, schenk' und mach ein Vergnügen;
   Warum bewahrest du zu anderer Verfügen?

28 Das sind Hochsinnige, die aus der Welt mitnehmen;
   Ein Niederträchtiger läßt's an der Statt mit Grämen.

29 Dem kommt zu Statten Gold und Gut, der sich das Haus
   Der Ewigkeit damit goldschimmernd stattet aus.

30 Mit Zeitlichem kannst du das Ew'ge dir erkaufen;
   Kauf's, liebes Herz, sonst bringt dir Kummer nur dein Haufen.

(53.)

1 Zwei Lehren waren es, die mir der Scheich Schihab,
   Der weise Führer, einst am Rand der Fluten gab;

2 Die ein': im eignen Geist selbsüchtig nicht zu sein,
   Die andr' im Weltverkehr fehlsüchtig nicht zu sein.

3 Einst sah ich, wie dem Scheich die bittern Thränen flossen,
   Als er die Verse las vom Weh der Glutgenossen.

4 Ich weiß, daß jene Nacht vor Schrecken er nicht schlief;
   Und als der Tag aufging, vernahm ich, wie er rief:

5 „O möchte doch nur voll von mir die Hölle sein,
Wenn andere dadurch frei blieben von der Pein!"

6 In solcher Art hat er gegessen und geschenkt,
Daß niemand sprach: Er hat sein Seelenheil gekränkt.

7 Er sprach, beschämt sein Haupt bergend in Wüstenein:
Was that ich Guts, daß ich mein Herz Ihm dürfte weihn?

8 Um Heldenmütigkeit wollt' einer einst ihn loben:
Du hast auf Gottes Weg bestanden harte Proben.

9 O sieh, wie mannhaft er darauf die Antwort gab:
„Wozu die großen Lobserhebungen? Laß ab!

10 Die Hoffnung, die ich trag', ist nur auf Gottes Huld;
Auf eigne Thätigkeit vertrau'n ist große Schuld.

11 Das ist der Weg des Heils: daß die, so recht auftraten,
Stets Gutes thaten und nie selbst genug sich thaten.

12 Die Scheiche sprachen all die Nacht hindurch Gebete,
Und knieten dann beim Hauch der Früh' auf die Tapete.

13 Der aber trug den Ball des Glückes von der Bahn,
Der alles für das Wohl der Menschen hat gethan."

(54.)

1 Bei ihrem Manne klagt' ein Weib einst: „Künftig lasse
Du den Getraideinkauf beim Melber unsrer Gasse.

2 Bemühe dich zum Markt der Waizenhändler hin;
Denn der beut Waizen aus, doch Gerste führt er drin.

3 Von Käufern nicht, und nur von Fliegen ein Gewimmel
Verbirgt sein Angesicht oft wochenlang dem Himmel."

4 Da sprach der Mann, der fand an Edelmut Vergnügen,
Zu seinem Weib: „O du mein Licht, laß dir genügen!

5 Er hofft' auf uns, als er die Bude hier bezog:
Nicht freundlich wär's, wenn man die Nahrung ihm entzog."

6*

6 Geh, lerne du im Weg der guten Menschen wallen,
Und, wo du stehest, reich die Hand dem, der gefallen.

7 Sei schonend, rücksichtvoll! ein Mann voll Rücksicht geht
Als Käufer zu dem Kram, wo das Geschäft nicht geht.

(55.)

1 Ich hörte, daß ein Mann, der seine Wallfahrt machte,
Auf jedem Schritte zwei Kniebeugungen vollbrachte;

2 So hitzig auf dem Weg der Andacht, daß ihm schien,
Auch einen Dorn dürf' er aus seinem Fuß nicht ziehn.

3 Zuletzt, gestachelt von des Hochmuts Flüsterungen,
Schien ihm Vollkommenheit in hohem Grad errungen.

4 Des Teufels Blendwerk führt' ihn einer Grub' entgegen,
Und zum Verderben war er auf den besten Wegen.

5 Wo Gotts Erbarmen nicht sich seiner angenommen,
Wär' er durch Dünkel ganz vom Heerweg abgekommen.

6 Doch ein Geheimnisbot' erhub an ihn den Ruf:
O guter Mann, den Gott zu edlem Streben schuf!

7 O denke nicht, wenn du hast ein Gebet vollbracht,
Daß du dem Himmel hast ein Gastgeschenk gemacht.

8 Ein Menschenherz erfreun, ist mehr vor Gottes Thron,
Als tausend Beugungen auf jeder Station.

(56.)

1 Die Frau des Schloßhauptmanns sprach früh zu ihrem Mann:
„Auf, Edelster, ans Thor der Tageskost klopf an!

2 Geh, daß vom Tische dir dein Anteil sei gegeben,
Um deine Kinder hier dem Mangel zu entheben."

3 Da sprach er: „Heute wird die Küche kalt erprobt,
Weil unser Sultan Nachts ein Fasten hat gelobt."

4 Das Weib ließ hoffnungslos den Kopf danieder hängen,
Und sagte bei sich selbst in ihres Notstands Drängen:

5 „Der Sultan, ei wozu schrieb er dies Fasten aus?
Sein Fastenbrechen nur ist meiner Kinder Schmaus." —

6 Viel besser thut, wer ißt und andern davon giebt,
Als wer sich selbst kasteit, weil er den Mammon liebt.

7 Zuträglich mag allein für jenen sein das Fasten,
Der einem Dürftigen aufthut den Futterkasten.

8 Wozu sonst ist es Not, daß du dich so beschwerest,
Dir selbst es darbest ab und doch es selbst verzehrest?

9 Des Thoren Träumerei, der sich in Klausen setzt,
Vermengt Unheiliges und Heiliges zuletzt.

10 Der Spiegel auch ist klar und klar des Baches Flut;
Zur Klärung aber ist Vernunft dem Menschen gut.

(57.)

1 Ein Mann hatt' hohen Sinn, und Mittel nicht genug,
Es reichte nicht sein Gut für seiner Großmut Flug.

2 O daß ein Niedriger doch reiches Gut nie fände,
Und dem Freigebigen nie wären knapp die Hände!

3 Doch einem, welchem hoch des Geistes Schwingen wallen,
Wird seltener der Wunsch in seine Schlingen fallen,

4 Sowie der Gießbach, der sich im Gebirg entband,
Nicht auf der Höhe dort kann finden festen Stand.

5 Denn seine Milde maß er nicht nach seinem Gut,
Deswegen war er bald verarmt mit hohem Mut.

6 Doch ein bedrängter Freund schrieb ihm zwei Zeilen einst:
„O der du schöne That mit guter Art vereinst!

7 Komm mir mit ein'gem Geld zu Hülf' in der Bedrängnis,
Denn schon seit ein'ger Zeit bin ich im Schuldgefängnis."

8 In seinen Augen war wol Geld und Gut nur Tand,
Doch war zum Unglück ihm kein Heller in der Hand.

9 Er sendet' einen Mann des Schuldners Gläubigern,
Denen er sagen ließ: „Ihr hochbelobten Herrn,

10 Zieht ab von seinem Saum ein wenig eure Hand,
Und wenn er euch entflieht, so steh ich euch zu Pfand."

11 Dann ins Gefängnis ging er grades Wegs: „Nun auf,
Und nimm von hier, soweit der Fuß dich trägt, den Lauf!"

12 Wie seines Käfigs Thür der Sperling offen sah,
Nicht einen Augenblick hat er mehr Ruhe da.

13 Schnell wie ein Frühlingshauch fuhr er aus den Bereichen,
So schnell, daß seinen Staub der Wind nicht konnt' erreichen.

14 Da griffen jene stracks den jungen Ehrenmann:
„Schaff uns zur Stelle nun das Geld, wo nicht den Mann."

15 Den Vogel fängt man nicht, wenn man ihn ließ entfliegen;
Und hülflos mußt' er sich in das Gefängnis schmiegen.

16 Ich hörte, daß er lang in seiner Haft verblieb,
Und gegen Niemand klagt' und auch an Niemand schrieb.

17 Er hatte Schlaf bei Nacht, und Tags kein Ungemach:
Da kam ein frommer Mann an ihm vorbei und sprach:

18 „Du scheinst ein fremden Guts Verzehrer nicht zu sein:
Was widerfuhr dir, daß du kamest hier hinein?"

19. 20 Er sprach: „Für einen, der im Band sich übel fand,
Wußt' ich nicht andern Rat, als daß ich nahm sein Band.

21 Mit meinem Sinne fand ich es nicht überein,
Daß in Behagen ich, ein andrer wär' in Pein."

22 Er starb zuletzt, indem er hohen Ruhm erwarb:
Wie herrlich lebt ein Mann, wenn nie sein Name starb!

23 Mehr gilt ein Mann, den so lebendig man begräbt,
Als eine Menge, die mit totem Herzen lebt.

24 Nicht ein lebend'ges Herz erliegt dem Todesbann:
Des Herzlebend'gen Leib, stirbt er, was liegt daran?

(58.)

1 Ein Mann fand in der Wüst' einst einen durst'gen Hund;
Nur einen Atem noch hatt' er in seinem Mund.

2 Zum Eimer machte da den Turban er in Eile,
Und seines Turbans Band zu einem Brunnenseile.

3 Zum Dienste schürzt' er sich, die Arme streift' er auf,
Und Wassers einen Trunk zog er dem Hund herauf.

4 Drauf wollte der Prophet des Mannes Loos verkünden:
Der Herr der Allmacht hat vergeben seine Sünden. —

5 Wolan, hast du gefehlt, so denk in Reue nach,
Nimm eine Milde vor, bring eine Treue nach.

6 An einem Hunde ging die Wohlthat nicht verloren:
Wie sollte sie's an dem, der dir ist gleichgeboren?

7 Sei nur, soviel du kannst, zu helfen unverdrossen:
Das Thor des Guten hat für Keinen Gott verschlossen.

8 Wenn in der Wüste du nicht einen Brunnen gründest,
Auch gut, wenn du ein Licht in der Kapell' anzündest.

9 Gold spenden centnerweis aus des Schatzhauses Wand
Kommt nicht dem Quentchen gleich aus saurer Arbeit Hand.

10 Nach seiner Kräfte Maß mag tragen jeglicher:
Denn ein Heuschreckenfuß ist für die Ameis schwer.

(59.)

1 Mach dich, o Glücklicher, den Leuten angenehm,
Daß jenes Tages Gott mit dir nicht streng es nehm'.

—　　　　　—

2 Nicht, wenn er strauchelt, wird erliegen in der Not,
Wer den Gefallnen gern die Hand der Hülfe bot.

3 Wenn Ehr' und Ansehn dir fest steht und ohne Wank,
So übe nicht Gewalt am Armen schwach und krank;

4 Denn selbst kommt er vielleicht zu Ehr' und Ansehn hier,
Alswie der Bauer wird im Schachbrett zum Wesir.

5 Hör' also guten Rat: die Männer einsichtvoll,
Mit Willen pflanzen sie in keinem Herzen Groll.

6 In Schaden hat der Herr der Garben sich verstrickt,
Der mit Unfreundlichkeit auf Ährenleser blickt.

7 Er denkt wol nicht daran, daß wer den armen Mann
Reich machen, auch sein Weh dem Reichen geben kann!

8 Wie manch Gewaltiger ist schwer aufs Haupt gefallen!
Wie manch Gefallnen hob des Glückes Wohlgefallen!

9 Darum zerbrich das Herz der Niedrigen du nie,
Daß du nicht eines Tags seist niedriger als sie.

(60.)

1 Einst klagte seine Not ein Derwisch matt und schwach
Vor einem Geizhals, dem nicht Geld noch Gut gebrach.

2 Nicht einen Thaler gab er ihm, noch einen Deut,
Und schrie noch obendrein ihn an mit Heftigkeit.

3 Des Bettlers Herz voll Blut ob solcher Schnöde war;
Er hob das Haupt betrübt und sprach: „O wunderbar!

4 Wie kann ein Reicher so unfreundlich sein dem Leib!
Er fürchtet selbst wol nicht des Heischens Bitterkeit!"

5 Doch der Kurzsichtige befahl, die Diener sollten
Ihn werfen aus dem Haus, mißhandelt und gescholten.

4 Wesir, die Königin.
7 wer = Gott.

6 Ich hörte, weil er Gott nicht Dank für Segen gab,
So wendete zuletzt von ihm das Glück sich ab.

7 Sein Hochmut neigte bald sich mit dem Kopf zur Tiefe:
Des Himmels Schreiber schrieb an einem schwarzen Briefe.

8 Das Unglück zog so nackt ihn aus wie Knoblauch;
Es blieb ihm keine Tracht, ihm blieb kein Träger auch.

9 Ihm streute das Geschick aufs Haupt der Armut Asche:
Dem Taschenspieler gleich war nichts in Hand und Tasche.

10 Er war von Kopf zu Fuß verwandelt ganz und gar;
In diesen Dingen ging vorüber manches Jahr.

11 Sein letzter Diener kam in eines Edlen Sold,
Der reich von Herz und Hand und von Gemüt war hold.

12 Wenn in betrübter Lag' er konnte sich erbarmen
Des Armen, freut' ihn das, alswie ein Schatz den Armen.

13 Vor seiner Thüre Nachts um einen Bissen bat
Einst einer, der von Last gedrückt unstät anstrat.

14 Der Mann von Einsicht gab sogleich Befehl dem Knechte,
Daß er Befriedigung dem armen Bettler brächte.

15 Wie er ihm einen Teil nun brachte von dem Schmaus,
Da stieß, wie außer sich, er einen Aufschrei aus.

16 Gebrochnen Herzens kam er zu dem Herren wieder,
Und sein Geheimnis stand im Naß der Augenlider.

17 Den Diener fragte da des edlen Herren Huld:
„Daß dir die Thräne fließt, wer hat davon die Schuld?"

18 Darauf erwidert' er: „Mein Herz ward ganz verstört
Vom Anblick dieses Manns, des Glück ist ganz zerstört.

19 Denn Sklave war ich selbst bei ihm in vor'ger Zeit,
Als er in Reichtum lebt', in Glanz und Herrlichkeit.

20 Die Hand, der jene Pracht und Macht nun ist entgangen,
Streckt er an Thüren aus, Almosen zu empfangen."

21 Er lächelte: Mein Sohn, kein Leid ist dem geschehn:
Kein Unrecht läßt der Lauf der Welt an wem geschehn.

22 Ist das der Geizhals nicht, der reiche Handelsmann,
Der mit des Hauptes Stolz stieß an den Himmel an?
23 Und ich bin jener, den er trieb von seiner Thür:
An meine Stelle setzt' ihn nun das Glück dafür.
24 Der Himmel hat einmal mich angeblickt mit Licht,
Und mir des Kummers Staub gewaschen vom Gesicht.
25 Nie schloß Gott eine Thür in seiner Weisheit Rat,
Daß er in seiner Huld nicht eine andr' aufthat.
26 Wie mancher dürftige Brotlose wurde satt,
Und mancher Üppige verdarb an Laub und Blatt.

(61.)

1 Von guter Menschen Art laß dir ein Beispiel sagen,
Wenn du, ein guter Mensch, dich menschlich willst betragen:
2 Wie Schebli ging und trug von Waizenhändlers Haus
Auf seinen Schultern einst den Waizenbund nach Haus;
3 Da blickt' er hin und sah, wie dort ein Ameislein
Im Äschenbüschel[*] lief, nicht wissend aus noch ein.
4 Aus Mitleid mit dem Thier konnt' er die Nacht nicht ruhn;
Er lief, um wieder es ins eigne Nest zu thun.
5 Nicht menschlich thu' ich ja, sprach er, am armen Dinge,
Wenn ich um seine Ruh im eignen Haus es bringe. —
6 Beruhige du nur das Herz Verstörter gern,
Damit Verstörung vom Geschick dir bleibe fern.
7 Wie trefflich hat gesagt Firdosi mängelfrei
(Mit dessen edlem Staub des Herrn Erbarmen sei!):
8 Setz' auf die Ameis, die ein Korn trägt, nicht die Füße!
Denn sie hat Leben, und lieb ist des Lebens Süße.
9 Zuck auf des Schwachen Haupt nicht eine Faust von Eisen:
Du kannst einst untern Fuß ihm fallen, gleich Ameisen.

[*] [Äschenbüschel? vermutlich Schreibfehler für Ährenbüschel, persisch ghallah.]

10 Die Kerz' erbarmte nicht der arme Schmetterling:
Sieh, wie sie nun darum in Flammen selbst aufging.

11 Unmächtiger als du ist mancher, geb' ich zu:
Doch mächtiger am End' ist Einer noch als du.

(62.)

1 Entgegen auf dem Weg ein junger Mann mir kam,
Dem auf dem Fuße nach ich laufen sah ein Lamm.

2 Ich sprach zu ihm: „Gewiß ist es des Strickes Macht,
Die auf dem Fuße nach das Lamm dir laufen macht."

3 Schnell nahm da von ihm Kett' und Halsband weg der Mann,
So daß es rechts und links zu springen frei begann.

4 Doch immer lief es auf dem Weg ihm nach indessen,
Weil es gewohnt war, Gras aus seiner Hand zu fressen.

5 Als es zur Ruh nun kam von Lust und Sprung unbändig,
Blickt' er mich an und sprach: „O edler Mann verständig!

6 Es ist nicht dieser Strick, der zu mir her es bringt:
Die Wohlthat ist die Schnur, die seinen Hals umschlingt." —

7 Der Güte wegen, die der schnaubend' Elephant
Erfuhr, wird von ihm nicht sein Wärter angerannt.

8 Begegne Bösen sanft, o Guter, unverdrossen;
Denn Wache steht der Hund, wenn er dein Brot genossen;

9 Sowie für jenen stumpf der Zahn des Panthers blieb,
Wer ihm zwei Tage lang die Zung' am Käse rieb.

(63.)

1 Ein Mann sah einen Fuchs an allen Vieren lahm:
Darob ihn Gottes Güt' und Weisheit Wunder nahm,

---

9 [Ihm die Zunge am Käse rieb, ihn mit Käse fütterte. Der Jagdleopard — und
ein solcher ist hier gemeint — soll Käse sehr gerne fressen.]

2 Wie er das Leben so zu fristen sei im Stand,
Und wo er Nahrung her nehm' ohne Fuß und Hand.

3 In solche Zweifel war der fromme Mann gefallen:
Da kam ein Löw heran, 'nen Schakal in den Krallen;

4 Den armen Schakal fraß der Leu da an der Statt,
Und übrig blieb ein Teil, wovon der Fuchs ward satt.

5 Und andern Tages sich ein Anderes begab,
Daß seine Nahrung ihm der Nahrungspender gab.

6 Die Wahrheit leuchtete des Mannes Augen ein,
Er ging und setzte sein Vertraun auf Gott allein:

7 Fortan in Zellen will ich wohnen gleich Ameisen,
Weil Elephanten nicht die eigne Kraft kann speisen.

8 Ein Weilchen saß er so, das Kinn zur Brust gesenkt,
Ob durch ein Wunder ihm die Nahrung sei geschenkt.

9 Kein Freund noch Fremder nahm sich seiner an noch schaute
Nach ihm; bald war er Senn' und Bein nur, wie die Laute.

10 Als er von Schwäche schon Geduld und Sinn verlor,
Da scholl's ihm von der Wand des Hochaltars ins Ohr:

11 Geh und der Löwe sei, der reißende, du Wicht!
Weg wirf dich selber gleich dem lahmen Fuchse nicht.

12 Müh dich, daß wie der Leu du selbst was übrig lässest,
Statt daß du wie der Fuchs von Überbleibseln prassest.

13 Wem wie dem Löwen ist der Nacken wohlgenährt,
Duckt er sich wie ein Fuchs, so ist ein Hund mehr wert.

14 Brauch deine Hand, um selbst mit andern zu genießen;
Laß Abfall von der Jagd der andern dich verdrießen.

15 Erhalte möglichst dich mit deinem Arm allein;
Und dein Verdienst wird auch in deiner Wage sein.

16 Arbeite wie ein Mann, um Hülfe zu gewähren;
Ein Unmann mag sich von der Arbeit andrer nähren.

17 Geh und reich' eine Hand, wenn du bist bei Verstand,
Und ruf am Boden nicht: wer reicht mir eine Hand!

18 Für jenen Diener sind bereit des Herren Gnaden,
Des Leben andern ist zum Nutzen, nicht zum Schaden.

19 Wer Hirn im Haupte hat, gieß' aus der Großmut Schale:
Wem solcher Hochsinn fehlt, ist ohne Kern nur Schale;

20 Der wird in dieser Welt und jener Gutes sehn,
Von welchem Gutes ist den Lebenden geschehn. —

21 Hast du vernommen, was, als er nach Kesch aufbrach,
Der Treiber des Kamels zu seinem Sohne sprach?

22 „Teil deinen Proviant mit guten Wanderern,
Die auch den ihrigen mit andern teilen gern.“

(64.)

1 Wir hörten, daß ein Mann von engetreuer Sitte
Und Gotteswandel lebt fern in Rumili's Mitte.

2 So brachen wir, ich und ein paar Landfahrer, auf
Und nahmen grades Wegs zum Heil'gen unsern Lauf.

3 Er küßte Stirn und Aug' und Hand uns männiglich:
In Ehr' und Würde setzt' er uns und setzt' er sich.

4 Wir sahn sein Gold und Gut, Gesind und Saatgefilde:
Doch er, wie ohne Frucht ein Baum, war ohne Milde.

5 An Artigkeit erwies er sich ausnehmend warm,
Doch war sein Herd für uns gewaltig feuerarm.

6 Die ganze Nacht hindurch ließ keine Ruh zum Schlummer
Ihm Psalm und Litanei, uns keine Ruh der Hunger.

7 Frühmorgens schürzt' er sich und öffnet' uns das Thor,
Doch seine Artigkeit war wie des Tags zuvor.

8 Nun, einen Freund voll Scherz und Laune hatten wir,
Der mit uns zugebracht die Nacht in dem Quartier:

9 Der sprach: „Mit einem Kuß ersparst du dir die Kosten:
Gib einen Käse mir, den werd' ich lieber kosten.

10 Was küssest du den Schuh mir höflich? Fülle du
  Den Mund mir, und meinthalb schlag mir ums Ohr den Schuh." —

11 Durch Thätigkeit wird auf der Bahn der Preis ersiegt,
  Nicht durch Nachtwach', indeß der Geist in Schlummer liegt.

12 Denn dieses hab' ich auch wol an Tatarn gesehn,
  Die mit entschlafnem Geist die Nacht durch Wache stehn.

13 Brotspend' und milde Hand steht einem Edlen wohl;
  Gottseliges Geschwätz ist eine Trommel hohl.

14 Am Auferstehungstag siehst du im Paradies,
  Wer die Bedeutung sucht' und Ansprüch' unterließ.

15 Denn durch Bedeutung nur kann sich der Anspruch schützen;
  Doch große Worte leer an That sind schwache Stützen.

(65.)

1 So hab' ich aus der Zeit von Hatem Tai gelesen,
  In seiner Herde sei ein Hengst wie Sturm gewesen,

2 Ein zephyrflüchtiger, ein donnerschnaubender
  Braunschimmel, ein dem Blitz den Vorsprung raubender:

3 Im Rennen ließ er Thau auf Berg und Ebne sprühn;
  Du glaubtest ein Aprilgewölk vorüberziehn;

4 Der wie ein Gießbach stürzt' und das Gefild verschlang:
  Der Wind, sowie der Staub blieb hinter seinem Gang.

5 Da sagten Männer einst, die sich darauf verstanden,
  Die Kunde Hatem Tai's vorm Schah in Griechenlanden:

6 Daß sich kein andrer Mann mit ihm an Großmut mißt,
  Und nichts gleich seinem Roß in Kampf und Rennbahn ist;

7 Das, wie ein Schiff die Flut, die Wüste furcht im Trabe,
  Mit dessen Lauf den Flug nicht halten kann der Rabe.

8 In seinem weisen Rat der König also sprach:
  "Ein Anspruch, den man nicht beweisen kann, bringt Schmach.

9 Ich will von Hatem Tai den Hengst arab'schen Blutes
Begehren, wenn er ist der Mann des Edelmutes.

10 Ich will erproben, ob so echt ist sein Metall;
Und weigert er's, so ist's der hohlen Trommel Schall."

11 Und ein Gesandter klug und weise ward nach Tai
Gesendet, welchem man gab zehn Gefährten bei.

12 Es war die Jahreszeit, wo sich der Sommer wendet,
Und seiner Glut wird Flut zum Löschen nachgesendet.

13 Die Erd' erstorben war, die Wolke weint' auf sie,
Und neuen Lebenshauch der Ostwind ihr verlieh.

14 Bei Hatem kehrten ein die Gäste wohlgemut,
Alswie ein Durstiger sich labt am Sindernd.

15 Den Gasttisch breitet' er und schlachtet' auch ein Roß;
Von Gold macht' er die Hand, von Perlen voll den Schoß.

16 Sie weilten dort die Nacht, am andern Morgen dann
Hielt seinen Vortrag, wie's gebührt, der kluge Mann.

17 Doch Hatem, der sich wie verstört von Rausch empfand,
Mit des Verdrusses Zahn benagt' er sich die Hand:

18 „Warum, o trefflicher namhaftester Mobede,
Hast du nicht früher kund gethan mir diese Rede?

19 Den Sturmwindschreiter, der es that dem Duldul gleich,
Gebraten hab' ich ihn zur Mahlzeit gestern euch;

20 Weil von dem Regen, der in Strömen war ergangen,
Nicht war zum Weideplatz der Rosse zu gelangen,

21 Und sonst kein andrer Weg des Rates offen stand,
Weil außer ihm kein Thier bei meinem Zelt sich fand.

22 Denn Unrecht schien es mir in meiner Sinnesweise,
Daß schlafen sollt' ein Gast, des Herz nicht froh von Speise.

23 Doch meines Namens Ruhm soll laut die Welt erzählen,
Mag ein berühmtes Roß auch meiner Herde fehlen.

18 [Mobed, Weiser.]
19 [Duldul, das Maulthier des Ali.]

(66.)

1 Ich weiß nicht, wer mir hat dies Abenteur verkündet:
Einst eines Herrschers Thron in Jemen war gegründet,

2 Der allen Königen voran im Ruhme trat,
Weil in Freigebigkeit es gleich ihm keiner that.

3 Ihn nennen konnte man wol ein Gewölk der Milde,
Denn Silber goß er aus wie Regen im Gefilde.

4 Doch mochte man vor ihn nie Hatem's Namen bringen,
Daß er nicht Eifersucht ins Hirn sich fühlte dringen:

5 „Von diesem Windigen wozu soll all der Schwatz?
Er hat kein Königreich, kein Heer und keinen Schatz.“

6 Man sagt, er hielt einmal ein königliches Mahl,
Und als der Lauten Ton erklungen war im Saal,

7 Erscholl von Hatem auch der Name wiederum,
Und alle stimmten ein in seinen Preis und Ruhm.

8 Da riß der Neid den Sinn des Manns zur Blutgier hin,
Und einem Treuen trug er auf zu morden ihn:

9 „Denn allsolang sich mir entgegen Hatem stellt,
Gelangt meine Name nicht zu Ehren in der Welt.“

10 Der Mörder macht' alsbald sich auf zur tai'schen Flur,
Und war den edlen Mann zu töten auf der Spur.

11 Da kam ein Jüngling ihm entgegen auf den Wegen,
Von dem ihm weht' ein Duft der Freundlichkeit entgegen:

12 Schön von Gesicht, und hold von Sinn, und süß von Wort:
Der nahm ihn für die Nacht als seinen Gast mit fort,

13 Verpflegt' ihn sorgsam, bat die Mängel zu verzeihn,
Das Herz des Feindlichen nahm er durch Güte ein.

14 Früh morgens drückt' er dann ihm Küss' auf Fuß und Hand:
„O hieltest du bei uns noch ein'ge Tage Stand!“

15 Er sprach: „Ich wage nicht hier länger zu verweilen,
Weil mich ein wichtiges Geschäfte drängt zu eilen.“

16 Er sprach: „Dafern du es mir wolltest anvertraun,
Du solltest mich bereit zu Freundeshülfe schaun."

17 „So leih," sprach jener, „mir dein Ohr, o edler Mann,
Ich weiß, daß auf Verrat niemals ein Edler sann.

18 Es ist in diesem Land dir Hatem wol bekannt,
Vom Ruhm erlauchten Sinns und tugendreich genannt.

19 Desselben Kopf verlangt der Padischah von Jemen:
Ich weiß nicht, was er ihm so sehr mag übel nehmen.

20 Wenn du mir nun den Weg willst zeigen ihn zu finden,
Durch diese Güte wirst du freundlich mich verbinden."

21 Der Jüngling lächelte: „Du siehest Hatem hier;
Da ist mein Kopf, nimm ihn mit deinem Schwerte mir,

22 Schnell, eh des Morgens Glanz die Dämmerung erheitert,
Und dich ein Unfall trifft, und deine Hoffnung scheitert!"

23 Wie Hatem seinen Kopf darbot in Edelmut,
Geriet in lauten Sturm des jungen Mannes Blut.

24 Er warf sich in den Staub, dann sprang er auf und stand;
Bald küßt' er ihm den Staub, bald wieder Fuß und Hand.

25 Von sich warf er sein Schwert, ablegt' er sein Gerüste,
Und legte flehendlich die Hände vor die Brüste:

26 „Nicht mit 'nem Rosenblatt verwund' ich deinen Leib;
Sonst heiß' ich nicht ein Mann bei Männern, sondern Weib!"

27 Die Augen küßt' er ihm, und drückt' ihn an sein Herz,
Und auf den Weg macht' er von da sich jenen-wärts.

28 Der König sah's ihm an in Mitte seiner Brauen:
Daß nichts der Mann gethan, war deutlich da zu schauen.

29 Er sprach zu ihm: „Wol her! Was bringest du für Kunden?
Warum ist nicht der Kopf am Sattelriem gebunden?

30 Hat ein namhafter Held dich etwan angerannt,
Und warest du zu schwach zu seinem Widerstand?"

31 Der junge Rausebold, dem Boden gab er Kuß,
Dem König sprach er Preis, und bracht' ihm Ehrengruß:

32 Er sprach): „Den Hatem fand ich wol, des Ruhmes Licht,
Jugendlich, wohlgestalt, und schön von Angesicht;

33 Voll hohen Sinns und Hochgemüte fand ich ihn,
Selbst über seinen Ruhm an Güte fand ich ihn.

34 Er hat mit Last der Huld mir krumm gemacht den Rücken,
Und mit der Milde Schwert mein Fell gehaun zu Stücken."

35 Darauf erzählt' er, was ihm dort begegnet sei;
Da rief der Schahinschah Lobpreis dem Stamme Tai.

36 'nen Beutel gab er ihm von Silber schwer, gesiegelt:
Mit Hatem's Namen wird Großmütigkeit besiegelt.

37 Ihm kommt es zu, wenn man der Zeugen Chor vernimmt,
Daß seine Würdigkeit mit seinem Rufe stimmt.

(67.)

1 Ich hörte, daß in Tai zu des Propheten Tagen
Dem Glaubensbriefe ward die Aufnahm' abgeschlagen.

2 Er sandt' ein Heer und ließ einladen und bedrohn;
Gefangen führte man bald eine Schar davon.

3 Hingeben hieß er sie dem Rachesschwert zum Raube,
Denn scheulos waren sie, und treulos war ihr Glaube.

4 Da sprach ein Weib: „Ich bin das Kind von Hatem Tai;
Vom Volksgebieter hier geht und begehrt mich frei!

5 Erzeige Großmut mir, o hochansehnlicher,
Denn von Großmütigen leit' ich den Ursprung her."

6 Der Gottgesandte gab Befehl mit Wohlverstand,
Daß sie ihr lösten die Kett' an Fuß und Hand.

7 Die andre Menge ward dem Schwerte zugewiesen,
Um schonungslos den Strom des Blutes zu vergießen.

8 Doch den Scharfrichter rief sie an mit scharfer Klage:
„Mich gleich den übrigen mit Schwertesschärfen schlage.

9 Unedel mir erscheint Befreiung aus den Spangen
Allein, indes die Freund' im Netze sind gefangen."

10 So sprach und weinte sie um das Geschick von Tai,
Zu des Propheten Ohr gelangt' ihr Klageschrei.

11 Durch seine Gnade ward auch jene Schar verschont;
Denn Adel des Geschlechts ließ er nie unbelohnt.

(68.)

1 Aus Hatem's Vorratshaus begehrt' ein alter Mann
Soviel man Zucker für zehn Dirhem haben kann.

2 Doch der, von dem ich's hört' erzählen, setzt hinzu:
Von Zucker sendet' er ihm eine Saumlast zu.

3 Sein Weib rief aus dem Zelt: „Was ist das für ein Rat,
Da für zehn Dirhem nur der Alte nötig hat?"

4 Als der es hörte, der Tai's Namen aufrecht hält,
Da lächelt' er und sprach: „O Freudenlicht im Zelt!

5 Wenn er gefordert hat nach seiner Notdurft Maß,
Nicht für den Edelmut von Hatem's Haus gilt das." —

6 Kein andrer, der in Huld und Adel hoch den Hals
Wie Hatem trüge, kam seitdem zur Welt mehr, als

7 Saad Abubeker, der die Finger des Gewährs
Mit Großmut leget an die Lippen des Begehrs.

8 O Unterthanenhort, dein Herz sei lustbethaut,
Durch dein Bemühn das Land des Islams angebaut.

9 Durch dein gerecht Gericht erhebt der Ehrendom
Von diesem Reiche sich ob Griechenland und Rom;

10 Wie Hatem einst — gesetzt daß nicht sein Name sei,
So nennte niemand auf der Welt den Namen Tai.

11 Ihm blieb in Büchern Preis und Lob in lautem Ton,
Dir aber bleibt so Preis und Lob wie Gotteslohn.

7*

12 Denn Hatem suchte Lob und Ruhm auf solchen Wegen,
Du aber übest Müh und Fleiß von Gottes wegen.

13 Aufwand der Rede ziemt dem armen Derwisch nicht,
Darum er nur ein Wort zu Rat und mehr nicht spricht:

14 Soweit die Kraft reicht, wirk' im Guten fort und fort!
Von dir bleibt gutes Werk, von Saadi gutes Wort.

(69.)

1 Im Kote stecken blieb der Esel einem Mann,
Darob vor Ärger ihm des Herzens Blut gerann.

2 Ringsum die Wüste, Kält' und Regengusses Mengen,
Ihr Schleppkleid auf die Welt die Finsternis ließ hängen.

3 Er blieb in dieser Qual die Nacht durch bis zum Tage,
Verwünschung, Lästrung, Fluch mischt' er mit seiner Klage.

4 Nicht blieb da Freund noch Feind von seiner Zunge frei,
Noch auch der Sultan, dem gehört' die Wüstenei.

5 Der Zufall wollte, daß der Herr der Wüstenei
In solcher üblen Lag' an jenem kam vorbei.

6 Er hörte, wie der Mann unnütze Reden führte,
Nicht Rede stand und nicht gab Antwort, wie's gebührte.

7 Der Fürst sah Haupt um Haupt auf seine Diener alle:
Woher kommt gegen mich dem Manne solche Galle?

8 Und einer sprach: „O Schah, mit deinem Schwert ihn hau!
Denn keinem schonet er die Tochter noch die Frau."

9 Da blickte hin der Herr von hohem Machtgebote:
Der arme selbst in Not, sein Esel in dem Kote.

10 Des Mannes schlimme Lag' erwog er großmutvoll
Und schluckte nieder um ein barsches Wort den Groll.

11 Er gab ihm Geld und Roß, dazu ein Pelzgewand;
Wie schön ist Güte, wann die Seele Zorn empfand!

12 Zum Mann sprach einer da: „Ei, unvernünft'ger Greise,
Ein Wunder, daß du lebst!" Doch jener sprach: „Nur leise!

13 Wenn Klagen ich geführt nach meiner Ungeduld,
Begnadiget er mich dafür nach seiner Huld."

14 Fürs Böse Böses heimzugeben ist gar leicht:
Bist du ein Mann, gib Guts dem, der dir Böses reicht.

(70.)

1 Ich hörte, daß ein Mann, den Hochmutsrausch umsloß,
Einst einem Bittenden des Hanses Thür verschloß.

2 Der arme ging, daß er betrübt im Winkel sitze,
Und kalten Odem haucht' er aus der Brust voll Hitze.

3 Ihn hört' ein Mann, dem war das Augenlicht verhüllt,
Und fragt' ihn, was ihn so mit Groll und Zorn erfüllt.

4 Da sprach er vor sich hin, indem zum Staub der Gasse
Er niederweinte, was er litt von jenes Hasse.

5 Der Blinde sprach: „Gut Freund, wirf ab des Kummers Lasten,
Und brich für diese Nacht in meinem Haus die Fasten."

6 Mit Artigkeit und List erwischt' er ihn beim Kragen,
Zog ihn fort in sein Haus und ließ den Tisch auftragen.

7 Der Derwisch ruhte da mit frohem Angesicht,
Und sprach: „Es schenke dir der Herr sein Freudenlicht!"

8 Der Blinde fühlte Nachts sein Aug' ein wenig thauen,
Am Morgen that sich's auf und ließ die Welt ihn schauen.

9 Darauf die Sage mit Geräusch die Stadt durchrann:
Ein Blinder gestern hat die Augen aufgethan.

10 Das hörte jener Mann mit liebeleerem Herzen,
Von dem der Derwisch jüngst wegging mit schwerem Herzen.

11 Er ging zu jenem hin: „O Glücklicher, sag an,
Wie ward so leicht an dir das Schwierige gethan?

12 Wer hat dir aufgesteckt die Welterleuchtungskerze?"
Er sprach: „O Frevler, dem das Tagslicht wird zur Schwärze!

13 Kurzsichtig warest du genug und unbesonnen,
Eulen zu sahn, indes der Königsaar entronnen.

14 Derselbige hat mir der Augen Thor erschlossen,
Vor welchem du das Thor des Hauses hast verschlossen.

15 Wenn Gotterleuchteten du nahest und die Stelle
Der Füße küssest, wird, bei Gott! dir eine Helle.

16 Doch solche, welche blind sind an des Geistes Auge,
Die wissen, scheint es, nicht, wozu die Salbe tauge."

17 Als der Verblendete das Scheltewort vernahm,
Begann die Finger ihm zu nagen Reu und Scham:

18 „So ward mein Federspiel die Beute deiner Schling',
Auf deinen Namen fiel das Loos, das mir entging." —

19 Den Edelfalken wird nicht locken in sein Haus,
Wer den Begierdezahn einbauet wie die Maus.

(71.)

1 Auf, wenn du für dein Herz den Herzensmann willst finden,
Kein Weilchen darfst du dich der Dienstbarkeit entbinden.

2 Streu' Futter hin für Spatz, Waldtaub' und wildes Huhn,
So wird sich einst bei dir ein Königsaar einthun.

3 Wenn du der Wünsche Pfeil' auf jede Seit' ergießest,
Ist Hoffnung, daß ein Wild du unversehns schießest.

4 Wol Eine Perle kommt aus Muscheln also viel,
Und unter hunderten kommt Ein Geschoß ans Ziel.

(72.)

1 Sein Kind kam einem Mann abhanden auf der Reise,
Da kreist' er Nachts umher im Karawanenkreise.

---

19 Besagt nichts anderes als: Der Weltgutgierige erlangt nicht höhere Güter.

2 Er fragt' an jedem Zelt und lief in jeder Nichte,
Bis in der Finsternis er kam zu seinem Lichte.

3 Und als er wiederum war bei der Karawan,
Ich hörte, daß er sprach also zum Sarawan:

4 „Weißt du, wie ich mein Lieb fand in der Finsternis?
Wer mir begegnen mocht', ich dacht': Er ist's gewiß." —

5 Drum gehn Herzinnige nach Menschen allerwärts,
Daß ihnen in den Weg einst komm' ein Mannesherz.

6 Sie halten für Ein Herz viel Mühe für Gewinn,
Und nehmen manchen Dorn für Eine Rose hin.

(73.)

1 Aus eines Königsohns Kopfbund war ein Saphir
Ins Steingerölle Nachts gerollet im Quartier.

2 Sein Vater sprach zu ihm: Im Finstern ohne Schein,
Wie unterscheidest du den Edelstein vom Stein?

3 Darum bewahre du jedweden Stein, o Sohn,
Daß dir darunter nicht geh der Saphir davon.

4 Unter Gemeinen wol des Edlen Glanz erlischt,
So wie die Finsternis Stein und Saphir vermischt.

5 Ertrage wohlgemut die Last vom Thorenschwalle,
Damit ein Mann von Herz einst in die Hand dir falle.

6 Der eines Freundes Lieb' in vollem Herzen trägt,
O siehst du nicht, wie er die Feinde gern erträgt?

7 Er läßt in Dornes Hand wie Rosen sein Gewand,
Daß aus dem Herzblut ihm blüh' auf Granatenbrand.

8 Um eines Einz'gen Lieb' erzeige Liebes allen,
Und schmeichle hunderten, um Einem zu gefallen.

9 Da die Hochsinnigen und Edlen reingeboren
An allen Orten nur sind untermengt den Thoren:

³ [Sarawan, Aufseher über die Kamele einer Karawane.]

10 Darum, wenn von den staubgetretnen hauptbeklommen
   Dir irgend einer ist verächtlich vorgekommen,
11 O blick auf solche wohlgefällig nicht herab,
   Weil oftmals ihnen Gott sein Wohlgefallen gab.
12 Wer deiner Meinung nach gering und schadhaft ist,
   Was weißt du, ob er selbst nicht Erb' der Herrschaft ist?
13 Wie manchem stehen weit Erkenntnisthüren offen,
   Der rings bei jedem Haus verschloßne Thür getroffen.
14 Und manche, denen eng das Leben und der Gaum
   War bitter, ziehen stolz lustwandelnd nach den Saum.
15 Du wirst, wenn du Verstand und Urteil hast, die Hand
   Küssen dem Königssohn in enger Kerkerwand;
16 Denn eines Tags wird aus der Haft hervor er gehn,
   Und wie erhöht er ist, so wird er dich erhöhn.
17 Verbrenne nicht im Herbst den welken Rosenbaum,
   Durch den neu prangen wird im Lenz dein Gartenraum.

(74.

1 Ein Mann der hatte nicht den Mut was auszugeben,
   Er hatte Gold, doch wagt' er nicht davon zu leben.
2 Er selbst verzehrt' es nicht, um froh hier zu erjatten,
   Noch spendet' er's, daß ihm es käme dort zu Statten.
3 Sein Gold und Silber hielt ihn Tag und Nacht im Band,
   Wie es gebunden selbst war in des Filzes Hand.
4 Einst auf der Lauer stand der Sohn und nahm da wahr,
   Wohin vom Geizigen sein Gold vergraben war.
5 Er nahm es aus der Erd' und schlug es in die Luft,
   Selbst legt' er einen Stein statt dessen in die Gruft.
6 Beim jungen Manne hielt das Gold nicht lange Stand;
   Was in die eine kam, verthat die andre Hand.

7 In seinem Leichtsinn kam soweit der Schrankenlose:
Sein Turban auf dem Markt, im Pfandhaus seine Hose.

8 Laut schrie der Greis und war von lauter Kummer krank,
Der Sohn bei Lautenspiel vergnügt und Lautertrank.

9 Die Nachtruh hatte nicht vor lauter Weh und Ach
Der Vater, und der Sohn am Morgen lacht' und sprach:

10 „Das Gold, o Vater, ist dazu, daß man's genieße,
Und eins ist's, ob man Gold, ob einen Stein verschließe." —

11 Das Gold muß aus dem Schacht dazu sich lassen heben,
Damit man möge froh mit werten Freunden leben;

12 Doch Gold in geiz'ger Hand, die es zum Mammon macht,
O Bruder, das ist noch wie erst es war im Schacht.

13 Hältst du schlecht deine Leut' in deinen Lebenstagen,
Hast du, wenn deinen Tod sie wünschen, nicht zu klagen.

14 Denn dann erst essen satt bei dir sich die Gesellen,
Wenn du vom Söller bist gefallen funfzig Ellen.

15 Ein reicher Geizhals ist mit Gold und Silberstücken
Ein Talisman, der liegt und läßt den Schatz nicht rücken.

16 Nach soviel Jahren kommt sein Gold zum Vorschein dann,
Wenn man ihm selbst aufs Herz gelegt den Talisman.

17 Ein Steinwurf des Geschicks traf ihn, da war nicht Heilung,
Und wohlgemut geht man an seines Schatzes Teilung.

18 Darum, nachdem du hast gespeichert wie Ameisen,
So speise selbst, eh dich des Grabes Würmer speisen.

19 Die Rede Saadi's ist Gleichnis und guter Rat;
Zu Statten kommt sie dir, gibst du ihr gute Statt.

20 Unratsam ist es, von der Seit' hinweg zu sehn,
Auf welcher ist allein des Heiles Weg zu sehn.

(75.)

1 Mit einem Dirhem hatt' ein gutes Wert vollbracht
Ein Jüngling, glücklich hatt' er einen Greis gemacht.

2 Der Himmel unversehns straft' ihn um ein Vergehn,
Und auf den Richteplatz ließ ihn der Sultan gehn.

3 Die Türkenwache ritt, das Volk lärmt' auf der Straße,
Zuschauer drängten sich auf Söller und Terrasse.

4 Der alte Bettelmann, wie er bei dem Gedränge
Den Jüngling also sah in der Gewalt der Menge,

5 Brach ihm das Herz um ihn, den armen mild und gütig,
Der ihm einmal das Herz verbunden edelmütig.

6 Er hob ein Wehgeschrei: „der Sultan ist gestorben!
Geblieben ist die Welt, doch ihre Lust verdorben."

7 Und seine Hände schlug der jammernde zusammen:
Die Türken hörten es, gezückt der Schwerter Flammen.

8 Da ward von ihnen ein Getümmel hulter pulter,
Sie schlugen heulend sich auf Antlitz, Kopf und Schulter.

9 Und über Hals und Kopf den Weg zum Schloß hinan
Sie rannten, wo den Schah auf seinem Thron sie sahn.

10 Der Jüngling hatt' indes sich aus dem Staub gemacht,
Der Greis in Fesseln ward zum Thron des Schah's gebracht.

11 Der fragte furchtbar ihn und zeigte strenge Mienen:
„Weswegen ist mein Tod dir wünschenswert erschienen?

12 Da mein Gebot gerecht und freundlich ist mein Sinn,
Weswegen wünschest du des Volkes Ungewinn?"

13 Darauf eröffnete der mut'ge Greis den Mund:
„O du, dem dienstbar sei mit Lust das Erdenrund!

14 Vom falschen Ruf „tot ist der Sultan" starbst du nicht,
Das Leben aber trug davon ein armer Wicht."

15 Der Sultan war so sehr erstaunt von dem Bericht,
Daß er dem Mann was schenkt' und fragt' ihn weiter nicht.

16 Von andrer Seite war mit atemlosem Schnaufen
Stets zwischen Fall und Sprung der Jüngling fortgelaufen.

17 Da fragt' ihn einer: „Was hast Großes du getan,
Daß Lebensrettung auf dem Richtplatz du empfahn?"

18 Dem sagt' er leis' ins Ohr: „O Mann von klugem Sinn,
   Um einen Dirhem ward ein Leben mein Gewinn." —
19 Deswegen legt ein Mann ein Körnlein in die Erde,
   Daß es zur Zeit der Not ihm Früchte bringen werde.
20 Ein kleines Körnchen wehrt ein großes Unheil ab:
   Du hörtest: einen Og erschlug einmal ein Stab.
21 Und vom Propheten sagt der Überliefrung Wort:
   Wohlthat und Gutesthun weist alles Unglück fort.

(76.)

1 Der Auferstehung Feld erblickt' ein Mann im Traum,
  Der Erden Antlitz war geschmolznen Erzes Schaum.
2 Der Menschen Angstgeschrei stieg zu des Himmels Stirn,
  Und in den Schädeln sott von Fieberglut das Hirn.
3 Da sah er einen dort im Schatten einer Wiese,
  Um dessen Nacken war ein Schmuck vom Paradiese:
4 Und fragt' ihn: „O du Zier in der Gesellschaft dort,
  In dieser Herberg hier, o sprich, was war dein Hort?"
5 „Ein Weinstock", sprach er, „wuchs an meines Hauses Thor,
  Den einst ein guter Mann zur Schlafstatt sich erkor.
6 In dieser Zeit der Angst ist für mich aufgetreten
  Der Fromme, meine Schuld hat er von Gott erbeten:
7 Herr, winke diesem Knecht nun ein Erbarmen zu,
  Weil mir zu Teile ward von ihm einst eine Ruh." —
8 Wie rief ich aus, als ich dies Gottgeheimnis las:
  Ein Gruß des Heils vom Herrn dem Herrscher von Schiras!
9 Die Volksgemeinde ruht in seiner Größe Schatten,
  Und sitzt um seinen Tisch der Mild', um zu erfatten.
10 Er ist ein Gartenbaum an edlen Früchten reich:
   O Brennholz vom Gebirg, ihm stelle dich nicht gleich!

11 Dem wilden Waldbaum wird vom Stamm die Glieder haun
Die Axt; wer aber darf den Fruchtbaum niederhaun?

12 Hab lange festen Fuß, du aller Tugend Baum,
Denn reich ist deine Frucht und weit dein Schattenraum.

(77.)

1 Viel haben wir vom Baum der Milde nun gesprochen;
Doch nicht für jeden sei davon die Frucht gebrochen.

2 Verschone weder Gut noch Blut am Menschenpresser;
Dem bösen Vogel ist gestutzt die Schwinge besser.

3 Wer gegen deinen Freund nur wird feindselig sein,
Wie magst du in die Hand ihm geben Stock und Stein?

4 Die Wurzel reiß' nur aus, die Dorngezüchte trägt,
Und pfleg' dafür den Baum, der gute Früchte trägt.

5 Demselbigen allein verleih' den Rang der Großen,
Der nicht mit schwerem Kopf die Kleinen pflegt zu stoßen.

6 Und schone nirgend, wo ein Frevler sich verhält:
Denn Gnade gegen ihn ist Unrecht an der Welt.

7 Dem Weltanzünder bläst man besser aus das Licht;
Eh' einer in das Feu'r, und alle brandwund nicht!

8 Wen die Barmherzigkeit den Dieb zu strafen hindert,
Der hat mit eignem Arm die Karawan geplündert.

9 Den Übelthätern schlag ihr Leben in den Wind;
Gewalt Gewaltthätern! das ist recht und gelind.

(78.)

1 In Sorgen war ein Mann einst um sein Wohngemach,
Als sich ein Wespenschwarm sein Nest gemacht am Dach.

2 Da sprach sein Weib: „Was thun sie dir? treib sie nicht aus;
Sie würden arm und irr verlieren Hof und Haus."

3 Drauf ging der kluge Mann seinen Geschäften nach;
Bis eines Tags das Weib ein scharfer Stachel stach.

4 Das unvernünft'ge Weib erhob auf dem Altan,
Am Thor und auf der Gass' ein Schrei'n; da sprach der Mann:

5 „Mach nun den Leuten, Weib, kein finsteres Gesicht!
Du hast gesagt: vertreib die armen Wespen nicht!" —

6 Wenn du mit Bösen gut es nur willst immer machen,
So wird die Nachsicht nur die Bösen schlimmer machen.

7 Wenn du in einem Kopf das Unheil siehst von vielen,
Magst du mit scharfem Schwert nach seiner Kehle zielen.

8 Das Rohr der Lanze, das du schwingen kannst im Chore
Des Kampfes, ist mehr wert als tausend Zuckerrohre.

9 Des Dorfes Ältester riet nicht zu deinem Schaden:
Den Gaul, der ausschlägt, mußt du schwerer nur beladen.

10 Wer ist denn auch der Hund, daß man den Tisch ihm decke?
Heiß einen Knochen nur ihm werfen in die Ecke.

11 Wenn du die Katze pflegst, wird sie die Taube beißen;
Und mästest du den Wolf, wird er dein Kind zerreißen.

12 Wenn einen guten Mann nur der Nachtwächter macht,
Traut Niemand sich vorm Dieb zu schlafen in der Nacht.

13 Nicht wert des Schillings ist ein jeglicher Geselle;
Wenn der den Schilling braucht, braucht jener eine Schelle.

14 Den Bau, an dem nicht fest die Grundlag' ist, erhebe
Nicht hoch; und willst du doch es thun, so thu's und bebe!

(79.)

1 Wie schön sprach Behram einst, als er im Felde saß,
Wo ihn der Hengst Jekran geworfen ab ins Gras:

2 „Man soll ein ander Roß mir aus der Herde zäumen,
Das man auch bänd'gen kann, wenn's ihm einfällt zu bäumen." —

3 Den Tigris überbrück', o Sohn, wo er ist seicht;
Denn wo geschwollen ist der Strom, ist es nicht leicht.

4 Wenn dir der böse Wolf gekommen in die Falle,
So töt' ihn, oder gib die Schaf' auf in dem Stalle.

5 Verbeugung zum Gebet wird von des Teufels Knie
Nie kommen, und vom Schelm im Leben Gutes nie.

6 Gib Acht, daß unbehut kein Feind dich überrasche;
Der Feind ist gut im Brunn, der Kobold in der Flasche.

7 Sag nicht, die Schlange will ich mit dem Stock schon töten!
Hast du den Stein zur Hand, was ist ein Stock von Nöten?

8 Dem Schreiber, der den Kiel, das Volk zu zwacken, nutzt,
Frommt's, wenn das Schwert die Hand gleich einem Kiel ihm stutzt.

9 Der Ohrenbläser, der dein Herz zu bösen Dingen
Anfeuert, will gewiß dich selbst ins Feuer bringen.

10 Sag nicht: zur Herrschaft taugt mir solch ein Rat wie der!
Nenn' ihn nicht einen Rat, nur ein Unrat ist er.

11 Wo Saadi's Rat man hört, da sprießt des Heiles Saat;
Denn eines Reichs Gedeihn ist Einsicht nur und Rat.

12 Der edelmüt'ge Mann ist in sich selbst vollkommen;
Ob Gold und Silber fehlt, es ist ihm nichts benommen.

13 Undenkbar aber ist's, ob er ein Karun werde,
Daß seine Niedrigkeit ein Niedrer abthun werde.

14 Doch der Freigebige, fehl' auch das Brot ihm gleich,
In seinem Kern ist er nichtsdestominder reich.

15 Bist du ein Edelstein von Wert, hab' keine Wehn!
Die Zeit wird niemals dich verloren lassen gehn.

---

6 b [Der Kobold in der Flasche; Anspielung auf die bekannte Geschichte in der 1001 Nacht.]
12 Dieser Abschnitt kehrt unten als Nr. 170 wieder.
13 ein Karun = ein Kröfus.

16 Ja, wenn ein Silberspan fällt aus der Schere Zahn,
So zündet man, um ihn zu suchen, Lichter an.
17 Man holt den glänzenden Krystall aus Stein hervor.
Was will ein Spiegel, der im Rost den Glanz verlor?
18 Tugend und Adel hab' und Glück und eignen Wert;
Denn Gut und Ansehn ist, was wechselnd kommt und fährt.

Dritte Pforte.

Liebesrausch und Schwärmerei.

(80.)

1 O gute Stunde der an Seinem Kummer Kranken,
Ob sie von ihm das Gift, ob sie die Labe tranken.
2 Die Liebesbettler, die der Fürstenschaft entsagen,
Und Seiner Hoffnung voll die Bettlerschaft ertragen,
3 Sie ziehen Zug um Zug in sich des Wehes Wein,
Und wenn er bitter schmeckt, ziehn sie den Odem ein.
4 Im Weinbehagen ist des Rausches Ungemach,
Der Waffenträger-Dorn steht bei dem Rosen-Schach.
5 Doch Wermut ist nicht herb in Seinem Angedenken,
Zucker ist Herbes, das des Freundes Hände schenken.
6 Schmach tragen die am Freund berauschen ihre Seele,
Denn leichter wird die Last dem trunkenen Kamele.

---

16 Die Bedeutung ist unzweifelhaft: Nicht bloß große Verdienste gehen nicht verloren, auch nicht das kleinste.
18 Glück — göttliche Gnade.
1a Sein, Gottes.
3b = sie sind geduldig, ergeben.

7 Nicht Sein Gefangener begehrt sich aus den Ketten,
Nicht Sein Erjagter aus der Fangschnur sich zu retten.

8 Fürsten der Einsamkeit, die Bettler des Geheges,
Der Stationen kund, verirret ihres Weges,

9 Zu ihrem Sorgenfrei die Spur ist's, die wir missen.
Denn wie der Lebensquell sind sie in Finsternissen:

10 Alswie Jerusalem im Innern kuppelreich,
Die Mauern außenher gemacht dem Boden gleich.

11 Alswie der Schmetterling in Glut zerrinnen sie,
Nicht wie der Seidenwurm sich selbst einspinnen sie.

12 Ihr Herzlieb an der Brust, ihr Herzlieb suchen sie,
Mit trockner Lippen Durst, im Wasser bis ans Knie.

13 Ich sage nicht, daß sie nicht haben Wassers Füllen,
Ich sage, daß sie selbst im Nil den Durst nicht stillen.

(81.)

1 Gleichwie die Selbstigkeit aus Wasser und aus Lehmen,
Will Lieb' auch die Geduld und will die Ruh dir nehmen.

2 Im Wachen wird von ihm das Wangenmal dich plagen,
Den Fußblock Seines Traums wirst du im Schlafe tragen.

3 In Treue legst du so das Haupt zu Seinem Fuß,
Daß dir in Seinem Sein der Welt Sein schwinden muß.

4 Da in des Liebsten Aug' wohnt deinem Golde bei
Kein Wert, ist Gold und Staub an Wert dir einerlei.

5 Vertraut wird dir nicht mehr ein anderer Geselle,
Denn neben ihm wie hätt' ein andrer eine Stelle!

6 Du sagst: in meinem Aug' ist seine Wohnung ja;
Und schließest du das Aug', ist er im Herzen da.

7 Du hast nicht Furcht, ein Spott zu sein im Leutemunde,
Und hast die Kraft nicht Ihn zu missen eine Stunde.

8 Will er die Seele, legst du auf die Lippen sie;
Legt er das Schwert ans Haupt, legst du das Haupt aufs Knie.

(82.)

1 Da Liebe, deren Bau auf Luft gegründet steht,
Regt solche Stürme, wo ihr Machtgebot ergeht:
2 Was wunderst du dich, daß die Pilger ihrer Pfade
Du siehest untergehn im Geisteswogenbade!
3 Daß selbst berauscht sie sind von ihren Liebesklagen,
Und, Ihn im Sinn, Verzicht auf beide Welten sagen:
4 Aus Lust am liebsten auf ihr Leben unbedacht,
Ihn denkend, auf das All daneben unbedacht:
5 Entfliehend dem Geschöpf, weil sie ins Herz Ihn schließen,
Vom Schenken so berauscht, daß sie den Wein vergießen:
6 Zu heilen sind sie nicht mit einem Heilungskraut,
Weil niemand in den Grund von ihren Schmerzen schaut.
7 „Bin Ich nicht?" klingt der Ruf von ewig ihrem Ohr,
Und laut: „sie sprachen Ja" antwortet stets ihr Chor.
8 Die Schar werkthätiger stillsitzender in Feier,
Im Staube wandelnder und atmender im Feuer.
9 Sie rücken einen Berg durch einen Schrei vom Ort,
Und raffen eine Stadt durch einen Seufzer fort.
10 Sie sind dem Winde gleich verborgen und auf Schwingen,
Und sind dem Steine gleich in Schweigen und Lobsingen.
11 So reichlich weinen sie am frühen Morgen wach:
Des Schlafes Schminke wäscht aus ihrem Aug' ein Bach.
12 Erlegen ist ihr Roß vom scharfen Ritt der Nacht,
Und morgens klagen sie, daß sie's nicht weit gebracht.
13 Die Nacht wie Tag im Meer voll Brand und Wellenschlag,
Werden sie im Gedräng gewahr nicht Nacht und Tag.

14 So von des Bildners Schön' ist ihr Gemüt bethört,
Daß sie die Schönheit läßt des Bildes ungestört.

15 Und wenn ein schön Gebild einmal sie schauen an,
So sehn von Gottes Kunst sie das Geheimniß dran.

16 Kein Herzbegabter gab sein Herz der Hülle hin,
Wenn auch ein Thor es that, der ohne Hirn und Sinn.

17 Dem wird der reine Wein der Einheit zugemessen,
Der diese Welt dabei und jene kann vergessen.

(83.)

1 Mir ward erzählt, daß einst wandt' eines Bettlers Sohn
Sein Aug' auf einen, der geboren war zum Thron.

2 Er ging, indem er ein ungar Verlangen kochte,
Mit der Einbildung Zahn den Wunsch erschnappen mochte.

3ᵃ Des Prinzen Rennbahn war nie leer von ihm zu sehn,
Als ob er müßte dort wie die Rennsäule stehn;

3ᵇ Und immer war er da, wo man ihn sah ausreiten,
Als wär' im Schachbrett er der Thurm an Rosses Seiten.

4 Sein Herz ward Blut, und still im Herzen blieb sein Sehnen;
Doch stecken blieb sein Fuß im Strome seiner Thränen.

5 Die Wächter wurden sein geheimes Weh gewahr,
Und sagten: stelle dich am Ort hier nicht mehr dar.

6 Er ging ein Streckchen, dann dacht' er des Schönen wieder,
Und ließ sich wiederum im Gau des Schönen nieder.

7 Ein Sklave schlug ihm Kopf und Hand und Fuß entzwei:
Ward dir's nicht schon gesagt? komm hier nicht mehr herbei!

8 Und wieder ging er fort, und Halt und Hast ihm fehlte,
Des Liebsten Angesicht zu missen Kraft ihm fehlte.

9 Man jagte wie die Flieg' ihn immer weg vom Zucker,
Und immer kam zurück im nächsten Nu der Schlucker.

10 Zu ihm sprach einer: „Ei Wahnsinn'ger ohne Zügel,
Geduldig wunderbar bist du für Stein und Prügel."

11 Er sprach: „Dies Ungemach kommt mir von seinen Härten,
Und nicht zu klagen ziemt ob Freundes kleinen Härten.

12 Hier bin ich, und für ihn in Freundschaft halt' ich still,
Ob er als Freund, ob er als Feind mich halten will.

13 Verlange nicht von mir, mich seiner zu enthalten,
Da selbst bei ihm für mich ist keine Ruh enthalten.

14 Zu dulden keine Kraft, kein Raum um mich zu sträuben,
Kein Mittel zu entfliehn, und keine Statt zu bleiben.

15 Sag nicht, daß ich mein Haupt vom Zelt hier wegbewege,
Ob er den Strick ums Haupt mir wie dem Zeltpflock lege.

16 Ist nicht der Schmetterling, der stirbt dem Licht zu Fuß,
Viel besser dran, als der im Finstern leben muß?"

17 Sprach jener: „Wenn du schmeckst von ihm des Schlägels Prall?"
Er sprach: „So fall' ich ihm zu Füßen wie der Ball."

18 Sprach jener: „Wenn dein Haupt er mit dem Schwert wird schlagen?"
Er sprach: „Die Kleinigkeit werd' ich ihm ab nicht schlagen.

19 Wie würde Kunde selbst vom Haupte mir zu Teil,
Ob überm Scheitel mir die Kron' ist, ob das Beil?

20 Mit Schelte wolle nicht mich fassungslosen kränken,
Weil bei der Liebe nicht an Fassung ist zu denken.

21 Und wenn das Auge mir wie Jakob sollt' erblinden,
Ließ' ich die Hoffnung nicht auf Josephs Anblick schwinden.

22 Wenn wer für einen hat den Kopf voll süßen Weines,
Der wird nicht übel ihm gleich nehmen jedes Kleines."

23 Dem Fürsten küßt' einmal der junge Mann den Bügel,
Trob er in Zorn geriet und wandt' ihm ab den Zügel.

24 Doch jener lächelnd sprach: „Zurück nicht sollst du ziehn
Den Zügel, denn es wird vor Nichts kein Sultan fliehn.

———

24 Vor einem Nichts wie ich.

8*

25 Vor deinem Dasein ist kein Dasein mir geblieben,
In deiner Liebe blieb kein Raum mich selbst zu lieben.

26 Wenn du mich fehlen siehst, darfst du mich nicht verklagen:
Denn deinen Kopf hast du gestreckt aus meinem Kragen.

27 Mit solchem Mut schlug ich die Hand in deinen Bügel,
Weil ich nicht dacht' an mich in eigenem Geflügel.

28 Ich zog des Griffels Strich durch meinen Namen hin,
Und setzte meinen Fuß aufs Haupt dem eignen Sinn.

29 Selbst wird mich schon der Pfeil des trunknen Auges töten:
Was brauchest du die Hand mit deinem Schwert zu röten?"

30 Wirf Feuer nur ins Schilf und geh vorüber risch!
Denn übrig bleibet nichts, was dürr ist und was frisch.

(84.)

1 Ich hörte, daß bei Klang von Saitenspiel und Lied
Ein junges Schönheitsbild entzückt in Tanz geriet.

2 Und da so manches Herz umher in Flammen stand,
Ergriff der Kerze Brand urplötzlich sein Gewand.

3 Da ward ihm das Gemüt verstört und zornesvoll:
Doch von den Liebenden sprach einer: „Wozu Groll?

4 Dir hat, o Liebchen, nur den Saum gesengt das Feuer,
Und mir in Flammen auf ging meine ganze Scheuer." —

5 Bist du ein Liebender, darfst du an dich nicht denken:
Du kannst nicht dein sein und zugleich dem Freund dich schenken.

6 Ein Herz, das liebumstrickt der Herzgeliebte hält,
Ist ledig aller Sorg' um sich und alle Welt.

(85.)

1 Mein weiser Meister war's, der dieses mir erzählte:
Daß einst ein Schwärmender das Feld zur Wohnung wählte.

2 Seit er entflohen, aß sein Vater nicht noch schlief;
Die Leute schalten drum den Sohn aus, doch er rief:

3 „Seitdem den seinigen mich hat der Freund genannt,
Ist mir kein andrer mehr bekannt und anverwandt." —

4 So wahr Er lebt! seit mir die wahre Schön' Er wies,
Erblickt' ich nichts mehr, das sich nicht als Schein erwies.

5 Der Welt abhanden kommt, der ihr sich abgewandt,
Da den abhanden ihm gekommenen er fand.

6 Die irregehenden, die unterm Himmel rennen,
Man kann sie wilde Thier' und kann sie Engel nennen;

7 Sie ruhn den Engeln gleich niemals von Gottes Preise,
Und fliehn vor Menschen Tag und Nacht in Thieresweise.

8 Von Arme sind sie stark und von gebundner Hand,
Berauschte nüchterne, Wahnsinn'ge mit Verstand:

9 Bald rastend in der Zell' und flickend ihre Kutten,
Bald schwärmend beim Gelag, zerpflückend ihre Kutten;

10 Wie ohne Menschenscheu so sonder Eigendünkel,
Ohne Gesellschaft in der Gotteseinheit Winkel:

11 Zerstreuten Gemüts, umstreunender Gedanken,
Ausschließend guten Rat von ihrer Ohren Schranken.

12 Im Wasser fürchtet nicht die Ente zu ertrinken,
Der Salamander bebt nicht vor der Flamme Blinken.

13 Die Männer leer an Hand und vollgenährt an Geist,
Die ohne Karawan in Wüsten sind gereist,

14 Beifall erwarten sie nicht von der Kreatur,
Denn ihnen ist genug der Beifall Gottes nur:

15 Ehrwürdige, die sich dem Blick der Welt verdecken,
Nicht unterm Ordenskleid den Feuergurt verstecken;

16 Sie sind wie Reben reich an Frucht und Schattenfülle,
Nicht wie wir andern schwarz von Werken, blau von Hülle:

17 Beschauungsvoll das Haupt einziehend muschelgleich,
Meerähnlich nicht die Hand erhebend schaumflutreich.

18 Haft du das Glück zum Freund, so fliehe du geschwind
Vor jenen, die im Kleid von Menschen Dewe sind.

19 Denn nicht besteht der Mensch allein aus Haut und Bein,
Und eine Seele wohnt nicht jedem Bildnis ein.

20 Der Sultan mag in Dienst nicht nehmen jeden Knappen;
Ein Lebender steckt nicht in jedem Kleid von Lappen.

21 Wenn alle Tropfen Thau zu lauter Perlen würden,
So brächte man zu Markt von Perlen ganze Bürden.

22 Sie ziehn Luftspringern gleich den Fuß nie ruhig ein;
Gewaltig schreitet auf des Kranichs Stelzenbein.

23 Die Zecher aber von des ew'gen Bunds Gelag,
Berauscht von einem Schluck bis zur Posaun' am Tag,

24 Vor Schwertern ziehen sie vom Wunsch die Hand nicht ein:
Denn Mäßigkeit und Lieb' ist Glasgefäß und Stein.

(86.)

1 Ein seines Liebchen hatt' ein Mann in Samarkand,
Das führte statt der Red' im Munde Zuckerland:

2 Ein Schönheitsbild, das mit der Sonn' es wol aufnahm,
Liebreiz, durch den zu Fall der Bau der Andacht kam:

3 O Gottes Preis! soweit gesteckt der Anmut Grenzen,
Daß sie alswie ein Vers der Gnade schien zu glänzen.

4 Sie wandelte dahin und jedes Aug' ihr nach,
Und jedes Freundesherz ein Liebesopfer brach.

5 Es blickte nach ihr hin der Lüsterne verstohlen:
Sie ward's einmal gewahr und braust' auf unverhohlen:

6 „Wirrköpfiger, wielang verfolgst du meine Spur?
Weißt du nicht, daß ich bin kein Vogel deiner Schnur?

7 Wenn ich dich noch einmal erblicke, mit dem Stoß
Des Schwertes treff' ich dich wie Feinde schonungslos."

8 Da sprach zu ihm ein Freund: „Nun zieh dich aus dem Spiel,
Zieh anderwärts dich um nach einem leichtern Ziel.

9 Ich glaube nicht, daß du wirst diesen Wunsch erlangen:
Du setzest, fürcht' ich, nur den Kopf aus Herzverlangen."

10 Der treue Dulder, als die Scheltred' er vernahm,
Zog einen Seufzer aus dem Busen voller Gram:

11 „Laß es geschehen, daß von Todesschwertes Streiche
In Staub sei und in Blut gewälzet meine Leiche.

12 O möchte man von mir vor Feind und Freunde sagen:
Von dieser Hand ist er, von diesem Schwert erschlagen.

13 Aus dieser Gasse Staub ist mir die Flucht verschlossen;
Sei meiner Wange Flut von Unhuld nur vergossen!

14 O selbstgefälliger, du predigst Buße mir;
Doch Buße wäre für die Predigt besser dir.

15 Hab Mitleid nicht mit mir! Denn was mein Lieb beschlossen,
Ob auf mein Blut es zielt, es ist mir lieb beschlossen.

16 In seinem Feu'r verbrenn' ich jede Nacht, es ruft
Ins Leben wieder mich im Morgenhauch sein Duft.

17 Wenn heut in Liebchens Gass' ich soll zum Tode schreiten,
So schlag' ich morgen auf mein Zelt an Liebchens Seiten."

18 O wend' um keinen Preis in diesem Kampf den Rücken!
Denn Saadi lebt erst, seit er starb in Liebentzücken.

(87.)

1 Ein Durst'ger rief, als er den Geist aufgeben wollte:
„O dreimal glücklich, wer im Wasser sterben sollte!"

2 Da sprach ein junger Fant: „O wunderbar, mich deucht,
Wer stirbt, dem gilt es gleich, ob trocken oder feucht."

3 Doch jener: „Soll ich nicht die Zunge noch mir netzen,
   Daß ich mein Leben mög' auf ihre Spitze setzen?" —

4 Wenn ein Verdurstender ins Wasserbecken sinkt,
   Was fragt er, ob er auch, wann er sich labt', ertrinkt?

5 Bist du ein Liebender, halt am Gewandsaum ihn;
   Und wenn er sagt „gib her dein Leben", sag „nimm hin!"

6 Bei diesem Feste wirst du deinen Wunsch empfahn,
   Wenn aus dem Becher du den letzten Trunk gethan.

(88.)

1 Die Überlieferung hab' ich von Wanderern
   Des Heilswegs, armen reich, die Bettler sind beim Herrn:

2 Daß auf Almosen ging ein Bettler morgens aus,
   Und seinen Anruf that vor einem Gotteshaus.

3 Da sprach ein Mann zu ihm: „Hier wohnen keine Leute,
   Die etwas geben dir, was wartest du auf Beute?"

4 Er sprach: „Wer ist's denn, der in diesem Hause wohnt,
   Der keinen Dürstigen mit seiner Gnade lohnt?"

5 Doch jener sprach: „Sei still, was sprichst du Thörichter?
   Der Herr von diesem Haus ist unser aller Herr."

6 Kronleuchter sah er nun und den Altar der Wand,
   Und einen Seufzer zog er aus der Leber Brand:

7 „Ein Jammer wär' es, daß ich sollte weiter gehn,
   Ein Schade, hoffnungslos vor dieser Thüre stehn.

8 Aus keiner Gasse bin ich ungewährt gegangen:
   Wie aus dem Haus des Herrn ging' ich mit bleichen Wangen?

9 Auch hier will ich die Hand des Gehrens strecken aus;
   Ich weiß, ich gehe nicht mit leerer Hand hinaus." —

10 Ich hörte, daß er dort ein Jahr saß auf den Stufen,
    Und seine Hand erhub, wie die um Hülfe rufen.

11 In einer Nacht sank ihm des Lebens Fuß im Schlamm,
Und pochend ihm das Herz in Todesschwäche schwamm.

12 Früh brachte wer die Lamp' ihm an das Haupt, und sah
Ihn der Frühlampe gleich schon dem Verlöschen nah.

13 Doch er mit einem Schrei rief gellend aus: „Wer an
Das Thor der Großmut pocht, dem wird es aufgethan." —

14 Dem Suchenden geziemt zu dulden und zu tragen;
Ich hörte, niemals dürf' ein Alchimist verzagen.

15 O wieviel Stücke Gold bringt er zur schwarzen Erde
In Hoffnung, daß zu Gold ihm einst ein Messing werde.

16 Gut ist, um was dafür zu kaufen, ein Goldhaufen;
Was kannst du bessers als des Liebsten Antlitz kaufen?

17 Wenn enge dir das Herz um ein Herzliebchen ward,
So findest du zum Trost ein andres bessrer Art;

18 Trag um ein saueres Gesicht nicht bittern Mut,
Das Feuer lösche du mit anderweit'ger Flut:

19 Doch wem kein Gleiches ist an Schönheit zu erfragen,
Um kleine Kränkungen mußt du ihm nicht entsagen;

20 Wol eines solchen Freunds mag sich dein Herz begeben,
Von dem du weißt, daß du vermagst ohn' ihn zu leben.

(89.)

1 Ich hörte, daß ein Scheich die Nacht in Andacht wachte,
Und, als der Tag anbrach, Gott sein Gebet darbrachte.

2 Ein Himmelsherold warf ihm diesen Gruß ins Ohr:
„Geh deines Wegs, du bist verstoßen hier am Thor.

3 Dein Flehn nimmt man nicht an in diesem Throngemach;
Wo dir nicht Ehre wird, was bleibst du da in Schmach?"

4 Doch wieder in der Nacht schlief er vor Beten nicht;
Da sprach ein Jünger, dem geworden der Bericht:

5 „Du siehest, daß man dich von dieser Thüre stieß:
Was willst du länger dich bemühen ohn' Erprieß?"

6 Doch der Bekümmerte goß auf den Teppich lind
Von Thränen einen Strom und sagte: „Liebes Kind!

7 O glaube nicht, wenn er mir wendet ab die Zügel,
Daß ich darum die Hand abzieh von seinem Bügel.

8 In Hoffnungslosigkeit hätt' ich mich abgewandt
Von diesem Thore, wär' ein beßres mir bekannt.

9 Denn, wird von einer Thür der Bittend' abgewiesen,
Wenn er ein' andre weiß, läßt er sich's nicht verdrießen.

10 Ich hört' es wol, kein Weg bleibt mir in dem Geheg,
Doch keine Aussicht bleibt mir auch auf andern Weg."

11 So senkt' er hin sein Haupt im Staube der Ergebung,
Da sagte man ins Ohr der Seel' ihm zur Erhebung:

12 Obgleich Verdienst dir fehlt, bist du doch angenommen,
Weil du hast außer uns kein andres Unterkommen.

(90.)

1 Hört, wie das junge Weib bei einem alten Mann
Klag' über des Gemahls Lieblosigkeit begann:

2 „O wolle nicht, daß mir mit diesem wilden Knaben
In Bitterkeit die Zeit des Lebens sei begraben.

3 Die andern, die mit uns im gleichen Hause sind,
Ich sehe nicht, daß sie im gleichen Brause sind.

4 So freundlich leben sie, Gemahl mit dem Gemahle,
Zwei Mandeln scheinen sie zu sein in einer Schale.

5 In all der Frist sah ich von meinem Gatten nicht,
Daß er einmal gelacht mir hätt' ins Angesicht." ,

6 Es hörte dieses Wort der alte geistesklare;
Wortkundig ist ein Mann, der lebte lange Jahre.

7 Ein' Antwort gab er ihr voll Anmut und Gewicht:
„Ertrag ihn immer, wenn er schön ist von Gesicht." —

8 Verlust ist es, von dem das Antlitz abzuwenden,
Dem wir an Schönheit gleich nicht einen andern fänden.

9 Warum entziehst du dich dem, der, wenn dir er sich
Entzieht, dir durch die Schrift des Daseins zieht den Strich?

10 Ergib dich dem Befehl des Herrn in Dienerweise,
Weil keinen Herrn wie ihn du siehst im Weltenkreise.

(91.)

1 Jüngst ging für einen Knecht mein Herz in Rührung auf,
Der also sprach, als ihn sein Herr gab zum Verkauf:

2 „Wol manchen bessern Knecht bekommst du leicht als mich,
Doch einen Herrn wie du bekomme niemals ich."

(92.)

1 In Merw war einst ein Arzt von Engelschönheitsreine,
Sein Wuchs war die Cypress' im Herzensgartenhaine.

2 Nicht Kunde nahm der Arzt von kranker Herzen Kunde,
Vom Schmachten seines Augs hatt' er auch keine Kunde.

3 Ein fremder kranker Mann berichtet wundervoll:
„Mit meinem Arzte war mir's eine Zeitlang wohl.

4 Ich wünschte selber nicht Gesundheit zu erlangen,
Aus Furcht, es käme dann nicht mehr mein Arzt gegangen." —

5 Wie manchen trotzigen Verstand voll Übermacht
Die Liebesleidenschaft hat unter sich gebracht!

6 Zupft einmal Leidenschaft nur die Vernunft beim Ohr,
So wagt's Besinnung nie und hebt das Haupt empor.

(93.)

1 Ein Mann verfertigte sich einen Stahlhandschuh,
  Und schritt getrost dem Kampf mit einem Löwen zu.

2 Doch als der Löw ihn hielt in seiner Hand von Stahl,
  Da ward sein Stahlhandschuh ihm unnütz auf einmal.

3 „Was liegst du wie ein Weib?" rief einer da ihm zu:
  „Triff ihn doch auf den Kopf mit deinem Stahlhandschuh."

4 Der arme, hört' ich, sprach in solcher Niederlage:
  „Es geht nicht, daß man so mit einem Leun sich schlage." —

5 Siehst die Vernunft vom Kampf der Liebe sich bedräuen,
  Das ist derselbige Stahlhandschuh mit dem Leuen.

6 In eines Löwen Hand, der seinen Mann im Nu
  Daniederschlägt, bist du; was hilft dein Stahlhandschuh?

(94.)

1 Ein Liebesbund vereint' einst zwei Geschwisterkinder,
  Schön wie die Sonne beid' und hohen Stamms nicht minder.

2 Doch wie das eine war im höchsten Grad gefällig,
  So war das andre scheu, störrisch und ungesellig.

3 Und wenn das eine hold den Blick gelichtet hatte,
  Das andre finster ihn zur Wand gerichtet hatte.

4 Das eine schmückte sich mit angenehmen Sitten,
  Das andre wußte Gott nur um den Tod zu bitten.

5 Den Knaben nahmen da des Dorfes Älteste vor:
  „Du liebst sie nicht, gib ihr zurück den Brautschatz, Thor!"

6 Er lacht' und sprach: „Es soll mich reuen nicht ein Haufen
  Von hundert Schafen, um die Freiheit zu erkaufen."

7 Sie ritzte sich die Haut mit ihren Nägeln auf:
  „Wie gäb' ich je den Freund um solchen Bettel auf?"

8 Nicht hundert Schafe, nein, dreihundert tausend nicht
Nähm' ich und säh' nicht mehr des Freundes Angesicht." —

9 Was immer dein Gemüt dem Freunde will entziehn,
Betracht es nicht, du hast Gemütsruh nur durch ihn.

(95.)

1 An einen, der im Geist verzückt war, schrieb man dies:
Was wünschest du für dich, Höll' oder Paradies?

2 Darauf antwortet' er: Das müßt ihr mich nicht fragen;
Was Ihm behagen mag, das laß' ich mir behagen.

(96.)

1 Zu Medschnun sagte wer: „Was ist dir, Freund, geschehn,
Daß du am Lagerort nicht mehr dich lässest sehn?

2 Der Rausch von Leila gährt dir wol im Kopf nicht mehr?
Dein Sinn hat sich gewandt, und kocht dein Topf nicht mehr."

3 Der arme hörte das und weinte blut'gen Schaum:
„Ich bitte, Freund, o laß die Hand von meinem Saum!

4 Selbst hab' ich Schmerzen gnug im wunden Herzensgrunde,
Du bohre mir nicht auch den Stachel in die Wunde.

5 Entfernung ist nicht stets aus Gleichmut nur entsprungen,
Entfernung von der Lieb' ist oft nur notgedrungen."

6 Der andre sprach darauf: „Getreuer Edler, sage,
Hast du nicht einen Gruß, den ich zu Leila trage?"

7 Er sagte: „Thu vor ihr nicht meinen Namen kund;
Denn laut zu werden ziemt mir nicht vor ihrem Mund."

(97.)

1 Man wollte den Geschmack des Schah's von Gasna schelten:
„O Wunder, sein Ejas kann doch für schön nicht gelten!

2 Wenn weder Farbenglanz noch Duft hat eine Rose,
Wie seltsam ist's, daß ihr die Nachtigall liebkose!"

3 Dem Sultan trug dies Wort jemand in Eile zu,
Und der nachdenklich hört' ihm eine Weile zu.

4 „Mein Lieben", sprach er, „ruht auf seines Sinns Gehalt,
Und nicht auf seinem Wuchs und Leibeswohlgestalt." —

5 Nun hört' ich, daß einmal ein Maulthier mit den Lasten
Im Bergweg fiel, wobei zerbrach ein Perlenkasten.

6 Des Sultans Großmut gab den Schatz den Leuten preis,
Und setzt' ohn Aufenthalt zu Rosse fort die Reis'.

7 Da waren hinter Perl' und Glas die Reuter her,
Und dachten bei der Beut' an ihren Schah nicht mehr.

8 Von allen, denen stolz zu Haupt die Haube saß,
Blieb keiner auf der Spur des Königs als Ejas.

9 Der König sah sich um, und jener kam ihm nach;
Der Anblick that ihm wohl wie Rosen, und er sprach:

10 „O du, von Lockennacht umfloßnen Wangenlichts,
Was trugst von Beute du davon?" Er sagte: „Nichts.

11 Du siehst, daß ich einher auf deinen Spuren ritt,
Und nicht um Schätze ward ich deines Dienstes quitt." —

12 Wenn Zutritt zum Palast dir höchste Gnade gab,
So wende nie vom Schah dich dein Bedürfnis ab.

13 Das ginge sehl des Wegs, wenn die vom Herrn Erwählten
Vom Herrn sonst einen Wunsch als nur den Herrn erwählten.

14 Wenn du vom Freunde noch Wohlthaten kannst verlangen,
So bist du nicht beim Freund, du bist bei dir gefangen.

15 Solange von Begier dir noch der Mund steht offen,
Hast du nicht für dein Ohr Geheimnisgruß zu hoffen.

16 Sieh, aufgeschlagen ist ein Offenbarungszelt,
Doch Staubeswirbel regt die Lieb' und Lust der Welt;

17 O siehst du nicht, daß wo Staub aufgestiegen ist,
Dein Auge blind ist, wenn du selbst schon sehend bist?

(98.)

1 Durch Magreb wanderten ich und aus Fariab
Ein Scheich; zu einem Fluß trug uns der Wanderstab.

2 Mich nahmen sie ins Schiff fürs letzte Silberstück,
Der arme hatte keins, ihn ließen sie zurück.

3 Die Schwarzen ruderten das Schiff wie Dampf davon;
Denn ohne Gottesfurcht war jene Region.

4 Als mir aus Sorg' um ihn die Flut ins Auge lief,
Da lachte jener laut vom Ufer her und rief:

5 „O laß nicht Gram um mich, verständ'ger Mann, dich nagen;
Der dieses Schifflein trägt, der wird mich selber tragen."

6 Den Beteteppich legt' als Brück' er übern Saum
Des Wassers; ein Phantom ist's, dacht' ich, oder Traum!

7 In der Verwunderung mein Auge Nachts nicht schlief;
Am Morgen blickte da der Mann mich an und rief:

8 „Was bist du so erstaunt, o edler weis' und klug,
Daß mich getragen Gott, weil dich das Schifflein trug?" —

9 Warum beherzigt nicht der Thoren Übermut,
Daß Gottesmänner gehn durch Flut und Feuerglut?

10 Ist nicht ein Kindelein, das nichts vom Fener weiß,
Davor behütet durch der Mutter Liebesfleiß?

11 Nun, die versunken sind im Meer der Liebesglut,
Das Auge Gottes hält sie Tag und Nacht in Hut.

12 Er hütet vor der Glut das Leben Elchalil's,
Wie Mojes Kasten vor den Strömungen des Nil's.

13 Der Knab', der sicher in des Fährmanns Händen ruht,
Erschrickt nicht, wenn sich breit ergießt des Tigris Flut.

14 Doch wie kannst du als Mann den Fuß aufs Wasser setzen,
Da auf dem Trocknen du liegst in des Kleinmuts Netzen!

12a Elchalil = Abraham.

(99.)

1 Die Wege der Vernunft sind voll von Irrgewinden,
Doch für die Liebenden ist nichts als Gott zu finden.

2 Wol sagen darf man das dem Wesenheiterkenner,
Doch mäkeln werden dran die schulgelehrten Männer:

3 „Was also wäre denn die Erd' und was der Himmel,
Das menschliche Geschlecht und thierische Gewimmel?"

4 Gefällig fragst du mich, Verständ'ger, nach dem allen;
Ich sag' es dir, laß auch die Antwort dir gefallen.

5 Die Berg' und Himmelshöhn, die Thäler und das Meer,
Der Menschen und Peri'n, Dewen und Engel Heer,

6 Sie alle, die da sind, sind minder als der Eine,
In dessen Dasein hat ein jegliches das seine.

7 Vor deinen Augen ist das Meer an Wellen breit,
Und hoch am Himmel ist der Sonne Herrlichkeit:

8 Doch, die da sind im Schein, wie könnten sie dahin
Gelangen in das Reich derer, die sind im Sinn,

9 Wo, wenn die Sonn' ist was, sie ist ein Sonnenstäubchen,
Und sieben Meere, wenn sie sind, ein Wassertränschen!

10 Der Herr der Herrlichkeit, wann er die Fahn' erhebt,
Sieh, wie die Welt ihr Haupt im Schoß des Nichts begräbt!

(100.)

1 Der Oberste des Dorfs ging mit dem Sohn zur Reise:
Sie kamen durch des Schah's Hoflagers Sonnenkreise.

2 Trabanten sah daselbst der Sohn, und Schwert und Bogen,
Der Gürtel Goldgestick, der Röck' atlassne Wogen;

3 Die Bogenschützen kühn zum Werk der Jagd gerüstet,
Und Dienerschar, die sich mit Pfeil und Köcher brüstet;

4 Dem einen um die Brust der Leibrock seidenweich,
Dem andern auf dem Kopf die Haube fürstengleich.

5 Wie er nun all die Pracht und Herrlichkeit erblickt,
Erschien der Vater ihm gar sehr herabgedrückt.

6 Verloren war sein Halt und seine Farb' entwich,
In einem Winkel flugs vor Furcht verkroch er sich.

7 Da sprach der Sohn: „Du bist des Dorfes Oberer doch,
Und trägst in Macht das Haupt vor hohen Häuptern hoch.

8 Wie kommt es, daß dich so Mutlosigkeit erfaßt
Und du vor Schrecken bebst alswie ein Weidenast?"

9 Der Vater sprach: „Ich bin Gebieter immerhin,
Doch gilt mein Ansehn nur, solang' im Dorf ich bin." —

10 Verwirrung hat den Sinn der Großen drum befangen,
Weil ihm die Majestät des Throns ist aufgegangen.

11 Du aber, weil so groß dir noch dein Ansehn ist,
Zeigst, daß aus deinem Dorf du nicht gekommen bist.

12 Die Meister haben nie ein Wörtchen vorgetragen,
Wozu uns Saadi nicht ein Gleichnis könnte sagen.

(101.

1 Du hast wol, wann die Nacht in Wald und Felde feuchtet,
Ein Würmchen schon gesehn, das wie ein Lämpchen leuchtet.

2 Zu ihm sprach einer einst: Sag an, wie du das meinst,
O Würmchen, daß du Nachts, und nie am Tag erscheinst?

3 Nun gebet Acht, wie solch ein Würmchen staubgeboren
Aus leuchtendem Verstand gab Antwort einem Thoren:

4 „Bei Tage wie bei Nacht bin ich im Felde zwar,
Doch vor der Sonne Licht ist meines unsichtbar."

(102.)

1 Mit Lobpreis trat ein Mann zu Sengi's Sohne Saad
'Ob dessen Staube sei des Allerbarmers Gnad'!);
2 Mit einem Ehrenkleid belohnt' er ihn und Geld,
Und nach Verdienst ward er dem Throne nah gestellt.
3 In Goldschrift las er da den Thronspruch: „Gott allein!"
Und von der Brust riß er das Kleid in Liebespein.
4 Ein Feuerschauder war's, der so ihn überkam,
Daß stracks er aufsprang und den Weg zur Wüste nahm.
5 Dort fragt' ihn einer von der Wüste Wohngenossen:
„Wie ist dir solcherlei Verwandlung zugestoßen?
6 Da du den Boden erst geküßt an den drei Stellen,
Wie durftest du zuletzt auf flücht'gen Fuß dich stellen?"
7 Da lächelt' er und sprach: „Zuerst von Furcht und Hoffen
Mit Zittern war mein Leib wie Weidenlaub betroffen;
8 Doch endlich durch die Kraft des Wortes 'Gott allein'
War aus den Augen mir geschwunden Groß und Klein."

(103.)

1 Einst war in einer Stadt von Syrien ein Tumult,
Dabei ergriffen ward ein Alter ohne Schuld.
2 In meinem Ohre klingt noch immer jener Gruß,
Wie, da in Fesseln ihm gelegt ward Hand und Fuß,
3 Er sprach: „Wenn nicht ein Wink vom höchsten Sultan käme,
Wer dürft' es wagen, daß er mich gefangen nähme?
4 Ich nehm' als meinen Freund solch einen Feind in Acht,
Dem über mich der Freund gegeben hat die Macht.
5 Ob Ehr' und Glück es sei, ob Schmach es sei und Leid,
Von Gott erkenn' ich es, und nicht von Amr und Seid." —

5 Amr und Seid -- der und jener, Hinz und Kunz.

6 Laß dir, Verständiger, nicht vor der Krankheit bangen,
  Wenn bittre Arzenei du wirst vom Arzt empfangen.

7 Nimm hin, was aus der Hand dir des Geliebten kommt:
  Der Arzt weiß besser als der Kranke, was ihm frommt.

(104.)

1 Ein Mann gab einst, wie ich, sein Herz in fremde Hand
  Zu Liebespfand, woraus ihm große Not entstand.

2 Er, der vordem den Ruhm der Sinnigkeit getragen,
  Ward wahnsinnshalber gleich der Trommel jetzt geschlagen.

3 Um Freundes willen gern ertrug er Feindes Plack:
  Denn Gift aus Freundes Hand ist bester Theriak.

4 Es ward ihm Schlag auf Schlag von der Genossen Schar,
  Und wie ein Nagel bot er seine Stirne dar.

5 So drang die Phantasie mit Sturm in seine Sinne,
  Daß unterm Fuß gestampft lag seines Hirnes Zinne.

6 Er nahm von Schmähungen der Freunde keine Kunde;
  Denn dem Ertrunknen schlägt der Regen keine Wunde.

7 Gleichgültig kann das Glas des guten Namens sein
  Dem, dessen Herzensfuß gestoßen an den Stein. —

8 Der Teufel, der das Bild des Schönen angenommen,
  War in des jungen Manns Umarmung Nachts gekommen.

9 Dem ward am Morgen drauf unstatthaft das Gebet;
  Doch das Geheimnis blieb den Freunden unerspäht.

10 Er stieg in aller Früh in eine Flut zu baden,
   Die hatte Frost der Nacht gesperrt mit Marmorgaden.

---

7 An ten Stein anstoßend zerbricht das Glas (vgl. oben 85, 24), aber daran denkt
nicht, wer mit tem Fuß selbst an ten Stein stößt — das kleinere Übel vertrieben von
tem größern.

11 Ein Mahnender begann darob ihn auszuschelten:
„Du gibst dir selbst den Tod in dieses Wassers Kälten."

12 Vom sitt'gen Jünglinge hört' ich den Ausruf steigen:
„Was soll mir, guter Freund, dein Tadel? laß ihn schweigen.

13 Erst seit fünf Tagen nahm das Herz mir jener Knabe,
Des Liebe so mir that, daß ich nicht Ruhe habe.

14 So freundlich war er nicht, nach mir einmal zu fragen;
Und sieh, mit ganzer Seel' hab' ich sein Joch getragen.

15 Nun jener, der den Leib mir aus der Erde schuf,
Und eine Seele drin mit seinem Werde schuf —

16 Was wunderst du, daß ich mich füge seinem Joch,
In dessen Gnad' und Huld ich bin so lange doch!"

(105.)

(Von der Musik.)

1 Bist du ein Liebesmann, so trage deine Ketten,
Und wenn du nicht es bist, so suche dich zu retten.

2 Erzittre nicht, daß dich zu Staub die Liebe macht,
Denn ewig wirst du sein, wenn sie dich umgebracht.

3 Nie ist gewachsen und nie wachsen wird ein Laub
Aus Samen, ohne daß wird fest darauf der Staub.

4 Der hat zu Göttlichem die Weihung dir gegeben,
Der von dir selber hat Befreiung dir gegeben.

5 Denn weil du bist bei dir, gelangst zu dir du nicht;
Nur wer nicht bei sich ist, weiß davon den Bericht.

---

16 b nicht erst fünf Tage wie im Dienst des Geliebten. Die Argumentation hat für
uns keine Kraft, weil unser Gefühl das erotische Verhältnis solcher Art abstößt, auch
die ceremoniöse Gottesverehrung solcher Art. Es ist aber an sich tief und innig genug. Der Jüngling hat sich von der sinnlichen Liebe zu der göttlichen erhoben.

6 Nicht Saitenspiel, der Klang von eines Rosses Huf
Ist dir Musik, wenn du vernahmst der Liebe Ruf.

7 Vorm Liebentzückten kann nicht tanzen eine Mücke,
Daß mückengleich die Händ' er übers Haupt nicht zücke.

8 Nicht Baß kennt noch Discant der sinnverstörte Thor,
Ihn reizt zu Klaggetön der laute Vogelchor.

9 Der Sänger selber hört zu singen niemals auf,
Allein zu hören ist das Ohr nicht immer auf.

10 Wenn in den Liebesrausch Verstörte sind versunken,
Macht eines Wasserrads Getöne schon sie trunken;

11 Alswie das Wasserrad drehn sie im Kreise sich),
Und gleich ihm um sich selbst weinen sie bitterlich.

12 Sie, die ergebungsvoll den Kopf im Kragen tragen,
Wenn die Geduld nun reißt, zerreißen sie den Kragen.

13 O schilt den Derwisch nicht, der trunken taumeln muß;
Er ist es, der ertrinkt, drum zuckt er Hand und Fuß.

14 Was die Musik sei, mußt du, Bruder, mich nicht fragen;
Wer der Musikfreund sei, das mußt du erst mir sagen:

15 Wenn von des Sinnes Höhn sich schwinget sein Gefieder,
So senkt vor seinem Flug sich selbst der Engel nieder;

16 Doch wenn er ist ein Mann des Spiels, des Tands, der Lust,
So wird der Teufel nur ihm stärker in der Brust.

17 Wenn er Musikmann ist und Knecht der Sinnlichkeit,
Macht Wohlgetön ihn schlafberauscht, nicht rauschgeweiht.

18 Am Morgenwind mag sich entzückt die Ros' entfalten,
Ein Holzblock aber wird vom Beile nur gespalten;

19 Die Welt ist voll Musik und Lust und Rausch, doch was
Sieht eines Blinden Aug' in einem Spiegelglas?

20 Siehst du nicht das Kamel, wie Arabergesang
Es in Entzückung setzt? zum Tanze wird sein Gang:

---

7 b in viel variirter Anschauung spielend aufgefaßt, die Mücke, auch die Ameise,
schlägt die Hände über dem Kopf zusammen.

21 Ist dem Kamel das Haupt vom Rausch genommen ein;
Der Mensch, dem's so nicht ist, der muß ein Esel sein.

(106.)

1 Süß auf der Flöte Rohr ein Jüngling lernte spielen,
Davon alswie in Rohr in Herzen Funken fielen.

2 Der Vater manchmal warf darob ein Scheltwort scharf
Ihm zu, und selber auch das Rohr ins Feuer warf.

3 Da hört' in einer Nacht er spielen seinen Sohn,
Und in Entzücken so setzt' ihn der Flöte Ton:

4 Er rief, indem der Schweiß drang aus der Stirn hervor:
„Ins Feuer hat mich selbst geworfen jetzt das Rohr." —

5 O weißt du nicht, warum im Tanz nach allen Seiten
Derwische trunkene so ihre Händ' ausbreiten?

6 Ein Offenbarungsthor erschließt sich ihren Herzen,
Und aus den Händen streun das Dasein sie mit Scherzen.

7 Zu Freundes Ehren ist der Tanz erlaubt dem Mann,
Der schütteln eine Seel' aus jedem Ärmel kann.

8 Gesetzt, daß meisterlich und mannhaft auch im Fluß
Du schwimmest, nackt nur kannst du regen Hand und Fuß.

9 Zieh aus das Heuchelkleid von Namen, Ehr' und Stand;
Denn hülflos ist ein Mann im Wasser mit Gewand.

10 Besitz ist unfrei und hat vorm Gesicht den Schleier,
Wenn du die Bande brichst, bist du des Glückes Freier.

(107.)

1 Zum Schmetterlinge sprach ein Fremder: „Kleiner Wicht,
Warum erwählst du dir gemäße Liebschaft nicht?

2 Geh eines Wegs, auf dem du siehst der Hoffnung Schein:
Du hier, die Kerze dort, was habet ihr gemein?

3 Sal'mander bist du nicht, versuche nicht die Glut:
Um in den Kampf zu gehn, bedarf es Mannesmut.

4 Die blinde Maus verkriecht sich vor dem Sonnenstrahl,
Und nur der Unverstand trotzt einer Faust von Stahl.

5 Wer andres, wie du weißt, dir nie im Sinne trug
Als Feindschaft, den zum Freund zu nehmen ist nicht klug;

6 Gewiß sagt niemand dir, du habest gut gethan,
Daß du dein Leben hast in solche Hut gethan.

7 Der Bettelmann, als er freit' um des Sultans Tochter,
Bekam Schläg' hinters Ohr, und eitle Sehnsucht tocht' er.

8 Wie sollt' in Anschlag wol dich bringen eine Braut,
Nach der von Königen und Fürsten wird geschaut?

9 O bilde dir nicht ein, daß anders als verspotten
Sie wird bei ihrem Fest solch einen Bankerotten.

10 Und wenn mit Freundlichkeit sie alle wird begaben,
Unglücklicher, für dich wird sie nur Gluten haben." —

11 Gib Acht nun, was darauf der glühnde Schmetterling
Erwidert: „Brenn' ich denn, ist das so großes Ding?

12 Wie Abraham hab' ich ein Feuer in der Brust,
Und diese Funken sind die Rosen meiner Lust.

13 Noch ferne war sie mir, als sie mich schon verbrannte,
Nicht damals erst, als ich die Glut in ihr erkannte.

14 Das Herz nicht ist es, das der Liebe Saum ergreift,
Es ist die Liebe, die die Seel' am Kragen schleift:

15 Von selber hab' ich nicht ins Feuer mich gestürzt,
Der Sehnsucht Kett' ist um den Nacken mir geschürzt.

16 Das was an Lieblichkeit das Liebchen hat gethan,
Nicht mit Enthaltsamkeit kämpft man dagegen an.

17 Wer darf mich schelten, daß ich werb' um ihren Gruß?
Da ich zufrieden bin zu sterben ihr zu Fuß.

18 Weißt du, warum ich so begierig bin zu sterben?
Wo sie nur da ist, ziemt um Nichtsein mir zu werben.

19 Ich brenne, sollt' ich nicht? Daß von des Liebchens Glut
Er selbst sei angesteckt, ist dem Verliebten gut.

20 Was mahnest du mich nur?: such einen standesgleichen
Genossen dir, an den auch deine Schmerzen reichen!

21 Wer den Verliebten schilt, das ist als ob man spricht
Zu dem vom Skorpion gestochnen: winsle nicht!

22 Verschwende doch an den nicht deiner Weisheit Schatz,
Von dem du weißt, daß er dafür hat keinen Platz.

23 Dem Reiter bügellos, dem Zaum und Zügel brach,
Ruft man vergebens zu: Geselle, reit gemach!

24 Wie artig ist der Spruch im Buche Sindubad:
Lieb' ist das Feu'r, o Sohn, und Wind der gute Rat.

25 Mit jedem Windhauch wird das Feuer glutiger,
Mit jedem Angriff wird der Tiger blutiger.

26 Wenn ich es recht beseh, hast Unrecht du gethan,
Daß du mich weisest nur auf meines gleichen an.

27 Ein besserer als du sei dir zu Nutz erkoren:
Mit einem gleichen hast du deine Zeit verloren.

28 Die Selbstgefälligen gehn auf bequemer Spur,
Ein Liebestrunkener auf der Gefahren Flur.

29 Sobald ich mich begab in diese Lebensfahr,
Begab ich mich zugleich des Lebens ganz und gar.

30 Im Liebesspiele setzt sein Haupt ein der Getreue,
Sein eigen Selbst hat lieb der Mutlos-opferscheue.

31 Vom Hinterhalte fällt doch einst der Tod mich an,
Drum ruf' ich lieber ihn von holden Händen an.

32 Da doch der Untergang ist über uns verhängt,
Heil dem, der lieblich ihn von Lieblichen empfängt.

---

24 Sindubad, ein altes Buch der Sprüche, in Text gebracht von Afreti. Die Übersetzung hat Sinkubad gedehnt, um wie im Persischen zu reimen.

33 Wirst du nicht eines Tags unrettbar sterben müssen?
Drum stirbst du besser gleich zu des Geliebten Füßen."

(108.)

1 Eins Nachts, erinnr' ich mich, als nicht mein Auge schlief,
Hört' ich den Schmetterling, wie er zur Kerze rief:

2 „Ich bin ein Liebender, brenn' ich, so ist es gut;
Woher kommt aber dir das Weinen in der Glut?"

3 Sie sprach: „O armer, der du mußt um mich erblassen,
Es hat mein süßer Freund, der Honig, mich verlassen.

4 Seitdem mich, der so süß wie Schirin war, verließ,
Brenn' ich alswie Ferhad, da Schirin ihn verstieß."

5 So sprach sie, und ihr rann einmal ums andre wieder
Der heiße Schmerzenstrom die bleichen Wangen nieder:

6 „O Prahler, geh, kein Werk für dich ist Liebesbrand,
Ausdauer hast du nicht, noch Mut zu halten Stand.

7 Die Flucht ergreifst du roh vor einem Fünkchen Glanz,
Ich aber steh bis ich herabgebrannt bin ganz.

8 Wenn einen Flügel dir der Liebe Kuß verbrannt,
Sieh mich an, wie er mich von Kopf zu Fuß verbrannt."

9 Sie sprach's, und noch war nicht ein Teil der Nacht vergangen,
Da löschte plötzlich sie ein Knab' mit Feuerwangen.

10 Sie rief, indem der Rauch ihr stieg zu Kopfe schon:
„Das ist das Ende, das die Liebe nimmt, mein Sohn.

11 Das ist der Weg, wenn du ihn kennen lernen willst:
Nur das Erlöschen ist's, womit den Brand du stillst." —

12 Wein' überm Grabe nicht des, der von Liebe starb;
Sprich ein ‚Gott sei gelobt' daß er die Lieb' erwarb.

---

3 b Der Honig. Es ist nämlich die Wachskerze, die spricht.

13 Bist du ein Liebender, entzieh dich nicht dem Schmerz:
Wie Saadi, zieh zurück vom Irb'schen Hand und Herz.

14 Der Todgeweihte geht kühn seinem Ziel entgegen,
Mag regnen auf sein Haupt Stein= oder Pfeileregen.

15 Geh nicht aufs Meer, ich hab' es dir gesagt, gib Acht!
Und gehst du doch, so gib dich in der Fluten Macht.

Vierte Pforte.

Demut.

(109.)

1 Geschaffen hat dich Gott aus Erdenstaub allein,
Drum wie die Erde sollst du unterwürfig sein.

2 Sei kein von Gier und Wut entflammtes Ungeheuer,
Aus Erde schuf dich Gott, o sei nicht gleich dem Feuer.

3 Als sich das Feu'r gesträubt mit schrecklicher Geberde,
Demütigte vorm Herrn in Unmacht sich die Erde:

4 Weil nun den Hochmut es, die Demut sie erkor,
So ging aus ihm der Dew, aus ihr der Mensch hervor.

(110.)*

1 Ein Regentröpfchen fiel aus einer Wolke Schoß,
Beschämt war's, als es sah das Meer so weit und groß.

2 „Da wo das Meer ist", sprach's, „was bin ich an dem Ort?
In Wahrheit, wo es ist, ein Nichts nur bin ich dort."

---

⁴ [Der Dew, böse Geist.]
* Die schöne Parabel, die in Göthe's Diwan viel schöner. [Anfang des Buches der Parabeln.]

3 Weil's mit dem Auge der Verachtung selbst sich sah,
Nahm eine Muschel es ans Herz und pflegt' es da.

4 Das Schicksal wendete zu solchem Ziel sein Loos,
Daß eine Perl' es ward, wert eines Schatzes bloß.

5 Sich selbst erniedrigt' es, daß Hoheit es empfing,
Pocht' an des Nichtseins Thor, daß es zum Sein einging.

(111.)

1 Ein Jüngling von Verstand und edler Sinnesart
Kam nach Rumili einst auf einer Meeresfahrt.

2 Dort, als sie Adel sahn, Demut und Urteilskraft
An ihm, gewährten sie ihm Aufnahm' ehrenhaft.

3 Das Haupt der Brüderschaft lud eines Tags ihn ein:
Halt unsere Moschee von Staub und Unrat rein.

4 Sobald als dieses Wort dem Pilger zugekommen,
Verschwand er, und von ihm ward nichts mehr wahrgenommen.

5 Da schlossen alsofort die Jünger und der Pir,
Es fehl' an Rüstigkeit des Dienstes dem Fakir.

6 Der Tempeldiener traf ihn auf der Straßen an
Des andern Tags; und sprach: „Du hast nicht wohl gethan.

7 Du hast wol nicht bedacht, selbstsüchtiger Geselle,
Daß Männer nur durch Dienst erreichen eine Stelle."

8 Da hub er an und weint' aus lautrer Herzensglut,
Und sprach zu jenem: „Freund voll Güt' und Edelmut!

9 Nicht Staub noch Unrat sah ich an dem Orte dort,
Und unrein war allein ich an dem reinen Ort.

10 Deswegen zog ich mich zurück und dacht', es sei
Besser der heil'ge Raum von Dorn und Distel frei." ---

5 Pir, persisch soviel wie das arabische Scheich.

11 Ein Derwisch kann nicht gehn auf anderm Ordenswege,
Als daß er in den Staub sich selber niederlege.

12 Wenn du Erhöhung willst, erniedre dich: denn weiter
Gibt's, um auf den Altan zu steigen, keine Leiter.

(112.)

1 Ich hört', es kam einmal an einem Festtag grade
Der heil'ge Bajesid aus einem warmen Bade.

2 Da goß man unversehns herab von einem Haus
Voll Aschen eine Schal' ihm übern Scheitel aus.

3 Er rief, Kopfbund und Haar besudelt vom Gestieb,
Indem er mit der Hand des Danks sein Antlitz rieb:

4 „O meine Seele, da das Feuer ich verdien',
Um etwas Asche dürft' ich mein Gesicht verziehn?" —

5 Die Edlen haben nie den Blick auf sich gerichtet;
Selbsichtigkeit hat auf Gottsichtigkeit verzichtet.

6 Wer hoch den Kopf trägt, fällt, daß er den Nacken bricht;
Wenn du Erhöhung willst, so such Erhöhung nicht.

(113.)

1 Beim Weltkind suche nicht den Heilsweg der Erbauung,
Und nicht bei dem sich selbst Ansehnden Gottbeschauung.

2 Wenn du dich willst erhöhn, so thu' nicht wie die Niedern,
Die mit Verachtungsblick begegnen ihren Brüdern.

3 Kann ein Verständiger im Wahn befangen sein,
Daß er von Gravität sein Ansehn müsse leihn?

4 Du kannst nicht höhern Rang dir vor dem Volk erbitten,
Als daß dich's nennt den Mann von angenehmen Sitten.

5 Wenn Hochmut gegen dich zeigt deines gleichen einer,
Mit Augen der Vernunft siehst du darum ihn kleiner;

6 Auch du, wenn Hochmut du feilhalten willst, mein Guter,
Erscheinest andern so, wie dir ein Hochgemuter.

7 Wenn dir vergönnet ist auf Höhen hin zu wallen,
So lach, o Weiser, nicht ob jenem, der gefallen.

8 Denn mancher stand wol hoch und ist zu Fall gekommen,
Und seinen Platz hat ein Gefallner eingenommen.

9 Gesetzt auch, daß an dir nicht mög' ein Fehler haften,
Deswegen schelten mußt du nicht mich fehlerhaften.

10 Der Kaaba Pfortenring mag hier der eine ziehn,
Und dort der andre fall' in Schenken trunken hin;

11 Wenn diesen Er beruft, wer will ihn ein nicht lassen?
Und treibt Er jenen aus, wer holt ihn von der Straßen?

12 Auf seine Werke kann sich jener nicht berufen,
Und nicht vor diesem sind verlegt der Reue Stufen.

(114.)*

1 Die Überlieferer des heil'gen Wortes sagen,
Daß (Friede sei mit ihm!) vordem in Jesu Tagen

2 Gelebt ein Mann, von dem das Leben war verloren,
Weil er im Pfade ging der Irren und der Thoren;

3 Ein frecher, ein schwarzangeschriebner, herzenshart,
Von des Unsauberheit beschämt selbst Iblis ward.

---

* Dies Stück ist eine Umbildung der neutestamentlichen Parabel vom Pharisäer und Zöllner im Tempel, und teilt die Mängel ähnlicher Stücke biblischen Ursprungs im Koran, in welchen die Eigentümlichkeit und Anschaulichkeit eines besondern Zustandes überall erst in ein Allgemeines verschwemmen, dann aus diesem ein phantastisches Fratzenhaftes herausgebildet ist. Gleichwol wird man hier nicht verkennen, wie über einen zerstörten alten Stoff eine neue Poesie am Ende glorreich triumphirt.

3 b Iblis, diabolus.

4 Er hatte seine Tag' unnütz in Wind gestreut,
   In seinem Leben nie ein Menschenherz erfreut.

5 Sein Kopf leer von Vernunft, und voll von Einbildungen,
   Sein Bauch von Bissen feist, die frevelnd er verschlungen;

6 Von Unrechtfertigkeit war ihm der Saum beschmitzt,
   Und seiner Sünden Schmutz den Sein'gen angespritzt.

7 Ihm fehlt' ein Fuß, um grad wie Sehende zu gehn,
   Ein Ohr, um guten Rat wie Menschen zu verstehn.

8 Die Leute flohn vor ihm alswie vor bösen Zeiten,
   Einander zeigend wie den Neumond ihn von weiten.

9 Sein Speicher ward verzehrt von Lohen seiner Lust,
   Und guten Namens war kein Körnchen unterm Wust.

10 Soweit sein Schwelgen trieb er, der sich schwarz anschrieb,
   Daß schon in seinem Buch kein Raum zu schreiben blieb:

11 Ein Diener seiner Lüst', in Geistesschlaf versunken,
   Am Tag und in der Nacht im Taumel und betrunken.

12 Ich hörte nun, daß aus der Wüste Jesus kam,
   An eines Beters Schrein den Weg vorüber nahm.

13 Da stieg der Eremit hernieder aus der Zelle,
   Und fiel zu Füßen ihm, den Kopf gesenkt zur Schwelle.

14 Von weitem aber stand der glückverlaßne Sünder,
   Geblendet, wie vom Licht ein Schmetterling, nicht minder

15 Sehnsüchtig sah er drein mit der Beschämung Zeichen,
   Alswie ein Bettler auf die Hand sieht einem Reichen.

16 Vergebung rief er an mit leiser Herzensklage
   Für die in Geistesschlaf verbrachten Nächt' und Tage.

17 Des Kummers Thräne rann vom Aug' ihm wie ein Bach:
   „In Geistesschlafe ging dahin mein Leben, ach!

18 Des Lebens baares Geld hab' ich geworfen hin,
   Und mir zu Handen kam des Gutes kein Gewinn.

19 O möchte so wie ich das Leben Keiner haben,
   Der so viel besser, als am Leben, ist begraben.

20 Geborgen ist, wer in der Zeit der Kindheit starb,
Daß er mit greisem Haupt Beschämung nicht erwarb.

21 Der du erschufst die Welt, die Sünde von mir nimm!
Denn wenn sie bei mir bleibt, ist die Gesellschaft schlimm."

22 So betet' er, das Haupt beschämungsvoll gesenkt,
Die Wange von der Flut sehnsücht'ger Reu getränkt.

23 Indes wehklagend hier der alte Sünder stand:
„Hilfreicher Hort der Welt, o reiche mir die Hand!",

24 Erhob der Fromme dort sein Haupt voll Selbstvertrauen,
Und wies dem Bösewicht von weitem herbe Brauen:

25 „Was hat den Taugenichts gebracht auf unsre Spur?
Der Unglückselige, was will bei uns er nur?

26 Der über Hals und Kopf gestürzt ist in das Feuer,
Und der dem Wind der Lust preisgab des Lebens Scheuer;

27 Was hat Verdienstliches seine befleckte Seele,
Daß er zum Umgang mich und den Messias wähle?

28 Daß die Beläst'gung er von hinnen nehme nur,
Und zu der Hölle fahr' auf seiner Werke Spur!

29 In Unmut macht mich sein unholder Anblick wallen;
Ich fürchte, daß auf mich sein Feuer könne fallen.

30 Wo die Erstandenen zu der Versammlung gehn,
Laß mich nicht dort, o Gott, mit diesem auferstehn!" —

31 In dieser Stunde kam vom Herrn der Majestät
Eröffnung Jesu zu (ihm sei Preis und Gebet):

32 „Wenn der ein Weiser hier, und der dort ist ein Thor,
Dem Anruf beider will ich nicht entziehn das Ohr.

33 Der, dem des Lebens Tag in der Verkehrtheit schwand,
Geschrien hat er zu mir aus Herzens Weh und Brand.

34 Wer aber zu mir kommt hülflos in seiner Schuld,
Will ich nicht werfen von der Schwelle meiner Huld.

35 Erlassen sei ihm was in Werken er verstieß,
Durch meine Gnade nehm' ich ihn ins Paradies.

36 Und wenn der fromme Mann desselben sich will schämen,
Im ewigen Palast den Sitz bei ihm zu nehmen,

37 Wolan, daß seiner Ehr' es keinen Eintrag thut,
Zum Garten bringen soll man jenen, ihn zur Glut." —

38 Denn dieser stützte sich auf seine Frömmigkeit,
Indessen jenem war das Herz voll blut'gem Leid.

39 Nicht wußt' er, daß vorm Thron des allgnugsamen Reichen
Hilflosigkeit mehr gilt, als stolzer Selbstsucht Zeichen.

40 Wem rein ist das Gewand, der Wandel ist befleckt,
Kein Riegel ist für ihn der Hölle vorgesteckt.

41 An dieser Schwelle sind für dich Armut und Schwächen
Besser als frommer Dienst und Selbstsichheiligsprechen.

42 Wenn du für gut dich hältst, bist du ein schlechter Baum;
In jener Selbstigkeit ist nicht für Selbstheit Raum.

43 Bist du ein Mann, sprich nicht von deiner Mannheit all!
Viel Ritter hat der Schah, nicht jeder schlägt den Ball.

44 Wie Zwiebel lauter Haut fand sich ein Wicht beim Schluß:
Wer dacht', es sei in ihm ein Kern wie in der Nuß?

45 Ein solcher Gottesdienst wird dir nicht wohl gedeihn:
Geh, bitte du den Herrn, den Fehldienst zu verzeihn!

46 Was ist ein Trunkenbold, der taumelnd irre geht?
Was ein sich selber schwer es machender Asket?

47 Askes' und Gottesfurcht und Reinheit übe ja;
Nur treib' es weiter nicht als selber Mustafa!

48 Stell' übermäßig auch das Weiße nicht zur Schau;
Denn weiß und schwarz zugleich ist widerwärtig grau:

49 Nicht Nutzen hat vom Dienst der unverständ'ge Knecht,
Der gut ist gegen Gott und gegen Menschen schlecht.

50 Von weisen Männern bleibt das Wort zum Angedenken:
Von Saadi mögest du nur dieses Wort bedenken:

[47] [Mustafa, Mohammed.]

51 Ein Sünder, der in Furcht sich vor dem Herren neigt,
Ist besser als wer fromm im Dienst sich gerne zeigt.

(115.

1 Ein Rechtsgelehrter, alt von Kleidern, leer von Hand,
Saß in der Gäste Reihn beim Kadi längs der Wand.

2 Der Kadi lenkte scharf nach ihm des Blickes Lauf,
Und der Aufpasser nahm beim Ärmel ihn: „Steh auf!

3 Ist es dir nicht bekannt? so hoch ist nicht dein Ort:
Sitz' unten hin, und willst du dort nicht sein, geh fort!

4 Den Vorsitz führen ist nicht jedermanns Belang;
Dem Vorzug wird die Ehr' und dem Verdienst der Rang.

5 Warum soll man dich hier noch ferner sehn und rügen?
Diese Beschämung laß als Strafe dir genügen." —

6 Wer sich den niedern Sitz in Ehren läßt gefallen,
Der wird in Schande nicht herab vom höhern fallen.

7 Vor Angesehenen sollst du nicht stolz dich brüsten:
Hast du nicht Klau'n, laß dich nicht Löwenart gelüsten. —

8 Da sah der weise Mann in Bettelmannsgewanden,
Daß, wo er saß, das Glück von ihm war aufgestanden,

9 Ohnmächtig schnob er Dampf und Rauch wie Feueressen,
Und setzte niederer sich hin als er gesessen.

10 Der Rechtsgelehrten Chor begann zu disputiren,
In Eifermut von Nie und Nicht zu discutiren.

11 Sie machten unter sich das Thor der Zwiespalt weit,
Und steiften strack auf Ja und Nein den Hals im Streit.

12 Sie waren Hähnen gleich kampfmutigen zu schauen,
Die sich zu Leibe gehn mit Schnäbeln und mit Klauen.

13 Der war wie außer sich, berauscht von Zorn, und frisch
Mit beiden Fäusten schlug ein andrer auf den Tisch).

14 Verwickelt waren sie in Knoten über Knoten,
Zu deren Lösung war kein Ausweg dargeboten.

15 Der Mann im alten Kleid, der unterst' in der Reihe,
Alswie ein Leu im Forst einbrach er mit Geschreie,

16 Und rief: „Ihr Obersten im Lager des Propheten,
Um Offenbarung, Recht und Schule zu vertreten!

17 Beweise bündige sind's, die den Sieg gewannen,
Des Halses Sennen nicht, die zum Disput sich spannen.

18 Zum Spiele führ' auch ich den Schlägel und den Ball."
Sie sprachen: „Wenn du weißt das Rechte, sag es all!"

19 Nun richtet' er aufs Knie der Ehre sich empor,
Und löste seine Zung', und schloß den Mund dem Chor.

20 Wie er zum Sachbeweis, beredten Griffels, ging,
Grub er ihn Herzen ein, wie ein Gepräg dem Ring.

21 Er hob vom Bildlichen das Haupt zum Wesentlichen,
Bis die Behauptungen er rings hatt' ausgestrichen.

22 Man rief ihm Heilgruß zu von jedem fernsten Teil:
„Heil über deinen Sinn und Geist, vieltausend Heil!"

23 Worauf er weiter noch das Roß der Rede trieb,
Daß eselgleich im Kot der Kadi stecken blieb.

24 Den eignen Turban holt' er aus der Kammertruh',
Mit Ehr' und Freundlichkeit schickt' er ihn jenem zu:

25 „Ich habe leider erst nicht deinen Wert erkannt,
Zu deiner Ankunft nicht den schuld'gen Dank verwandt.

26 Mir thut von Herzen leid, in solchem Hochberufe
Dich, wie du bist, zu sehn auf also niedrer Stufe."

27 Der Diener eilte hin mit herzlichem Verbinden
Des Kadi Turban ihm sogleich ums Haupt zu winden.

28 Das wehrt' er ab mit Hand und Munde: „Bleib mir weit!
Nicht lege mir ums Haupt den Fußblock Eitelkeit!

29 Ich würde morgen vor altrockigen Gesellen
Den Kopf steif halten mit dem Bund von funfzig Ellen.

29 Der Herkunft: die 50 Ellen wol sprichwörtlich übertrieben.

— —

30 Wenn sie mich Mewlana und Vorsitzführer nennten,
Wie leicht dann andre mir verächtlich scheinen könnten!

31 Kommt lauterm Wasser wol ein Unterschied davon,
Ob man in Krüg' es schöpft von Silber oder Thon?

32 Vernunft ist noth im Haupt des Mannes und Gehirne,
Nicht noth ist mir gleich dir ein Turban um die Stirne.

33 Nicht durch Großköpfigkeit wird man zum großen Herrn;
Der Kürbis auch ist groß von Kopf und ohne Kern.

34 Stolzire mit dem Bund und mit dem Bart nicht so;
Denn nur von Baumwoll' ist dein Bund, dein Bart von Stroh.

35 Diejenigen, die sich nur nach dem Bilde zeigen
Wie Menschen, besser ist's, wenn sie wie Bilder schweigen.

36 Begründe deinen Wert mit guter Eigenschaft,
Und nicht alswie Saturn sei hoch und unglückhaft.

37 Das Schilfrohr strecke sich zur Höhe nur empor,
Doch in sich selbst bewahrt den Wert das Zuckerrohr.

38 Verstand und Hochsinn schreibt dir niemand zu deswegen,
Weil hundert Sklaven dich begleiten auf den Wegen.

39 Wie richtig hat gesagt die Eselsperl' im Lehmen,
Die ein Unwissender begierig wollt' aufnehmen:

40 Ein Kluger wird für mich nicht geben einen Deut;
Wer mich in Seide faßt, der ist nicht recht gescheut.

41 Meinst du, daß höhern Wert gemeines Gras empfängt,
Wenn's in die Mitte sich von Purpurnelken drängt?

42 Kein Vorzug ist durchs Gut dem reichen Mann verliehn;
Esel ist Esel, deckst du gleich mit Atlas ihn." —

43 In dieser Weise wusch mit frischem Redeborn
Der redetund'ge Mann aus seiner Brust den Zorn.

— —

³⁴ b von Stroh, bildlich: wie Heu, Stoppeln ꝛc.
³⁶ b Saturn, ein Unglücksstern.
³⁹ a Eselsperle - unechte oder Glaskoralle, womit man Pferde- und Eselsgeschirre
schmückt, die also oft in Lehm (Kot) fallen mögen.

44 Ein Herzgekränkter pflegt ein scharfes Wort zu führen;
Wo dir ein Gegner liegt, da mußt du rasch dich rühren.

45 Wenn sich die Hand dir beut, schlag' deinen Feind aufs Haupt;
Durch die Gelegenheit wird das Gemüt entstaubt.

46 Den Kadi ließ er so getroffen von dem Schlag,
Daß er verzweifelnd rief: „Das ist ein Unglückstag!"

47 Er nagte sich die Hand des schlimmen Handels wegen;
Wie einen Wunderstern starrt' er ihn an verlegen.

48 Der rüst'ge wendete voll Mut sein Angesicht,
Ging weg, und fürder fand man seine Spuren nicht.

49 Die Edlen des Gelags erhuben ein Geschrei:
„Der Übermütige, von wo kam er herbei?"

50 Ein Scherge rannt' ihm nach, um rings umher zu spähn:
„Wer hat hier einen Mann von solcher Art gesehn?"

51 Und einer sprach: „Uns ist ein Redner so gewandt
Nur einer in der Stadt, nur Saadi uns bekannt." —

52 Ein Heilgruß tausendfach sei dem, was er gesprochen;
Die herbe Wahrheit ward nie lieblicher gesprochen.

(116.)

1 Es war ein Fürstensohn vordem in Gendsche's Auen,
Ein „Gott behüte dich vor den unheil'gen Klauen";

2 Er kam in die Moschee betrunken mit Gesang,
Den Kopf voll Wein, indes die Hand den Humpen schwang.

3 Doch hatt' im heil'gen Schrein ein Frommer seinen Ort,
Sein Herz einfältig, herzgewinnend war sein Wort.

4 Es waren Lernende versammelt um den Lehrer:
Kannst du kein Lehrer sein, sei wenigstens ein Hörer.

5 Unehrerbietung ward vom Trotzigen geübt:
Den Ehrenwerten ward dadurch das Herz betrübt.

6 Wo sich in schlechter Sitt' ergehn des Fürsten Schritte,
Wer wagt da laut das Wort zu reden guter Sitte?

—

7 Der Rose fühlen läßt die Übermacht der Lauch,
Und vor der Trommel Schall verstummt der Flöte Hauch.

8 Wenn einem Unfug du zu wehren hast die Hand,
So sitze nicht wie hand- und fußlos festgebannt.

9 Und wenn dir fehlt die Hand der Thatkraft, nun so sprich:
Denn das Gemüte durch Ermahnung reinigt sich.

10 Blieb nicht der Hand und nicht der Zung' ein Spielraum frei,
Zeigt durch Gesinnungen ein Mann, daß Mann er sei. —

11 Vorm weisen Manne, der still saß in dem Verschluß,
Weint' einer laut, das Haupt tief senkend vor Verdruß:

12 „Sprich einmal ein Gebet ob jenem frechen Mann;
Denn wir sind ohne Zung' und ohne Hand im Bann.

13 Ein brünst'ger Odemzug aus einer Brust voll Heil
Wirkt siebzigmal soviel als Pfeilwurf oder Beil."

14 Der welterfahrne Greis erhob darauf die Hände
Und sprach: „O Herr der Welt am Anfang und am Ende!

15 Dem jungen Manne geht die Zeit nach Wohlgefallen;
Gott, laß ihm alle Zeit in Lust vorüberwallen!"

16 Ein Schüler sprach zu ihm: „O Muster der Gerechten,
Warum erbittest du das Gute für den Schlechten?

17 Wenn Heil dem Bösewicht du flehest vom Belohner,
Hast Unheil du erfleht für alle Stadtbewohner."

18 Der Mann mit scharfem Blick des Geistes aber sprach:
„Verstehst du nicht das Wort, so schweig und denke nach.

19 Ich bin mit leerem Prunk nicht ins Gelag gegangen;
Ich bat, daß er vom Herrn Bekehrung möcht' erlangen.

20 Sobald zurück er kommt von seiner schlimmen Weise,
Wird er zu ew'ger Lust eingehn im Paradeise.

21 Die ganze Lust ist hier nur die Fünftagefrist,
Die für beständige dort hinzugeben ist."

22 Die Worte, die der Mann der wohlberedte sprach,
Sprach einer jener Zahl beim jungen Fürsten nach.

23 Ins Auge wolkengleich trat ihm der Rührung Thau,
Den Strom der Reu ergoß er auf die Wangenau.

24 Der Strahl der Sehnsucht kam mit Glut ihn zu durchzücken,
Scham heftete den Blick ihm auf des Fußes Rücken.

25 Zum menschenfreundlichen Weltweisen sendet' er,
Pochend ans Thor der Buß': „O komm zum Beistand her!

26 Bemühe deinen Fuß, auf daß mein Haupt ich beuge,
An Ungerechtigkeit und Thorheit Reu bezeuge." —

27 Am Thore war das Heer zweireihig aufgestellt,
Als der Beredtsame betrat des Schahes Zelt.

28 Da sah er Zucker, Wein und Seim und Kerzen drin,
Das Haus der Lust gebaut, und wüst der Menschen Sinn:

29 Ganz außer sich der ein', und halbberauscht der eine,
Ein andrer sang ein Lied und schwang ein Glas mit Weine.

30 Von einer Seit' erhob der Spielmann Tönebraus,
Und von der andern rief der Schenke: „Trinket aus!"

31 Hier Zecher, taumelnde, von Weinrubin bethaute,
Dort Lautner, deren Haupt vor Schlaf sank gleich der Laute.

32 Da waren allen hochgemuten Trinkgenossen,
Nur der Narzisse nicht, die Augen halb geschlossen.

33 Aduss und Laute mit einander stimmten ein
In leise klagenden klangvollen Melodein.

34 Der Weise gab Befehl und alles ward zerschlagen,
In Hefen ward verkehrt das lautre Lustbehagen.

35 Das Lautenspiel zerbarst, das Saitenspiel zersprang,
Und aus dem Kopf verlor der Sänger seinen Sang.

36 Die Tonn' im Schenkgemach vom Wurf des Steins geschröpft,
Der Kürbis hingepflanzt und mit dem Schwert geköpft.

37 Getränke floß, darin die Laute köpflings sank,
Indes die Ent' im Blut aus ihrem Bauch ertrank.

36 b Der Kürbis, Kürbisflasche oder von der Ähnlichkeit überhaupt Flasche.
37 b Ente scheint ein Gefäß [Rückert übersetzt nach dem Texte bei Carington].

38 Das Faß, das mit dem Wein neun Monat schwanger war,
Kam ins Gedräng, daß es sein Kindlein fehlgebar.

39 Auf bis zum Nabel ward der Bauch geschlitzt dem Schlauch,
Der Becher hatte Blut darob im Thränenaug'.

40 Der Mann ließ das Gestein des Estrichs in dem Saal
Aufbrechen und den Ort neu machen allzumal.

41 Denn durch Abwaschen war von rosenfarbnem Wein
Die rothe Schminke nicht zu bringen aus dem Stein.

42 Kein Wunder, daß Mißfarb' und Wüstheit ihn befiel:
Er hatt' an diesem Tag getrunken gar so viel.

43 Der junge Mann, berauscht von Übermut und Dünkel,
Saß wie ein frommer Greis nun in der Andacht Winkel.

44 Der Vater mahnte sonst voll Ernst ihn fort und fort:
„Anständig sei dein Thun, und säuberlich dein Wort."

45 Er trug des Vaters Zorn, Gefängnis, Kerkerhaft:
Nichts wirkte so alswie ein gutes Wort voll Kraft.

46 Der milde Redner, hätt' er ihm gesagt mit Strenge:
„Räum' aus dem Kopfe flugs Rausch, Jugend und Gesänge",

47 So hätt' ihm seines Wahns Einbildung eingegeben,
Daß er den Derwisch nicht gelassen hätt' am Leben.

48 Den brüllenden Löwen schreckt nicht die geballte Faust,
Wie vorm gezückten Schwert der Tiger nicht ergraust.

49 Mit Lindigkeit kann man dem Feind das Fell abziehn:
Begegne hart dem Freund, zum Feinde machst du ihn.

50 Mag einer hartgestirnt alswie der Amboß sein,
Der Hammer guter Zucht geht seinem Kopf doch ein.

51 Führ auf den Fürsten nicht des Wortes harten Streich;
Wenn er dir Starrheit zeigt, erzeige du dich weich.

52 Bequeme du der Art von jedermann dich an,
Sei er ein Oberhaupt, sei er ein Unterthan.

53 Der übern Kopf das Kleid des Trotzes zieht, geh ihn
Mit sanfter Red' an, und er wird den Kopf einziehn.

54 Die süße Zunge führt den Schlägel nach dem Balle;
Der Ungestüm nur führt im Mund beständig Galle.
55 Von Saadi mögest du Süßmundigkeit erwerben;
Und mag der Sauertopf an seiner Schärfe sterben!

117.)

1 Ein Zuckerlachender bot Honig zum Verkauf,
Von dessen Süße ging Feu'r in den Herzen auf;
2 Ein schlank Gewächs im Gurt alswie ein Zuckerrohr,
Und mehr als Fliegen war um ihn ein Käuferchor.
3 Und wär' er meinethalb mit Gift zu Markt gesessen,
Sie hätten's aus der Hand wie Honig ihm gegessen.
4 Da warf ein Sauertopf auf ihn den Blick und nahm
Es übel, daß so rasch im Schwunge war sein Kram.
5 Am andern Tage fing er an einher zu ziehn
Mit Honig auf dem Kopf und Essig in der Mien'.
6 Mit jämmerlichem Schrei'n rannt' er vor und zurücke,
Nicht mocht' auf seinen Seim sich setzen eine Mücke.
7 Nachts, als ihm kein Erlös war in die Hand gekommen,
Saß er im Winkel hin mit Mienen herzbeklommen:
8 Wie bei Strafpredigten der Sünder Fratzen zieht;
Wie des Gefangnen Brau', wenn er den Festmond sieht.
9 Da sprach das Weib mit Scherz zu ihrem Ehgemahle:
„Der Honigseim wird herb in eines Mürr'schen Schale." —
10 Zur Hölle bringt den Mann ein finsteres Gemüte,
Denn freundlich Wesen ist des Paradieses Blüte.
11 Geh, und das Wasser trink' lauwarm vom Flußgestade
Eh' als vom Mürrischen eiskalte Limonade.
12 Verpönt sei dessen Brot, der, wo er Gäste sieht,
Zusammen seine Brau' alswie sein Tischtuch zieht.

13 Mach, guter Freund, dir selbst es schwer nicht in der Welt!
    Des Übellaun'gen Glück ist auf den Kopf gestellt.

14 Gesetzt auch, daß du hast kein Silber und kein Gold;
    Warum hast du kein Wort, wie Saadi, süß und hold?

(118.)

1 Ich hört', ein weiser Mann und frommer Gottesknecht,
   Am Kragen packt' ihn jüngst ein Schlemmer weinbezecht.

2 Vom finstergeistigen bekam der klargemute
   Manch einen Schlag, doch nicht in Wallung kam der Gute.

3 Zu ihm sprach einer: „Ei, bist du nicht auch ein Mann?
   Von solchem Wichte das zu leiden geht nicht an.“

4 Dem Worte hörte zu der Mann von reinen Sinnen,
   Und sprach: „Laß dir nicht mehr ein solches Wort entrinnen!

5 Ein trunkner Thor zerreißt wol eines Mannes Kragen,
   Der sich mit einem Leu'n des Kampfs getraut zu schlagen;

6 Doch hat's ein nüchterner verständiger verschworen,
   Zu zucken eine Hand auf einen trunknen Thoren.“

(119.)

1 Ein Hund biß in den Fuß einst einen Bauersmann,
   So grimmig, daß das Gift ihm von den Zähnen rann.

2 Vorm Schmerz des armen Manns kam Nachts kein Schlaf auf ihn:
   Da war sein Töchterchen mit bei den Leuten drin;

3 Die schalt den Vater hart: „So ließest du vom Hunde
   Dich beißen? Hattest du denn nicht auch Zähn' im Munde?“

4 Da, nach dem Weinen, kam dem schwerbedrängten Mann
   Das Lachen, und er sprach: „Großmütterchen, hör' an!

119, 4 [Das Lachen; in Rückert's Manuscript steht hier nochmals „das Weinen“, offenbar nur durch einen Schreibfehler.]

₅ Wenn ich ihn auch so gut, wie er mich, konnte packen,
So that es doch mir leid um meine Zähn' und Backen.
₆ Nicht möglich wär' es mir, sollt' ich des Todes sein,
Zu setzen meinen Zahn an eines Hundes Bein." —
₇ Die Bissigkeit mag von Natur der Hund wol haben,
Doch einem Menschen stehn nicht wohl an Hundegaben.

(120.)

₁ Es war ein Edler einst das Musterbild der Gegend,
Bei dem ein Sklave dient', unholde Sitten hegend,
₂ Von jenem Kaffernvolk mit Haaren strupp und kraus,
Bosheit goß über sein Gesicht Weinessig aus.
₃ Wie einen Drachen sah man stets den Mund ihm geifern;
Mit allen Häßlichen der Stadt konnt' er wetteifern.
₄ Die Backen triesten ihm von einem Auggewüchse,
Und stets kam ein Geruch von Zwiebeln aus der Üchse.
₅ Von seinem Anblick fiel ein Grausen auf die Glieder:
Und that er einen Gang, kam ewig er nicht wieder.
₆ Er runzelte die Stirn, wann eben ward gebacken:
Und wann gebacken war, saß er dem Herrn im Nacken;
₇ Solang zu essen war, würd' er vom Platz nicht weichen;
Und stürb' er Durstes, würd' er ihm kein Wasser reichen.
₈ Verfangen mocht' an ihm kein Wort und auch kein Schlag;
Er brachte in Tumult das Haus bei Nacht und Tag.
₉ Er legte Distel bald und Dorn auf Weg' und Tennen,
Und trieb ein andermal ins Wasserloch die Hennen.

² im Text ein Wort, das man chafraki lesen kann und das ich nicht anders zu
denten weiß. [Nach den Wörterbüchern ein Schimpfwort.]
⁴ Üchse = Achselgrube.
⁶ a wann gebacken ward = ehe Essenszeit ist. Das Brot wird zu jeder Mahlzeit frisch
gebacken, wie jetzt noch bei den Pflanzern in Arkansas.
^b im Nacken. Text: am Knie — : er drängte sich an ihn (zur Schüssel)

10 Da sprach zum Herrn ein Freund: „Von diesem Widerwart,
Sprich, was erwartest du von guter Sitt' und Art?

11 Des Daseins ist nicht wert der Bursche sonder Huld,
Und du erträgst von ihm die Unbild mit Geduld.

12 Ich will dir einen schön und guten Sklaven schaffen,
Den aber mag geschwind der Sklavenhändler raffen.

13 Beut er dir einen Deut, nimm, und verschmäh ihn nicht;
Denn, wenn du's recht erwägst, gar nichts ist wert der Wicht."

14 Die Rede hörte so der Mann voll Herzensgüte:
Da lächelt' er und sprach: „O Freund voll Adelsblüte!

15 Der Bursch ist freilich schlecht von Sinn' und Art, doch nur
Durch ihn wird Gütigkeit mir selber zur Natur.

16 Denn, wenn ich werde viel Geduld mit ihm erst üben,
So wird mich Unbill auch von andern nicht betrüben." —

17 Geduld ist anfangs dir wie Gift, doch bald genug
Wird sie wie Honig, wann in dir sie Wurzel schlug.

(121.)

1 Wer ist es, der den Weg Maruf's von Karch betrat,
Der nie aus seiner Brust die Herzensgüte that!

2 Ich hörte, zu ihm kam ein Gast, ein trauter nun,
Dem bis zum Tode blieb ein einz'ger Schritt zu thun.

3 Die Farbe vom Gesicht, das Haar vom Kopfe ging,
Und seine Seel' im Leib an einem Haar noch hing.

4 Doch macht' er Nachtquartier und legte seinen Pfühl,
Worauf er alsobald in Klag' und Schrein verfiel.

5 Nicht einen Augenblick kam Schlaf ihm Nachts ins Aug',
Und durch sein Winseln kam Schlaf in kein andres auch.

6 Er hatt' unholden Sinn, Gemütsart ungeschlachte,
Ein Mensch, der selbst nie starb und andr' ums Leben brachte.

7 Sein Schrein und ruhloses Aufstehn und Niederlegen
Trieb jedermann im Haus zur Flucht auf allen Wegen.

8 Von allen blieb am Ort nicht eines groß noch klein,
Der Krank' allein blieb und Maruf bei ihm allein.

9 Ich hörte, daß im Dienst er Nächtelang nicht schlief,
Sich schürzte wie ein Mann, und that was jener rief.

10 Einst überkamen ihn des Schlummers Heeresmächte:
Wer ist, der ohne Schlaf es lang' aushalten möchte?

11 Doch Augenblicks, wie ihm die Augen nickten ein,
Hub an der Reisende sein sinnverwirrtes Schrein:

12 „Verwünscht sei dies Geschlecht, unsauber wie sie sind,
Ein Schimmer nur und Schein, ein Heuchelschaum und Wind.

13 Ihr Glaub' ist schmutzig, nur ihr Kleid ist rein genug,
Sie bringen Gottesfurcht zu Markt und bergen Trug.

14 Was fragt ein Blähewanst, von Wein und Schlaf betrunken,
Nach einem Armen, dem kein Auge zugesunken!“

15 Die schnöde Rede gab er dem gutmüt'gen Mann,
Weil einen Augenblick das Aug' er zugethan.

16 Gutmütig schluckte der's und schwieg zu alle dem,
Da hörten das Getös die Schönen im Harem.

17 Geheim zum Manne sprach ein Weib aus dem Gemach:
„Hast du vernommen, was der freche Bettler sprach?

18 Geh hin, o sag ihm stracks: 'Pack auf und mach dich fort,
Plag' uns nicht hier, und stirb an einem andern Ort!'

19 Güt' und Barmherzigkeit am rechten Ort ist recht,
Doch gegen schlechtes Volk Gutmütigkeit ist schlecht.

20 Dem Niederträchtigen leg nicht den Kopf aufs Kissen;
Dem Leuteplager sei aufs Haupt ein Stein geschmissen.

21 Beim Ungeschliffnen ist nicht Artigkeit am Platze:
Man streichelt nicht dem Hund den Rücken wie der Katze.

---

21 b Der Hund ist ein unreines verachtetes Thier, die Katze selbst vom Propheten
gestreichelt.

22 Nicht mit Eiswasser sollst du einen Tölpel laben:
Und thust du's doch, so schreib in Schnee nur dein Gutbaben.

23 Nie sah ich solch ein Thun wie des vertrackten Wichts:
Ihm dem nichtswürdigen nur auch zu Gute nichts."

24 Als diesen Strassermon gethan die Frau vom Haus,
Stieß der gutmüt'ge Mann erst einen Seufzer aus,

25 Dann lächelt' er und sprach: „O du, des Gatten Licht,
Laß dir nicht wirren, was ein Geisteswirrer spricht

26 Wenn aus unsanfter Lag' er schreit zu mir empor,
So nehm' ich sänftlich sein Unsänftliches ins Ohr.

27 Man muß ein hartes Wort von einem solchen Mann
Nicht hören, der vor Ungemach nicht schlafen kann." —

28 Weil an dir selbst du siehst Gesundheit und Behagen,
Sollst du aus Dankbarkeit die Leidenden ertragen.

29 Doch wenn du fühllos nur bist wie ein Bild gewesen,
So stirbst du und dein Ruhm wird wie dein Leib verwesen.

30 Doch widmest du dem Baum der Milde deine Zucht,
So ißest du davon des guten Namens Frucht.

31 Zum Glück der Herrschaft hebt ein Mann das Haupt hinan,
Wenn er das Diadem des Stolzes abgethan.

32 Stolz brüstet einer sich auf Hoheit, die vergeht,
Und weiß nicht, daß in Huld der Hoheit Stolz besteht.

33 O siehst du nicht? in Kareh liegt mancher Mann begraben,
Doch Maruf's Grab nur siehst du einen Namen haben.

(122.)

1 An einen Herzensmann ein Schuft stellt' ein Verlangen,
Doch jenem war gerad der Vorrat ausgegangen.

2 Rein ausgeleert war ihm der Gurt sowie die Hand;
Sonst hätt' er aufs Gesicht ihm Gold gestreut wie Sand.

3 Weg ging der Gehrende mit tückischem Gelasse,
 Und jenen fing er an zu schimpfen auf der Gasse:

4 „Bewahre Gott uns vor den stillen Skorpionen,
 Reißenden Tigern, die im Sufi=Kleide wohnen;

5 Die wie die Katz' ihr Herz auf ihre Kniee schmiegen,
- Und wenn ein Fang sich zeigt, alswie ein Jagdhund fliegen;

6 Aufschlagend in Moscheen den Laden voll Betrug,
 Weil ihnen in das Haus nicht Beute kommt genug.

7 Der kühne Räuber hemmt der Karawanen Trab,
 Sie aber ziehn das Kleid den Leuten leiser ab.

8 Die Kutte stoppeln sie mit Flicken schwarz und weiß,
 Doch Schätze häufen sie und stapeln Gold mit Fleiß.

9 O über diese Kornvorzeiger, Spreuverkäufer,
 Weltstreuner, Nachtanschrei'r und Bettelstoppelläufer!

10 Sieh das nicht an, daß sie alt sind und schwach genung
 Zur Andacht; jung und frisch sind sie zu Tanz und Sprung.

11 Weswegen halten sie im Sitzen das Gebet,
 Da ihnen doch der Fuß so flink zum Tanze geht?

12 Sie sind der wirkliche Stab Mosis, diese Fresser,
 Und wär' ihr Ansehn auch noch magrer und noch blässer.

13 Nicht die Enthaltsamen sind sie und nicht die Weisen;
 Sie sind so geistlich nur, um weltlich sich zu speisen.

14 Sie ziehn das Tigerfell wie Neger um den Leib,
 Und drunter haben sie Gewänder wie ein Weib.

---

5 a eine gewöhnliche Phrase ist: hinter dem Knie der Beschauung (Andacht) sitzen, kann ein Sprichwort: Katzenandacht (vgl. 134, 6).
 Die persische Unart der Vermischung zweier Bilder ist hier anmutig.

10 b Der Derwischtanz der Verzückung ist gemeint, aber als sinnliche Lust angeschlagen.

12 Der Stab Mosis, der die anderen Stäbe fraß.

14 Das Tigerfell muß ein ascetisches Costüm sein — nämlich auf bloßem Leib; sie aber hingen's nur reichlichem weibischen Kleid über. [Rückert hatte den Text Harington's vor sich.]

15 Und von der Satzung nichts an ihnen haften mag,
Als Schlaf vor Mitternacht und Frühstück vor dem Tag.

16 Ihr Wanst ist vollgestopft vom Unterteil aus ober',
Siebzigerlei Gericht' in einem Bettlerkober." —

17 Von solchen Dingen sag' ich nun kein Wörtchen mehr,
Denn schwatzen aus der Schul' ist keines Mannes Ehr'.

18 Er schwatzte so heraus; nie ließ ein solchermaßen
Erprobter Schimpfer wol sich hören auf der Gassen.

19 Wenn einer selber oft genug Ehrlosigkeit
Begangen hat, so thut nicht Andrer Ehr' ihm leid.

20 Ein Schüler brachte schnell dem Scheich hiervon Bericht;
Die Wahrheit zu gestehn, vernünftig war das nicht.

21 Mir hinterm Rücken schimpft ein Wicht, und es verklingt;
Die Axt legt an den Stamm der Freund, der mir es bringt.

22 Ein Mann schoß einen Pfeil, der auf den Weg fiel hin,
Mein Leben sehrt' er nicht, noch kränkt' er meinen Sinn;

23 Du aber nimmst ihn auf und kommst zu mir in Eil',
Und in die Seite hast du mir gebohrt den Pfeil. —

24 Allein es lächelte der Gottesmann und sprach:
„Das ist nicht von Belang; sag' er mir Ärgres nach!

25 Von meiner bösen Schrift ist das ein kleines Zeilchen,
Von dem, was selbst ich weiß, noch nicht ein Hundertteilchen.

26 Was aus Mutmaßung er von mir hat aufgestellt,
Das weiß in Wahrheit ich, daß es sich so verhält.

27 Wenn Böses mir der Feind nachsagen will verstohlen,
Komm' er, um das Concept dazu bei mir zu holen.

28 Da wir seit einem Jahr mit ihm bekannt nur waren,
Wie kennen sollt' er schon den Fehl von siebzig Jahren?

29 Und niemand auf der Welt kennt besser meine Fehle,
Als ich, nur außer Gott, der sieht in meine Seele.

---

15 Die Satzung sunna. Die überlieferte geistliche Lebensordnung nach Weise des Propheten.

30 Nie sah ich einen so wohlmeinenden wie ihn,
Der meint, mein größter Fehl sei das, was ihm so schien.

31 Wenn mir am jüngsten Tag nicht andre Zeugen schaden,
So fürcht' ich nicht die Höll', ich bin nicht schwer beladen." —

32 Auf Gottes Wegen ist ein Pilger der gewesen,
Wer von dem Pfeil der Schmach zur Scheibe ward erlesen;

33 Wer auf den Haubenschmuck des Hochmuts hat verzichtet,
Und in des Geistes Kron' empor das Haupt gerichtet.

34 Nimm unterwürfig hin, daß sie am Fell dir nagen:
Denn von Hochherzigen wird Thorenmut ertragen.

35 Wollt' aus des Guten Staub man machen einen Krug,
Kein Wunder, wenn auch den des Tadlers Stein zerschlug.

(123.)

1 Fürst Saleh, Syriens Beherrscher, der gerechte,
Ging manchmal morgens aus allein mit einem Knechte,

2 Und streifte so umher auf Märkten und auf Straßen,
Nach Arabergebrauch den Schleier vorgelassen.

4 In einem Bethaus fand er zwei Derwische liegen
Voll Unbehaglichkeit und voller Mißvergnügen.

5 Es hatt' in kalter Nacht kein Schlaf ihr Aug' gewonnen:
Sie warteten erstarrt, Eidechsen gleich, der Sonnen.

6 Und von den beiden sprach zum jüngeren der älter':
„Am Auferstehungstag wird doch sein ein Vergelter.

7 Wenn diese Padischa's mit hochgetragnen Hälsen,
Die sich in aller Füll' und Lust des Lebens wälzen,

8 Gehn mit den Armen ein zur Paradieseslaube,
So heb' ich nicht den Kopf aus meines Grabes Staube.

V. 3 ist in der Übersetzung ausgelassen; er enthielt nichts Wesentliches, als das Etymologische des Namens Saleh — gut: wörtlich: denn er war einsichtsvoll und ein Armenfreund; wer das beides ist, ist ein Malik Saleh (guter Fürst).

— ——   —

9 Die Wohnung werden wir im Paradies aufschlagen,
Die wir hier um den Fuß des Kummers Bande tragen.

10 Was haben sie dir Guts auf dieser Welt gegeben,
Um dir im Wege noch zu stehn in jenem Leben?

11 Ja, käme Saleh dort nur in den Gartenwinkel,
Ich schlüge meinen Schuh ihm an das Hirn voll Dünkel."

12 Als Saleh den Bescheid von jenem hört' erteilen,
Schien's ihm geraten nicht, dort länger zu verweilen.

13 Ein Weilchen ging er noch, bis von der Sonne Bronnen
Des Schlummers Duft im Aug' der Schöpfung war zerronnen;

14 Dann sandt' er eilends hin und holte jene bei;
Voll Würde setzt' er sich, und ehrenvoll die zwei.

15 Den Regen seiner Füll' er über sie ergoß,
Daß aller Staub der Schmach ab ihren Gliedern floß.

16 Nach Mühsal und nach Not, nach Frost und Regennacht,
Sie saßen mit des Reichs Heerfürsten nun in Pracht.

17 Die Bettler, die zum Schlaf Nachts hatten kein Gewand,
Beräucherten nun ihr Gewand mit Aloebrand.

18 Da sprach zum König hin gewandt der eine leis':
„O du, dem dienstbar sei mit Lust der Erdenkreis!

19 Den Angenehmen thut ein König Ehren an:
Was von uns Sklaven ward dir angenehm's gethan?"

20 Vor Lust der Schahinschah wie eine Ros' erblühte,
Den Bettler lacht' er an und sprach zu ihm voll Güte:

21 „Ich bin der Mann nicht, der aus Stolz auf meinen Stand
Den Armen hätte je das Antlitz abgewandt;

22 Nun thu auch gegen mich den übeln Mut von dir,
Daß du im Paradies mir machest Ungebühr.

23 Heut hab' ich aufgemacht des Friedens Thür für dich,
So mache morgen auch die Thür nicht zu für mich." —

24 Dies ist der Weg, den du zu wandeln hast zum Glücke:
Begehrst du Adel, stoß die Niedern nicht zurücke.

11

25 Dem ist nicht dort die Frucht am Himmelsbaum geraten,
Der hier nicht hat gestreut des guten Willens Saaten.

26 Wem guter Wille fehlt, darf Seligkeit nicht hoffen:
Der Schlägel Dienstbarkeit hat Glück, den Ball, getroffen.

27 Wie kämst du gleich dem Docht zu hellem Glanz, o Prasser,
Voll von dir selbst, alswie die Ampel voll von Wasser?

28 Erfroren ist nur der zu der Gesellschaft Leuchte,
Des Herz, der Kerze gleich, ganz Glut ist ohne Feuchte.

(124.)

1 In Sternkund' hatt' ein Mann ein Weniges gethan:
Darob stieg mächtig ihm der Stolz den Kopf hinan.

2 Zum weisen Koschiar den weiten Weg er machte,
Und ihm ein Herz voll Lust, ein Haupt voll Hochmut brachte.

3 Der weise Mann alsbald vor ihm sein Aug' verschloß,
So daß kein Buchstab von Belehrung zu ihm floß.

4 Doch als er ohne Frucht nun an den Rückweg trat,
Da gab der edle Mann zum Abschied ihm den Rat:

5 „Du hast im Flug des Wahns voll Wissens dich gewiegt:
Doch wiss', daß ein Gefäß, wenn's voll ist, nicht mehr fliegt.

6 Du bist von Anspruch voll, drum gehst du leer hier aus;
Nun werde leer und komm' von Weisheit voll nach Haus!" —

7 Vom Dasein mache dich wie Saadi leer und los,
Daß du Erkenntnis Ernt' einsammelst in den Schoß.

---

25 Zwei verwandte Bilder vermischt nach persischer Art oder Unart. Wir sagen besser:

Des Paradieses Frucht hat keinen dort erfreut,
Der guten Willens Kern nicht hier hat ausgestreut.

2 Koschiar, ein Weiser in Gilan, angeblich Ibn Sina's (Avicenna's) Lehrer.

(125.)

1 Ein Sklave war im Zorn entlaufen seinem Herrn;
Man sucht' ihn auf, und fand ihn nirgends nah und fern.

2 Doch als er selbst zurück nun kam von seiner Wut,
Sprach zum Schwertführenden der Fürst: „Vergeuß sein Blut!"

3 Und der blutdurstige Scharfrichter mitleidleer
Zuckte den Speer alswie die Zung' ein Durstiger.

4 Mir ward gesagt, es rief der Mann im Todesmut:
„O höchster Gott, geschenkt sei meinem Herrn mein Blut!

5 Denn lange hab' ich mich in Lust und Fröhlichkeit
In seiner Herrschaft Glück nach Herzenswunsch erfreut;

6 Fern sei es nun, daß man mein Blut zur Last ihm lege
An jenem Tag', und drob sein Feind sich freuen möge."

7 Doch als der Herr vernahm der Rede sanften Schall,
War seines Zornes Topf nicht fernerhin in Wall.

8 Aufs Aug' und auf die Stirn gab er ihm manchen Kuß,
Zum Hauptmann macht' er ihn mit Fahn' und Trommelgruß.

9 Ihn führte so das Glück von solcher Schreckenstelle
Durch Lindigkeit hinan zu solcher Ehrenschwelle. —

10 Dies ist der Rede Zweck: ein Wörtchen sanft und gut
Ist Wasser in des Zornentbrannten Feuerglut.

11 O siehst du nicht, wo man mit Schwert und Lanze kämpft,
Wie man der Stöße Wucht durch Seidenpanzer dämpft?

12 Senk unterwürfig, Freund, dem Gegner deinen Rumpf;
Denn durch Gelindheit wird des Schwertes Spitze stumpf.

(126.)

1 Von den Gelehrten gab uns mancher den Bericht,
Daß taub einst Hatem war; du aber glaub es nicht.

---

[1] Hatem Abu Abderrahman, zubenannt der Taube, weil er sich einmal taub stellte, berühmter Rechts- und Gottes-Gelehrter in Balch in Chorassan, gest. 851/2 n. Chr.

2 Ein leises Dröhnen ließ einst eine Flieg' erschallen,
Die unversehns ins Netz der Spinne war gefallen.

4 Da blickte hin der Scheich und sprach in Gleichnisweise:
„Gefesselte der Gier, o hemme deine Reise!

5 Nicht allwärts, wo du denkst, ist Zucker oder Seim,
In manchen Ecken auch ist Band und Netz geheim."

6 Und einer sprach zu ihm aus der Gelehrten Kreise:
„Verwundern muß ich mich, o Mann der Gottesreise,

7 Wie du von einer Flieg' hast das Geräusch vernommen,
Das nur mit Schwierigkeit zu Ohren uns gekommen.

8 Da einer Fliege Ton du wußtest zu erkennen,
So darf man dich hinfort nicht mehr den Tauben nennen."

9 Mit Lächeln jener drauf: „O du, der Weisheit Hort,
Besser ist taub zu sein als hörend Thorenwort.

10 Die Leute, die mit mir gesellig gehen um,
Verhüllen meine Fehl' und singen meinen Ruhm.

11 Wie meine Schwächen nun mir bleiben unbekannt,
Werd' ich von Stolz verführt, von Dünkel übermannt.

12 Deswegen stell' ich denn mich an als hör' ich schwer,
Und leicht entgeh' ich der Verstellung um so ehr.

13 Wenn man mich gradezu für einen Tauben hält,
So spricht man Bös und Gut von mir so wie es fällt.

14 Und will das Böse mir zu hören nicht behagen,
So darf das Böse nur zu thun ich mich entschlagen." –

15 O renne nicht ins Garn der Schmeichelei hinein;
Wie Hatem sollst du taub und leisehörend sein.

16 Heil aufzusuchen, Heil zu finden wird nicht glücken
Jedwedem, der dem Wort von Saadi kehrt den Rücken.

(127.)

1 Aus des betuttelten Einsiedlers öder Zelle
Kam einem Wandernden zu Ohren ein Gebelle.

2 Er sprach bei sich: „Was hat wol hier ein Hund zu thun?“
Hinkam er, wo er fand den frommen Derwisch ruhn.

3 Von einem Hunde fand er nirgend eine Spur,
Nichts Lebendes daselbst als den Einsiedler nur.

4 Beschämt begann er da den Rückweg einzuschlagen,
Er scheute sich, dem Grund des Räthsels nachzufragen.

5 Von drinnen hörete der Fromme seine Tritte,
Und rief: „Holla, was stehst du draußen? komm zur Hütte!

6 Und wenn du etwa meinst (wie, Guter, nenn’ ich dich)?
Es habe hier ein Hund gebellt; der Hund bin ich.

7 Weil ich erkannt, daß Er Ohnmächtigkeit nimmt an,
Hab’ ich Stolz und Vernunft aus meinem Haupt gethan.

8 Vor seiner Thüre geb’ ich Laut gleich einem Hund,
Weil mir armseligers nichts als ein Hund ist kund.“ —

9 Wenn du zu hoher Stuf’ empor verlangst zu dringen,
Aus der Erniedrigung wirst du die Höh’ erschwingen.

10 Vor dieser Majestät erhält die Ehrenstelle,
Wer sich am untersten gesetzt hat an die Schwelle.

11 Der Gießbach, wann er kam mit ungestümem Wallen,
Ist aus der Höh’ alsbald zum Abgrund er gefallen.

12 Doch wenn der arme Thau demüthig niederstob,
Sieh wie die Sonne drauf ihn zur Capella hob!

(128.)

1 Vor Tebris draußen wohnt’ ein Frommer, der bei Nacht
Beständig munter war und zum Gebet erwacht.

2 Einst sah er, wie bei Nacht ein Dieb an einem Ort
Strickleitern schlang und warf auf ein Gesims sofort.

3 Den Leuten zeigt’ er’s an, da hob sich ein Geschrei,
Mit Stecken kam das Volk von jeder Seit’ herbei.

4 Der Unmensch, als er nahm den Lärm der Menschen wahr,
Erachtete nicht gut zu bleiben in der Fahr.

5 Ein Schrecken ward ihm eingejagt vom lauten Chor,
Beizeit sich aus dem Staub zu machen zog er vor.

6 Das Mitleid aber schmolz wie Wachs das Herz des Frommen,
Daß dieser arme Dieb so leer davongekommen.

7 Im Dunkeln lief er ihm voraus um eine Strecke,
Und ihm entgegen trat er dann an einer Ecke:

8 „O Freund, nicht eile so! ich bin dir wohlgesinnt,
Es ist der Mannesmut, der dir mein Herz gewinnt.

9 Dergleichen Mannesmut hab' ich noch nie gewahrt.
Kriegsführung, wie ich weiß, ist nur zwiefacher Art:

10 Einmal, dem Gegner sich mannhaft entgegen wagen,
Dann, aus ungleichem Kampf sein Leben rettend tragen.

11 Um dieses beides nun bewundr' ich dich mit Recht;
Wie nennst du dich? daß ich mich nenne deinen Knecht.

12 Wenn du mir folgen willst, will ich zu guten Dingen
An einen Ort, der mir bekannt ist, hin dich bringen.

13 Es ist ein niedres Haus, das Thor ist wohlverschlossen,
Ich denke, daß es leer jetzt ist von Hausgenossen.

14 Wir bauen uns davor zwei Mannshoch eine Wand:
Des einen Fuß nimmt auf des andern Schulter Stand.

15 Begnüge dich mit dem, was in die Hand dir fällt:
Doch besser ist's, als daß du leer gehst aus dem Feld.“

16 So mit vertraulichem und schmeichelhaftem Wort
Zog er den Dieb mit sich zum eignen Hause fort.

17 Der tapfre Nachtheld bot alsbald den Rücken hin,
Auf seine Schultern stieg der Mann von hohem Sinn.

18 Was er von Vorrat fand, ließ er an einem Stab
Im Turban in den Schoß des Wartenden hinab.

19 Gar sehr entschuldigt' er sich noch und sprach: „Geschwind
Mach nun, und rette dich davon als wie der Wind.“

20 Zur andern Seite hub er an zu schreien: „Diebe!
Zur Hülfe, junges Volk, um Gotteslohn und Liebe!"

21 Doch der verschlagne Dieb war schon dem lauten Schwarm
Entflohn mit dem Gepäck des Klausners unterm Arm.

22 Zufriednen Herzens blieb der Gottesmann zurück,
Daß ein verkehrter Wicht gekommen sei zu Glück.

23 Ein Unhold, welcher nie erbarmend wen geschont,
Mit Güte ward er vom Gutherzigen belohnt.

24 Nicht zu verwundern ist von Weisen solch Betragen,
Daß Gutes sie aus Huld dem Bösen nicht versagen.

25 Der Guten Segen bringt den Bösen Leben ein,
Wie sehr die Bösen auch der Güt' unwürdig sein.

(129.)

1 Es trug ein Mann ein Herz wie Saadi unbefangen,
Das war geraten an ein Lieb mit glatten Wangen.

2 Er trug von Feinden Hohn und grimmen Redeschwall,
Vom Keulenschlag des Wehs aufhüpfend wie der Ball.

3 Doch gegen keinen drum verzog er seine Brauen,
Und Scherz ließ ihm nicht Zeit, um ernst darein zu schauen.

4 Zu ihm sprach einer einst: „Wirst du denn nie dich schämen?
Nie von so manchem Stoß und Steinwurf Kunde nehmen?

5 Nur Niedre lassen sich am eignen Leibe zwacken,
Geduldig Feindes Fuß sich setzen auf den Nacken."

6 Wie trefflich gab er drauf, von Liebestaumel voll,
Die Antwort, die in Gold geschrieben werden soll:

7 „In meines Herzens Haus ist Raum nur für den Schatz
Der Liebe, für den Haß daneben ist kein Platz."

(130.)

1 Wie schön hat Behlul einst gesagt erleuchtungsvoll,
  Als einen frommen Mann er streiten sah mit Groll:
2 „Der Anspruchvolle, hätt' er recht den Freund empfunden,
  So hätt' er Zeit zum Krieg mit Feinden nicht gefunden.
3 Wär' ihm das wahre Sein des Unerschaffnen klar,
  So würde des Geschöpfs Nichtsein ihm offenbar.“

(131.)

1 Von Farbe schwärzlich war, so lautet mein Bericht,
  Der weise Lokman, zart und zierlich war er nicht.
2 Ihn hielt für seinen Knecht ein Mann in Bagdad, dem
  Sein Schwarzer war entflohn, und ließ ihn kneten Lehm.
3 An einem Palast baut' er so ein ganzes Jahr;
  Und niemand unterschied ihn von der Sklavenschar.
4 Als der entlaufne Knecht dem Herrn zurück gekommen,
  Fühlt' er von Furcht und Scheu vor Lokman sich beklommen.
5 Zu Füßen fiel er ihm, und um Entschuld'gung bat;
  Doch Lokman lacht' und sprach: „Entschuld'gung kommt zu spat.
6 Ein Jahr lang mußt' ich Gram ins Herz, das wunde, thun;
  Wie sollt' ich ihn heraus in einer Stunde thun?
7 Doch ich verzeihe dir gleichwol, mein guter Mann,
  Weil keinen Schaden ich durch deinen Nutz gewann.
8 Indessen der Palast zu Stande dir gekommen,
  Hab' an Erkenntnis ich und Einsicht zugenommen.
9 Auch einen Sklaven hab' ich unter meinen Leuten,
  Dem ich zu Hartes wol ansinnen mag zu Zeiten.

----

¹ [Lokman, der arabische Äsop.]

10 Jn Zukunft werd' ich nicht mehr hart begegnen dem,
Wenn in den Sinn mir kommt mein hart Geschäft in Lehm." —

11 Wer von den Großen nie mußt' Ungebühr erdulden,
Erbarmen wird er nicht der Kleinen sich in Hulden.

12 Wie schön hat Behramschah gesprochen zum Wesir:
Die Untergebenen zu schonen rat' ich dir.

13 Wenn vom Gebieter hier dich kränkt ein hartes Wort,
Behandle du nicht hart die Untergebnen dort!

(132.)

1 Jn San'a's Wüste fand einst einen Hund Dschuneid,
Dem stumpf geworden war der Zahn vom Jagdgeweid,

2 Gelähmt der Fänge Kraft zu packen Leu und Luchs,
Herabgekommen schwach alswie ein alter Fuchs;

3 Statt daß er sonst im Lauf dem Rehe nachgesetzt,
Kriegt' er Fußtritte von des Pferdes Schafen jetzt.

4 Wie er so elend ihn und kraftlos sah und wund,
Gab er von seiner Kost ein halbes Teil dem Hund.

5 Jch hörte, daß er sprach und weinte Blutnaß heißes:
„Wer von uns beiden hier der beßre sei, wer weiß es?

6 Wol als der beßere bin ich jetzt anzusehn;
Doch was läßt das Geschick einst übers Haupt mir gehn?

7 Wenn mir des Glaubens Fuß nicht gleitet aus im Pfade,
So setz' ich auf das Haupt den Kranz von Gottes Gnade.

8 Wenn aber mir das Kleid der Einsicht um die Brust
Nicht bleibt, dann gegen ihn bin ich sehr im Verlust.

9 Denn einen Hund, wie auch er üblen Ruf erwarb,
Zur Hölle wird man ihn nicht bringen, wann er starb." —

10 Das ist die Bahn des Heils, daß, die auf dieser Bahn,
O Saadi, gingen, auf sich selbst mit Stolz nicht sahn.

11 Dadurch geschah es, daß sie Engelswürd' erhielten,
Daß sie nicht besser selbst als einen Hund sich hielten.

(133.)

1 Es ging ein Trunkner, der die Laut' im Arme trug,
Die einem frommen Mann er Nachts am Kopf zerschlug.

2 Am andern Tage kam der Gute sonder Groll,
Dem Wüstling bracht' er dar die Hand von Silber voll:

3 „Du warst berauscht von Wein gestern, und ich von Stolz;
Zerschlagen ward mein Kopf und dir der Laute Holz.

4 Die Wunde ward mir heil, und Brennholz auch zu Teil;
Doch außer Silber ist für dich kein ander Heil." —

5 Drum ist ein Gottesmann zum Haupt der Welt erhoben,
Um Streiche von der Welt an seinem Haupt zu proben.

(134.)

1 Mir ist berichtet, daß in Wachsch ein Edler sich
Zurückgezogen hielt im Winkel tugendlich,

2 Im Geist der Wahrheit nackt, kein Frömmling im Gewand,
Der nach dem Gut der Welt hervorstreckt seine Hand.

3 Ihm hatte Seligkeit still eine Pfort' erschlossen,
Und er zu sich der Welt die Pforte streng verschlossen.

4 Ein Zungenheld voll Unverstandes durft' es wagen
Dem guten Manne frech viel Böses nachzusagen:

5 „Habt Acht vor solchem Trug, vor solchen falschen Listen,
Bei frommer Einfalt sich als Teufel einzunisten!

6 Sie waschen ihr Gesicht von Zeit zu Zeit wie Katzen,
Um nach der armen Maus zu strecken ihre Tatzen.

7 Aus Ruhmsucht fleißen sie sich der Enthaltsamkeit:
Denn man vernimmt den Klang der hohlen Trommel weit."

8 So schwatzt' er, und viel Volk war um ihn her erschienen,
Und Männer weideten und Weiber sich an ihnen.

9 Dem einen mochte das Geschwätz zum Lachen scheinen,
Dem andern die Geduld des frommen Manns zum Weinen.

10 Mir ist berichtet, daß von Wachsch der Weise dann
Mit Weinen sprach: „O Gott, belehre diesen Mann!

11 Doch sagt die Wahrheit er, o Heiliger, ich flehe,
Bekehre mich, auf daß ich nicht verloren gehe!" —

12 Von einem Schelter ist die Gunst mir widerfahren,
Daß ich die eigenen Unarten hab' erfahren.

13 Bist du, wie man dich schilt, so laß dich's nicht verletzen:
Und wenn du so nicht bist, laß in den Wind ihn schwätzen.

14 Wenn zu dir sagt ein Thor: „Dein Moschus ist Gestank",
Zeig du dich lobenswert, und seine Red' ist krank.

15 Doch wenn man dieses Wort von deiner Zwiebel spricht,
So gib es zu, und sei faulhirnig selber nicht.

16 Es kauft kein weiser Mann, kein von Gemüt vornehmer,
Ein Mundschloß für den Feind bei einem Budenkrämer.

17 Es will sich mit dem Sinn der Weisen nicht vertragen,
Leichtfertigem Geschwätz der Thoren nachzufragen.

18 Wer sich mit stillem Fleiß bei seiner Arbeit regt,
Des Feindes böse Zung' hat er in Band gelegt.

19 Sei nur dein Wandel gut, damit, wer Böses sinne,
Anlaß zum Schaden dir zu reden nicht gewinne.

20 Wenn schwer dir fällt das, was von dir ein Gegner spricht,
Sieh was er schilt an dir, und thu dasselbe nicht.

21 Wie sollte jener nicht zu meinem Besten sprechen,
Der so zur Einsicht mir verhilft in mein Gebrechen?

22 Die Stolzvergoldeten mag man ins Feuer thun:
Ob Messing oder Gold sie seien, zeigt sich nun.

(135.)

1 Dem Ali vorgelegt ward eine schwier'ge Frage,
Damit befriedigend er deren Antwort sage.

2 Der Fürst der Gläubigen, der Feinde schlägt in Band,
Und Länder aufschließt, gab die Antwort voll Verstand.

3 Mir ist berichtet, daß zugegen war ein Mann,
Der sprach: „So ist es nicht, o Vater des Hassan!"

4 Darob kam nicht in Zorn der kriegsberühmte Leu;
„Wenn du es besser weißt", sprach er, „sag's ohne Scheu."

5 Er sagte, was er wußt', und sagt' es klar und hell;
Verstopfen kann man nicht mit Lehm den Sonnenquell.

6 Sein Wort hieß gut der Fürst vom menschlichen Geschlechte:
„Im Fehler war ich selbst, er aber ist im Rechte.

7 Er wußte mehr als ich; allwissend ist nur Einer,
Ob dessen Weisheit ist mit seiner Weisheit keiner." —

8 Wenn heute wär' ein Fürst mit solcher Macht betraut,
Er hätte gar aus Stolz den Mann nicht angeschaut.

9 Der Kämmerer hätt' ihn zur Thür hinausgeschafft,
Niedergeschlagen hätt' ihn einer bengelhaft:

10 „Begeh nicht solcherlei Schamlosigkeit hinfort!
Vor großen Herren führt man nicht das große Wort." —

11 O laß, wo voll ein Kopf ist von des Dünkels Chören,
Dich nicht bedünken, daß er werde Wahrheit hören.

12 Die Lehr' ist ärgerlich, die Predigt ungelegen;
Blutnelken sprießen nicht aus hartem Stein vom Regen.

13 Wenn du vom Weisheitmeer hast Perlenüberfluß,
Geh gieße sie mit Rat dem Derwisch vor den Fuß.

14 Sahst du nicht einen Dorn, der im demüt'gen Staube
Schlug Wurzel, Rosen trug und blüht' als Frühlingslaube?

15 Vergieß, o Weiser, nicht den Ärmel voll Juwele,
Wo du voll von sich selbst siehst eine Herrenseele.

16 In Mancher Augen wird nie Eingang einer finden,
Der seine Größe selbst sie läßt zu sehr empfinden.

17 Du rede nicht, eh man dir's danket tausendfach;
Und redest du von selbst, erwarte nichts hernach.

136.)

1 Es war ein Bettler, wie man mir berichtet hat,
Dem Omar auf den Fuß einst im Gedränge trat.

2 Und ihn erkannte nicht sogleich der arme Wicht:
Wem weh es thut, der kennt den Freund vom Feinde nicht.

3 In Zorn geriet der Mann und rief: „Du bist wol blind."
Doch Antwort gab darauf Omar der Fürst gelind:

4 „Ich bin nicht blind, es ist ein Fehltritt nur geschehn:
Ich wußt' es nicht; darum verzeih mir das Versehn." —

5 Des Glaubens Helden, o wie waren sie bescheiden,
Die ihren Unterthan so pflegten zu bescheiden!

6 Erlesne Weise sind demütiger Geberde,
Ein fruchtbeladner Zweig neigt mit dem Haupt zur Erde.

7 Wer hier demütig ist, hat nicht an jenem Tage
Zu fürchten, daß vor Scham gesenktes Haupt er trage.

8 Fürchtest du dort den Tag, wo du wirst Rede stehn,
So schenk' hier denen, die dich fürchten, ihr Vergehn.

9 O richte schonungslos die Untergebnen nicht:
Denn über deinem ist ein anderes Gericht.

(137.)

1 Von gutem Wandel war ein Mann und holdem Mut,
Der von den Schlechten selbst zu reden pflegte gut.

2 Den sah ein Mann im Traum, nachdem er war geschieden,
Und fragt': „Erzähl' einmal, was dort dir ist beschieden?"
3 Er that der Rose gleich mit Lachen auf den Mund,
That gleich der Nachtigall in süßem Ton sich kund:
4 „Sie haben's nicht zu streng genommen dort mit mir,
Weil gegen Niemand ich verfuhr mit Strenge hier."

(138.)

1 Gelesen hab' ich, daß der Wasserträger Nil
Dem Land in einem Jahr nicht zutrug Wasser viel.
2 Und eine Menge Volks lief dem Gebirg entgegen,
Und flehte mit Geschrei den Himmel an um Regen.
3 Sie weinten und es ward ein Strom ihr Thränenguß,
Vielleicht daß kommen mag des Himmels Thrän' in Fluß.
4 Von ihrer einem ward zu dem Dhulnun gebracht
Die Kunde, daß das Volk erliegt des Wehes Macht.
5 „Thu ein Gebet für sie, die Armen, die verzagen!
Dem Angenehmen wird man nicht Gehör versagen."
6 Mir ist berichtet, daß Dhulnun nach Midian wich);
Nicht lange währt' es und einstellte Regen sich.
7 In zwanzig Tagen ward gesagt auf Midian's Au:
„Der Wolke schwarzes Herz gab ihnen Thränenthau."
8 Zum Rückweg machte schnell der alte Mann sich auf,
Nachdem der Frühlingsguß gefüllt des Stromes Lauf.
9 Der Frommen einer fragt' ihn insgeheim hernach:
„Was war der Sinn davon, daß du entflohst?" Er sprach:

10 „Mir war das Wort bekannt, daß Vogel, Wurm und Thier
Durch Menschensündigkeit den Unterhalt verlier'.

11 In diesem Lande sah ich weit und breit umher,
Und keinen sah ich als mich selber sündiger.

12 Darum entwich ich, daß nicht wegen meiner Schuld
Für die Geschöpfe sei gesperrt das Thor der Huld." —

13 Wenn Größe du begehrst, zeig Demut! jene Großen
Sahn auf der Welt sich selbst für schlecht an und verstoßen.

14 Erscheinen wirst du vor den Menschen wert alsdann,
Wenn deinen eignen Wert für nichts du schlugest an.

15 Ein Hoher, der sich selbst hat für gering erachtet,
Der hat das Höchste hier und dort zugleich ertrachtet.

16 Vom Erdenstaub erhob der Geist sich reinbefiedert,
Der sich zum Füßestaub des Niedrigsten erniedert. —

17 O der du magst den Schritt ob meinem Staub hinlenken,
Bei aller Edlen Staub! vergiß nicht, mein zu denken.

18 Wenn Saadi ward zu Staub, wie sollt' es leid ihm sein,
Da er im Leben auch gewesen Staub allein!

19 Ohnmächtig gab er hin den Leib dem Staub der Gruft,
Nachdem er rings die Welt durchzogen gleich der Luft.

20 Nicht lange steht es an, so nimmt die Luft den Staub
Und führt zum andernmal ihn durch die Welt als Raub.

21 Sieh, seit der Rosenhain der Phantasie entsprungen,
Hat keine Nachtigall so süß darin gesungen.

22 Ein Wunder wär' es, wo solch eine Nachtigall
Verschied, entblühte nicht dem Grab ein Rosenwall.

Fünfte Pforte.

Ergebung.

(139.)

1 Ol der Betrachtungen brannt' ich in einer Nacht,
Und von Wohlredenheit die Lampe war entfacht.

2 Ein Schwätzer ohne Sinn vernahm mein Wohlgetön,
Und konnte nicht umhin mir zuzurufen: „Schön!"

3 Doch etwas Bosheit schob er alsbald mit hinein:
Denn stille schweigen läßt nicht das Gefühl der Pein.

4 „Die Worte sind beredt, erhaben die Gedanken,
Doch nur in guten Rats und frommer Lehre Schranken,

5 Nicht in der Schilderung von Keul' und Lanzenschaft:
In Dingen dieser Art sind andre meisterhaft." —

6 Er weiß nur nicht, daß wir nicht haben Lust an Fehde:
Sonst wär' auch da nicht eng der Tummelplatz der Rede.

7 Das Schwert der Zunge wol versteh auch ich zu ziehn,
Durch alle Schreiberein der Welt den Strich zu ziehn.

8 Komm, laß uns einen Gang in diesem Spiele machen,
Für unsers Gegners Haupt den Stein zum Pfühle machen.

(140.)

1 Mir lebt' in Ispahan vor diesem ein Bekannter,
Ein kriegsbegieriger, verwegner, mutentbrannter:

2 Sein Dolch und seine Hand in Blut beständig badend,
Und seines Feindes Herz durch ihn am Feuer bratend.

---

² bratend. Ein im Persischen unendlich häufiges, uns meist sehr anstößiges Bild.
Es hat das Wort kebāb, gebratnes Fleisch, durch Häufigkeit des Gebrauchs sich ganz
abgenutzt.

—

3 Ich sah ihn niemals, daß nicht voll sein Köcher klang,
Aus Spitzen seines Stahls der Feuerfunke sprang.

4 Ein Recke mit der Kraft der Fäuste stiergewaltig,
Von seinem Schrecken ward des Löwen Mut zwiespaltig.

5 Zu schießen wußt' er so mit einem Pfeil ins Ziel,
Daß eines Feindes Leib vom Schuß in zwei zerfiel.

6 Nie sah ich einen Dorn der Rose durchs Gewand
So dringen wie sein Sper drang durch der Schilde Rand.

7 Wo er ein Kämpferhaupt traf mit seines Spießes Flammen,
Da löthet' er ihm Helm und Kopf in eins zusammen.

8 Alswie ein Spatz am Tag des Heuschreckfangs, am Platz
Des Kampfes, gleichviel galt vor ihm Mann oder Spatz.

9 Wenn gegen Feridun er einen Anlauf nähme,
Er ließ ihm Zeit nicht, daß zum Ziehn des Schwerts er käme.

10 Die Tiger senkten scheu vor seiner Kraft die Klauen,
Wenn er ins Hirn des Leun ließ seine Krallen hauen.

11 Wo von ihm ward gefaßt am Gurt ein Kampfgeselle,
Und wär' er ein Gebirg, er riß ihn von der Stelle.

12 Wenn auf Gepanzerte das Sattelbeil er hieb,
So fuhr es durch den Mann, daß es im Sattel blieb.

13 An hohem Mannesmut und edler Männlichkeit
Ward gleich kein zweiter ihm gefunden weit und breit.

14 Mich wollt' in keiner Zeit er lassen aus der Hand,
Weil zu Rechtschaffenen er einen Trieb empfand.

15 Doch unversehens riß von dannen mich die Reise,
Weil mir am Orte nicht zureichte mehr die Speise.

16 Es rückte das Geschick mich von Irak nach Scham,
Ein gutes Land, wo mir das Weilen wohlbekam.

17 Was soll ich sagen? dort verbracht' ich manchen Morgen
In Arbeit und in Ruh', in Hoffnung und in Sorgen.

———

16 Itahan im persischen Irak; Scham = Syrien oder dessen Hauptstadt Damask.

12

18 Nun schien vom Lande Scham mein Becher voll zu sein,
Und bei mir stellte sich nach Haus die Sehnsucht ein.

19 Da hatte Zufall es so wunderlich geführt,
Daß wieder durch Irak der Rückweg mich geführt.

20 Das Haupt sank eines Nachts mir in Gedanken nieder,
Und jener Treffliche kam in das Herz mir wieder.

21 Die alte Wunde ward mit frischem Salz begossen;
Denn aus des Mannes Hand hatt' ich das Salz genossen.

22 Um ihn zu sehn, begab ich mich nach Ispahan,
Wo liebevoll nach ihm zu suchen ich begann.

23 Ich fand den jungen Mann vom Lauf der Zeit zum Greise
Gewandelt, seinen Schaft voll Saft zu dürrem Reise;

24 Wie ein Gebirg sein Haupt vom Schnee der Haare blasser,
Vom Schnee der Jahre lief ihm übers Kinn das Wasser.

25 Die Hand des Himmels hatt' an ihm die Meisterschaft
Bewährt, ihm aufgedreht die Faust der Manneskraft.

26 Die Welt hatt' aus dem Kopf den Dünkel ihm gerückt,
Und seiner Unmacht Haupt war auf das Knie gebückt.

27 Ich sprach zu ihm: „O du Lennfänger, stolz von Wuchse,
Was brachte dich herab gleich einem alten Fuchse?"

28 Er lachte drauf und sprach: „Durch die Tatarenschlacht
Ward aus dem Kopfe mir die Kampfbegier gebracht.

29 Starren sah ich das Feld, als wie ein Schilf, von Speeren,
Und Kugelregen es dem Feuer gleich verzehren.

30 Da regt' ich auf den Staub der Schlacht wie Rauch und Dampf;
Doch, wo das Glück nicht hilft, was hilft der Mut zum Kampf?

31 Ich bin der Mann, der wol, wann es zum Angriff ging,
Vom Finger mit der Lanz' herabholt' einen Ring;

---

29 b Das Feuer ist nur bildlich; sie verzehren die Schlachtreihn wie Feuer das
Röhricht (Schilf). Eine andere Lesart hat die Kugeln weggeschafft, sagt (ungefähr):
Und Fahnen flatterten wie Feuer zu den Erhären.

32 Doch da die Sterne mir nicht Beistand wollten leihn,
So schlossen wie ein Ring die Feinde rings mich ein.

33 Da macht' ich eilig mir den Weg der Flucht zu Nutz;
Denn eines Thoren Faust beut dem Verhängnis Trutz.

34 Was konnte meinem Leib der Panzer, meiner Stirne
Helfen der Helm, da mir nicht halfen die Gestirne?

35 Wenn deine Hände nicht der Obmacht Schlüssel tragen,
Wirst du nicht mit dem Arm des Sieges Thür aufschlagen.

36 Wir waren eine Schar Kampfhelden von Beruf,
In Erz gefaßt das Haupt des Manns und Rosses Huf.

37 Als wir der Feinde Heer wahrnahmen an dem Staube,
War Panzer unser Kleid und Helm war unsre Haube.

38 Arab'sche Rosse gleich Gewölken schwenkten wir,
Und die Geschosse gleich den Schloßen lenkten wir.

39 Zwei Heere stürzten aus dem Hinterhalt zusammen,
Als stürzten auf die Erd' hernieder Himmelsflammen.

40 Vom Pfeileregen dicht wie Hagelkörnerschauer
Schwoll Todessündflut rings hin über Wall und Mauer.

41 Geworfen ward zu kampfbegier'ger Leuen Fange
Die Fangschnur, eine weit den Mund aufthu'nde Schlange.

42 Zum Himmel ward die Erd' im dunkelblauen Staube,
Und Sternen gleich der Blitz von Schwert und Pickelhaube.

43 Wie sich die Reiterei des Feinds auf uns ergossen,
Stemmten wir Schild an Schild entgegen fest geschlossen.

44 Wir spalteten ein Heer mit Pfeilen und mit Speren,
Bis uns das Glück verließ, und wir den Rücken kehren.

45 Was kann mit Macht des Manns gestraffte Faust erzwingen,
Wenn höh'rer Leitung Arm ihm nicht will Beistand bringen?

46 Nicht das gezückte Schwert der Kämpen war so stumpf,
Nur die Feindseligkeit des Glücks war im Triumph.

47 Keiner von unserm Heer war aus des Kampfes Wut
Entkommen, ohne daß sein Kaftan troff von Blut.

12*

48 Wie hundert Körner, die in einer Ähre sind,
  Zerstoben Korn um Korn wir hier und dort im Wind.

49 Verzagend gaben wir verloren unser Spiel,
  Wie wenn ins Netz ein Fisch mit Schuppenpanzer fiel.

50 So mancher bohrte nicht die Spitz' in weiche Seiden,
  Von dem ich dacht', er würd' durch einen Amboß schneiden.

51 Da wider uns verzog der Glückstern sein Gesicht,
  So half der Schild uns vor dem Pfeil des Schicksals nicht." —

52 Glückseligkeit ist vom Allmächtigen geschenkt,
  Nicht von des Kämpfenden gewalt'gem Arm gelenkt.

53 Wenn du das Glück nicht hast, die Sphären im Azur
  Macht nicht Mannhaftigkeit zum Jagdfang deiner Schnur.

54 Da wider'n Himmel man die Hand nicht kann erheben,
  Muß man zufrieden sich mit seinem Gange geben.

55 Durch ihre Ohnmacht nicht kommt die Ameis' in Haft,
  Und nicht der Löwe frißt durch seine Stärk' und Kraft.

56 Steht längres Leben dir geschrieben, sei nicht bange,
  Der Leu zerreißt dich nicht, es beißt dich nicht die Schlange.

57 Und wenn von Lebensfrist kein Teil geblieben dir,
  So tötet dich wie Gift ein Lebenselixir.

58 Nicht Rostem, weil er noch sein Nahrungsmaß verzehrt
  Nicht hatte, wurde von Schegad's Verrat verheert.

59 Noch Wunderbareres will ich dir nun erzählen,
  Wie das Bemühn nicht hilft, wo günst'ge Sterne fehlen:

(141.)

1 Ein Mann der Eisenfaust war einst in Ardebil,
  Der schoß wol einen Pfeil selbst durch ein Beil mit Spiel.

2 Ein Kittelträger kam zum Kampf mit ihm heran,
  Ein weltanzündender streitfert'ger junger Mann;

3 Auf Kampf hatt' er den Sinn gestellt wie Behramgur;
Aus rohem Ellen hing am Nacken ihm die Schnur.

4 Als der von Ardebil den Kittelträger sah,
Spannt' er des Bogens Senn' und zog dem Ohr sie nah.

5 So schoß er fünfzig Pfeil' auf ihn vom besten Holz,
Doch durch den Kittel bracht' er ihm nicht einen Bolz.

6 Der kühne Bursche kam wie Sal der Held gegangen,
Warf ihm die Fangschnur um und rafft' ihn fort gefangen.

7 Ins Lager schleppt' er ihn und band mit einem Strick
Aus Zelt wie einem Dieb die Arm' ihm ins Genick.

8 Die ganze Nacht durch hielt ihn Scham und Ärger wach;
Am Morgen hört' er, wie vom Zelt ein Diener sprach:

9 „O der du Sper und Pfeil machst durch das Eisen dringen,
Ein Kittelträger wie konnt' er dich so bezwingen?"

10 Ich hörte, daß er sprach und weinte still ergeben:
„O weißt du nicht? wer kann am Tag des Todes leben?

11 Wol bin ich jener, der im Schick von Stoß und Schlag
Dem Rostem Unterricht der Kriegskunst geben mag;

12 Da stark des Glückes Arm für mich sich schlug ins Mittel,
Da war für mein Geschoß ein Panzer nur ein Kittel;

13 Nun sich von meiner Faust gewandt des Glücks Anteil,
Ist Eisenplatten gleich ein Kittel meinem Pfeil." —

14 Am Tag des Schicksals wird der Sper den Panzer schlitzen,
Und ohne Schicksal wird er nicht ein Hemde ritzen.

15 Wem übern Nacken ist Verhängnisschwerts Gewalt,
Ist nackt, ob immer sei sein Panzer zehenfalt.

16 Und steht Geschick ihm bei, und deckt ihm Glück den Rücken,
Kann auch ein Fleischerbeil den nackten nicht zerstücken.

3b Die Schnur = die Fangschnur, ein Jagdwerkzeug, hier die einzige Waffe des Kittelträgers (d. i. Unbepanzerten) (wie David mit der Schleuder vor Goliath); aus rohem Ellen, eigentlich Wildesel scil. =Fell.

17 Nicht Lebensfristung hat des Weisen Kunst erworben;
An Unverdaulichem ist nicht der Narr gestorben.

(142.)

1 Von Leibweh war ein Kurd' in einer Nacht geplagt;
Von diesem hat ein Arzt der Nachbarschaft gesagt:

2 „Da dergestalt der Mann Goldblättchen niederschlingt,
Verwundr' ich mich, wenn er die Nacht zu Ende bringt.

3 Denn kein Tatarenpfeil im Busen ist so graulich
Als in dem Eingeweid die Nahrung unverdaulich.

4 Wenn eine Falte macht ein Bissen in dem Magen,
So hat sein Leben in den Wind der Thor geschlagen." –

5 Der Zufall wollte, daß der Arzt starb in der Nacht,
Und jener hat es noch auf vierzig Jahr gebracht.

(143.)

1 Es war ein Eselein gefallen einem Bauer,
Den Kopf steckt' er am Pfahl auf seine Gartenmauer.

2 Ein welterfahrner Mann des Wegs vorüberfuhr,
Und lächelnd sprach er zum Behüter jener Flur:

3 „Bei deines Vaters Haupt! denk nicht, daß dieser Held
Vorm bösen Auge dir beschützen wird das Feld.

4 Den Prügel konnt' er selbst sich nicht von Kopf und Ohren
Abwehren, bis er wund und kraftlos ging verloren;

5 Soll er des bösen Augs Bezaubrung deinem Garten
Abwehren nun? du kannst es nicht von ihm erwarten." —

---

² [„Gelbblättchen", vielmehr „Weinblätter"; raz, nicht zar.]

6 Wie kann ein Arzt dir Rat für deine Krankheit schaffen,
Den ratlos selber muß dahin die Krankheit raffen?

(144.)

1 Ich hörte, daß der Hand des armen Manns entfiel
Ein Dinar, und danach er suchte lang und viel.
2 Das hoffnungslose Haupt hat er zuletzt gewandt;
Da kam ein anderer, der sucht' ihn nicht, und fand. —
3 Der Griffel über uns schrieb gut und böses Loos,
Als noch bewußtlos uns umfing der Mutterschoß.
4 Die Nahrung wird nicht durch der Fäuste Kraft gegessen,
Sie wird der stärksten Faust am schmalsten zugemessen.
5 Manch Wohlberatener ist nicht der Not entflohn,
Und ein Ratloser trug der Rettung Ball davon.

(145.)

1 Ein Mann empfinden ließ sein Kind des Stocks Gewicht:
Es rief: „Unschuldig bin ich, Vater, schlag mich nicht!
2 Wenn andre weh mir thun, dir kann ich's klagen nur;
Was aber soll ich thun, wenn ich's von dir erfuhr?" —
3 Zur Allmacht schreie du, wenn dir nicht Sinn gebricht,
Doch übern starken Arm der Allmacht schreie nicht.

(146.)

1 Ein Mann hieß Bachtiar, besonnt von Glückes Strahl,
Der groß Vermögen hatt' und reiches Kapital.

144, 1 [Dinar. Geldstück.]

2 Im Bettlerviertel war gelegen dessen Haus;
Wie Waizenkörner maß er Gold mit Scheffeln aus.

3 Nur ihm in dem Quartier war Geld und Gut verliehn;
Not war der Andern Teil und Mangel und Ruin.

4 Ein Bettler, wenn er sieht den Reichen in der Pracht,
Ist brennender in ihm der Mangel angefacht.

5 Mit ihrem Manne lag ein Weib in hartem Strauß,
Wenn er mit leerer Hand zu ihr kam Nachts nach Haus:

6 „Kein Bettler ist wie du so glück- und nahrungslos;
Der roten Hummel gleich hast du den Stachel bloß.

7 Von deinen Nachbarn geh und lerne Mannesmut;
Ich bin die Hure nicht, die unbezahlt es thut.

8 Manch anderer hat Gold und Silber, Gut und Sachen;
Kannst du wie er nicht auch zum Freund des Glücks dich machen?“

9 Der lautren Willen trug in seinem wüllnen Kleid,
Schrie wie die Trommel laut aus leerer Weiche schreit:

10 „Mir ist die Hand mit Kraft zu etwas nicht versehn;
Kannst du des Schicksals Hand mit deiner Faust andrehn?

11 In keines Händen liegt die freie Wahl fürwahr,
Daß ich mich wandeln könnt' in einen Bachtiar.“

(147.)

1 Es war im Lande Kisch ein alter Derwisch dort,
Der sprach zur häßlichen Genossin schön dies Wort:

2 „Da Häßlichkeit dir gab das ewige Gericht,
So wende keine Schmink' ans häßliche Gesicht.“ —

3 Wer bringt je mit Gewalt das gute Glück zur Stelle?
Wer macht mit Augensalb' ein blindes Auge helle?

---

6 b nur den Stachel, nicht, wie die Biene, auch Honig.
11 b Bachtiar = Glücksfreund, daher der Name B. 1.

4 Nicht bei Bösartigen wird Gutesthun gefunden;
Thöricht ist, Menschenthum zu suchen bei den Hunden.

5 Die Philosophen all von Jonien und Rum
Verstehn nicht Honigseim zu machen vom Zakum.

6 Vom Roste magst du wol den Spiegel machen rein,
Doch machen kannst du nicht den Spiegel aus dem Stein.

7 Ein Vieh wird nicht durch Zucht zum Menschen umgeboren,
Und die Erziehungskunst geht am Versuch verloren.

8 Die Rose wächst durch Fleiß nicht an dem Weidenreis,
Und nicht der Zenge wird durch warme Bäder weiß.

9 Da nicht den Schicksalspfeil abwendet Widerstrebung,
So bleibt kein ander Schild dem Diener, als Ergebung.

(148.)

1 Zum Weihen sprach einmal der Aar am Himmelszelt:
„Fernsichtiger als ich ist niemand auf der Welt."

2 Der Weihe sprach: „Wolan, das wollen wir erproben:
Was in der Wüste dort erfiehst du von hier oben?"

3 Ich hörte, daß soweit als eine Tagereise
Von oben nieder er blickt' auf das Feld im Kreise.

4 Dann sprach er so: „Ich seh', wenn du mir glauben willt,
Ein einzeln Waizenkorn liegt dort im Blachgefild."

5 Da hielt der Weihe nicht sich vor Verwunderung:
Sie nahmen aus der Höh' zur Niederung den Schwung.

6 Doch als der Aar hinan zum Körnlein wollte dringen,
Fühlt' er um seinen Fuß sich winden mächt'ge Schlingen.

7 Da sprach der Weih: „Was half's, das Körnlein zu erblicken,
Wenn dir die Sehkraft fehlt vor deines Feindes Stricken?"

---

5 Zakum, Giftbaum.
8 Zenge, aus Zangebar = Mohr.

8 Ich hörte, daß der Aar sprach mit dem Hals im Strick:
„Ach, keine Vorsicht hilft entgehen dem Geschick.“ —

9 Ja, wenn der Todestag soll wessen Blut vergießen,
Wird das Verhängnis ihm den scharfen Blick verschließen.

10 Nicht jede Muschel ist von einer Perle trächtig,
Und nicht die Scheibe trifft jedweder Pfeil bedächtig.

11 In einem Wasser, wo du siehest nicht den Rand,
Führt nicht zu gutem Ziel des Schwimmers Unverstand.

(149.)

1 Wie schön sprach der Gesell, der bunte Zeuge wob,
Als Elephant, Giraff' und Greif hervor er hob:

2 „Es geht hier kein Gebild aus meiner Hand hervor,
Das mir nicht obenher zeichnet der Meister vor.“ —

3 Mag deines Glücks Gebild gut oder übel sein,
Entworfen hat es Er mit Schicksalshand allein.

4 Abgötterei ist noch darin versteckt, wer denkt:
„Geschlagen hat mich Seid, und Amru mich gekränkt.“

5 Doch wenn ein Auge dir des Schicksals Herr verleiht,
So siehest du hinfort nicht Amru mehr noch Seid.

6 Ich glaube nicht, daß, wenn der Knecht bescheiden schweigt,
Von seinem Unterhalt etwas der Herr ihm streicht.

7 Er, der dein Leben schuf, verleih' ihm sein Erquicken!
Denn, was nicht Er beschafft, wer könnte dir's beschicken?

(150.)

1 Zu der Kamelin sprach einst unterwegs ihr Fohlen:
„Willst du nach langem Marsch nicht einmal Atem holen?“

---

⁴ Seid und Amru = der und jener, wie eben S. 130.

2 Sie sprach darauf: „Hätt' ich in meiner Hand den Zaum,
So sollte niemand hier mich sehen unterm Saum." —

3 Der Schiffsherr lenkt das Schiff, wohin er's lenken wollte,
Und wenn der Nichtherr sich das Kleid zerreißen sollte.

4 O Saadi, richte nicht auf jemands Hand die Blicke;
Der Geber ist allein der Lenker der Geschicke.

5 Bist du ein Knecht des Herrn, laß andrer Herren Thüren;
Denn, wenn er ausstößt, wer vermag dich einzuführen?

6 Setzt er dir Kronen auf, so heb' den Kopf empor;
Wo nicht, so traue dir nur hoffnungslos das Ohr.

(151.)

1 Andacht aus innerm Trieb ist angenehm dem Herrn;
Wo nicht, was kommt heraus bei Schalen ohne Kern?

2 Ob Feueranbetergurt, ob Kutt', ist einerlei,
Wenn du sie trägst, damit das Volk bestochen sei.

3 O prunk', ich sag' es dir, mit deiner Mannheit nicht;
Und hast du dich als Mann gezeigt, so sei kein Wicht.

4 Nach Maß des Seins gebührt zu legen an den Schein;
Beschämung trägt davon, wer Schein bringt ohne Sein.

5 Denn zieht man von dem Kopf ihm die geborgten Kappen,
So sieht man an der Brust die alten Kleiderlappen.

6 Wenn klein du bist, gib nicht Holzfüße deinen Beinen,
Um in der Kinder Aug' als Großer zu erscheinen.

7 Wie fein versilbert du dein Kupfer hast, es geht
Doch auszugeben nur an den, der's nicht versteht.

8 O liebe Seele, drum vergolde nicht den Heller;
Denn gelten wird er doch nichts auf des Wechslers Teller.

(152.)

1 O weißt du nicht, was einst Baba vom Berge rief
  Dem Manne, der die Nacht aus Heiligkeit nicht schlief?:

2 „Befleiß', o liebes Herz, dich inn'rer Eigenschaften;
  Denn von den äußern wird an dir kein Vorteil haften.

3 Nur solche, welche sind vom Außenwerk erbaut,
  Die haben das Gepräg bis jetzt an dir beschaut.

4 Was ist ein Diener wert, schön wie ein Himmelskind,
  Dem unter dem Gewand aussätz'ge Glieder sind?

5 Ins Paradies kannst du mit Kunst dich stehlen nicht;
  Den Schleier zieht man dir vom häßlichen Gesicht."

(153.)

1 Ein Unerwachsener wollt' eines Tages fasten;
  Schwer bis zur Frühmahlzeit trug er des Fastens Lasten.

2 Sein Führer brachte heut ihn nicht zur Schule hin;
  So großes Wunder nahm des Kleinen Andacht ihn.

3 Der Vater küßt' aufs Aug', aufs Haupt die Mutter ihn,
  Sie streuten auf das Haupt ihm Gold und Mandeln hin.

4 Doch als nun über ihn der Mittag hergekommen,
  Da war in ihm ein Brand der Eingeweid' entglommen.

5 Er sprach bei sich: „Wenn ich nehm' einen Bissen Futter,
  Nicht merken werden es der Vater und die Mutter."

6 So richtete sein Blick nur auf die Menschen sich;
  Er aß und trank geheim, und fastet' öffentlich.

7 Nun ist viel thörichter als dieses Kind ein Mann,
  Der für die Welt den Schein der Frömmigkeit legt an.

---

¹ Der impubes braucht nicht zu fasten.

5 Ein Schlüssel zu der Höll' ist das Gebetgepränge,
Das für der Menschen Blick du ziehest in die Länge.

9 Will du auf anderm Weg als dem der Wahrheit schreiten,
Wird man auf's Feuer dir den Beteteppich breiten.

(154.)

1 Ein alter Sünder fiel, so hört' ich, von der Stiegen,
Und in dem Augenblick mußt' ihm die Seel' entfliegen.

2 Der Sohn begann um ihn zu weinen ein paar Tage,
Dann saß er wiederum mit Freunden beim Gelage.

3 Den Vater sah er Nachts in einem Traumgesicht,
Und fragt' ihn: „Sprich, wie kamst du durch bei dem Gericht?"

4 Er sagte: „Sohn, davon wird füglicher geschwiegen:
Gefallen bin ich in die Hölle von der Stiegen." —

5 Wer ohne Schaugepräng auf schlichtem Wege geht,
Ist besser als voll Wust im Innern ein Asket.

6 Gefallen laß' ich selbst den nächtlichen Banditen
Mir lieber, als den Schelm im Kleid des Eremiten.

7 Wer an der Thür der Welt sich Mühe macht und Plage,
Was soll ihm geben Gott für Sold am jüngsten Tage?

8 Erwarten darfst du nicht von Amru deinen Lohn,
Wenn du im Haus des Seid thatst deinen Dienst, o Sohn.

9 Ich glaube nicht, daß je zum Freunde hin sich fand,
Wer nicht auf diesem Weg nach ihm blickt' unverwandt.

10 Geh graden Wegs, so kommst du ins Quartier mit Glück:
Du bist nicht auf dem Weg, drum bleibest du zurück:

11 Dem Rind der Kelter gleich, dem man die Augen bindet,
Das taglang geht und Nachts am selben Ort sich findet.

12 Den, der dem Hochaltar das Antlitz abgewandt,
Hat als Ungläubigen die Nachbarschaft erkannt:

13 Du aber betest auch zur Kibla mit dem Rücken,
Wenn auf den Herrn allein nicht deine Wünsche blicken.

14 Den Baum, von welchem fest im Grund die Wurzeln kleben,
Den pflege du, er wird dir künftig Schatten geben;

15 Wenn dir im Grunde nicht der Treue Wurzeln liegen,
Wird niemand als du selbst dich um die Frucht betrügen.

16 Wer seinen Samen streut auf steiniges Gelände,
Zur Zeit der Ernte kommt kein Korn ihm in die Hände.

17 O lege Wert nicht bei dem Schein der Heuchelei;
Denn diesem Wasser wohnt der Schlamm im Grunde bei.

18 Wenn im Verborgenen du unnütz bist und böse,
Was hilft dir's, daß du deckst mit gutem Schein die Blöße?

19 Leicht ist's, mit Heuchelei die Kutte wol zu flicken,
Wenn du nur Gott damit vermöchtest zu bestricken.

20 Was wissen Menschen, wer steckt in des Kleides Falten?
Der Schreibende nur weiß, was in dem Brief enthalten.

21 Was kann ein Sack voll Wind dort haben für Gewicht,
Wo die Gerechtigkeit die Wag' hält im Gericht?

22 Der Gleißner, der so voll von frommem Wesen stak,
Als man es recht besah, war nichts in seinem Sack.

23 Des Kleids Auswendig schmückt man mehr als sein Inwendig;
Denn dieses bleibt verdeckt, und das sieht man beständig.

24 Ein Edler aber ist uns Ansehn ohne Sorgen,
Und Seidenfutter trägt er im Gewand verborgen.

25 Doch wenn du auf der Welt willst machen ein Geschrei,
Leg' außen Seiden an, was drein gestopft auch sei.

26 Zum Scherz ist nicht dies Wort von Bajesid gekommen:
„Dem Leugner trau' ich ehr als dem geflißnen Frommen." —

27 Sultane, Schahinschah' und aller Fürsten Chor
Sind miteinander nur die Bettler hier am Thor.

28 Vom Bettler suchet nichts, wer Sinn hat und Verstand;
Wer hält an dem sich, der gefallen, mit der Hand?

29 Haſt du auf Gott im Dienſt gerichtet dein Geſicht,
Ob auch dich Gabriel nicht ſehn mag, ſchadet's nicht.

30 Sohn, nütz iſt dir der Rat von Saadi früh und ſpat,
Wenn du ins Ohr ihn nimmſt wie eines Vaters Rat.

31 Wenn du Gehör nicht jetzt wirſt meinen Worten geben,
O mögeſt du es nicht bereun in jenem Leben!

32 Wenn einen beſſeren Berater du verlangſt,
Ich weiß nicht, was du einſt nach meinem Tod erlangſt;

33 Schwer iſt ein beſſerer Berater dir geſucht,
O Bruder, pflücke dir von dieſem Baum die Frucht!

Sechſte Pforte.

Genügſamkeit.

(155.)

1 Der kennt nicht Gott und hat ihm nie gedient hienieden,
Wer nicht mit ſeinem Loos und Anteil iſt zufrieden.

2 Zufriedenheit allein macht einen Menſchen reicher;
Sag das dem gierigen unſteten Weltdurchſtreicher.

3 Nimm eine Ruh' dir vor, o ruheloſer Mann;
Weil auf dem Stein, der rollt, das Gras nicht wachſen kann.

4 Nähr' nicht den Bauch, wenn lieb dir iſt des Geiſts Behagen:
Denn ſo wie du ihn nährſt, ſo haſt du ihn zu tragen.

5 Wer da vernünftig iſt, Tugenden nähren mag er;
Denn wer da nährt den Leib, wird an der Tugend mager.

6 Zum Menſchlichen gelangſt du erſt, wenn du in dir
Haſt Schweigen auferlegt dem Hunde der Begier.

7 Der Thiere Laufbahn iſt, zu ſchlafen und zu eſſen:
Nur Unvernünftigen iſt ſo der Kreis gemeſſen.

8 Heil dem Glückseligen, der einen Winkel kürt,
Und einen Vorrat von Erkenntnis bei sich führt.

9 Wem das Mysterium der Wesenheit erschien,
Das Nichtige vermag nicht zu bestechen ihn;

10 Doch wer die Finsternis nicht scheidet von dem Licht,
Kennt Huriwangen vom Dämonenantlitz nicht.

11 Selbst in die Grube hast du dich gestürzt, o Leiden,
Weil Grub' und Weg du nicht wußtest zu unterscheiden.

12 Wie soll zu Himmelshöh' dein Edelfalke dringen,
Wenn du den Stein der Lust ihm bindest an die Schwingen?

13 Doch wenn du aus der Hand der Lüste seinen Saum
Losmachest, fliegt er bis zum Paradiesesbaum.

14 Wer minder isset, als er war gewohnt zuvor,
Hebt stufenweise sich zu Engelsart empor.

15 Der Leu ist nicht sofort zum Engel aufgestiegen,
Vom tiefsten Abgrund kann man nicht zum Himmel fliegen:

16 Menschlichen Wandels mußt du dich befleißen erst,
Bis du auf Engelsart deine Gedanken kehrst.

17 Du reitst ein junges Roß von böser Zucht, gib Acht,
Daß es nicht seinen Kopf entziehe deiner Macht.

18 Denn, wenn es dir den Zaum hat aus der Hand gebrochen,
Zerquetscht es sich den Leib und schmettert dir die Knochen.

19 Wenn du ein Mensch willst sein, genieß dein Mahl mit Maß:
So vollen Bauchs, bist du ein Mensch? bist du ein Faß?

20 Raum hat darin die Kost, das Denken und der Atem;
Du aber denkst, es sei fürs Brot allein ein Gadem.

21 Zwei Augen und ein Bauch, die du nie füllen kannst:
Viel besser hältst du leer den windungsreichen Wanst,

22 Der wie die Höll' ist, die mit der Verdammten Heer
Man füllt, sie aber schreit beständig: Kommt nicht mehr?

---

22 ein Schreckensbild des Koran.

23 Den Jesus in dir mag die Magerkeit verzehren,
Du bist allein bedacht, den Esel wohl zu nähren.

24 O siehst du etwa nicht, daß jedes wilde Thier
In Schlingen nur gerät durch seine Freßbegier?

25 Der Tiger, dessen Stolz hervorragt über alle,
Gerät alswie die Maus durch Freßlust in die Falle.

26 Bei wem du wie die Maus magst Brot und Käse naschen,
Dem gehest du ins Netz, sein Pfeil wird dich erhaschen.

(156.)

1 Mir schenkt' ein Kämmerer 'nen Kamm von Elfenbein:
„Mög' allen Kämmerern Gott ewig Huld verleihn!"

2 Dann hört' ich, daß einmal er einen Hund mich hieß,
Weil ich an seiner Huld ich weiß nicht was verstieß.

3 Da warf ich weg den Kamm: „Ich brauche nicht dies Bein,
Und will von dir ein Hund genannt nicht wieder sein." —

4 Nie hab' ich, seit ich mir ließ meinen Essig munden,
Vom Herrn der Süßigkeit Demütigung empfunden.

5 Seel', übe Gnügsamkeit, und groß sei dir dein Kleines,
Damit du künftig Fürst und Bettler siehst als Eines.

6 Warum mit Bettelgruß gehst du den Chosru an?
Thu' die Begierde weg, und du bist Chosru dann.

7 Und fröhnst du der Begier, so mach den Bauch nur gar
Zum Trog, und jede Thür der Reichen zum Altar.

(157.)

1 Mir ward erzählt, ein Mann trat dem Charesmeschah,
Getrieben von Begier, am frühen Morgen nah.

---

23 Jesus und der Esel, Inneres und Äußeres.
1 [Kämmerer: Rückert las hádschib statt der gewöhnlichen Lesart háddschi, Pilger.]
7 Altar, eigentlich Kibla; was 157, 4 erläutert.

2 Wie er ihn sah, macht' er sich krumm und wieder grad,
Und richtete sich auf vom Fußfall, den er that.

3 Zu diesem sprach sein Kind: „Lieb Väterchen, o sage,
Antwort erteile mir auf eine Zweifelsfrage:

4 Sprachst du nicht, dorthin sei die Kibla nach Hidschas?
Und richtest dein Gebet nun hieher? wie ist das?" —

5 Sei mit lustfröhnender Begierde nicht im Bunde;
Denn deren Kibla liegt woanders jede Stunde.

6 Genügsamkeit erhöht das Haupt, hoch ehre sie:
Ein Haupt voll Gier erhebt sich von der Schulter nie.

7 Gier hat zur Gnüge dir der Ehre Naß verschüttet,
Den Schooß voll Perlen um ein Körnlein Fraß verschüttet.

8 Da aus dem Wasserbach du satt dich trinken kannst,
Erniedrige dich nicht um Eis für deinen Wanst.

9 Vielleicht der Weichlichkeit lernst du noch zu entsagen,
Wonicht, so mußt du stets von Thür zu Thür anfragen.

10 Geh, Freund, und zieh die Hand deines Verlangens ein,
So wird nicht nötig dir des Reichen Ärmel sein.

11 Wer nur der Wünsche Blatt sein läßt gefaltet bleiben,
Der braucht an keinen Herrn „Diener und Knecht" zu schreiben.

12 Der Anspruch macht, daß' man dich weist aus jedem Kreise;
Weis' ihn selbst von dir weg, daß niemand weg dich weise.

(158.)

1 Der Vielfraß hat die Last von seinem Bauch zu tragen;
Und fand er keinen Fraß, so trägt er Mißbehagen.

2 Des Bauches Diener trifft oft der Beschämung Schmerz;
Lieber ist mir der Bauch verengert, als das Herz.

---

⁴ Ausführung von 156, 7ᵇ. Kibla, die Richtung des Betenden nach der Kaaba in Hirschas.
ᴮ [Eis, im heißen Persien von großem Werthe, um die Getränke damit zu kühlen.]

(159.

1 Sei mit dem Weibe nicht unmäßig im Verkehr;
Bist du nicht rasend, zück auf dich nicht deine Wehr.
2 Begierden über der Natur Verlangen reizen,
Heißt mit Verlangen nach dem eignen Tode geizen.

(160.)

1 Von Basra hab' ich ein Geschichtchen mitgebracht,
Ein wundersüßes, das Datteln zu Schanden macht.
2 Wir gingen, ein'ge Mann, zusammen im Gewand
Ehrbarer Leute hin an eines Palmhains Rand.
3 Doch einer von der Zahl war seinem Bauch ergeben;
Weil er ein Fresser war, vergeudet' er sein Leben.
4 Er schürzte sich, der Wicht, und klomm den Baum hinan;
Er fiel auf seinen Hals, und hatte gnug daran.
5 Des Dorfes Obmann kam: „Wer hat den Mann erschlagen?"
Ich sprach: „Du brauchst darum so barsch uns nicht zu fragen.
6 Sein Wanst hat ihm den Saum geschlungen an den Baum;
Von weitem Magen wird verengt des Herzens Raum." —
7 Nicht stets von Datteln gilt's: verschlungen und entsprungen;
Zuweilen trifft sich's so: verschlungen und zersprungen.
8 Der Bauch ist Fessel an der Hand und Kett' am Fuß;
Des Bauches Diener dient dem Herren mit Verdruß.
9 Die Heuschreck' ist ganz Bauch; darum sie solcherweise
Am Fuß gezerrt wird von kleinbauchiger Ameise.
10 Geh und bereite dir ein Inn'res leer und rein;
Zu füllen ist der Bauch mit Erde nur allein.

---
[1] Basra, Dattelland.

1 Ein Süfi war der Knecht von Bauch und Fleischeslust;
 Zwei Thaler hatt' er, die er dafür ausgab just.

2 Als von den Freunden ihn vertraulich einer fragte:
 „Mit den zwei Thalern was hast du gemacht?" er sagte:

3 „Das Rückenmark hab' ich mit einem angeregt,
 Und habe für den Bauch den andern angelegt.

4 Doch eine Schlechtigkeit und Thorheit war's, nichts mehr;
 Denn dieser ward nicht voll, und jenes ward nicht leer."

1 Rohrzucker trug umher auf seinem Bret ein Krämer,
 Sich wendend rechts und links, damit er fänd' Abnehmer.

2 Zu einem weisen Mann sprach er an Dorfes Ende:
 „Nimm und bezahl mich, wann dir Geld kommt in die Hände."

3 Da gab der Treffliche, von rechter Einsicht voll,
 Die Antwort, die man vor die Augen schreiben soll:

4 „Du hättest etwa nicht Geduld mit meiner Schuld;
 Vor deinem Zuckerrohr hab' ich jedoch Geduld." —

5 In seinem Rohre hat nicht Süßigkeit der Zucker,
 Wenn bitter hinterher die Mahnung kommt dem Schlucker.

1 Einst ward beschenkt ein Mann besonnen und bescheiden
 Vom Emir von Choten mit einem Stücke Seiden.

2 Er legt' es an, darauf küßt' er die Erd' und sprach:
 „Dem Weltgebietenden sei Heilgruß tausendfach."

3 Vor Freude lachend blüht' er wie ein Rosenblatt,
 Dann küßt' er ihm die Hand und sprach an selber Statt:

4 „Schön ist das Ehrenkleid des Schahes von Choten,
Doch meinen Kittel hier nenn' ich den schöneren." —

5 Wenn frei du sein willst, schlaf am Boden auf der Erde;
Den Boden küsse nicht, daß dir ein Kissen werde.

(164.)

1 Es war ein Mann, der nur zum Brot die Zwiebel aß,
Weil er nicht Geld und Gut wie mancher sonst besaß.

2 Ihm sagt' ein Thörichter: „O Kriechender im Staube,
Geh, hol dir ein Gericht von des Freimahles Raube.

3 Begehr und heische nur, und sei nicht scheu mit Bitten;
Denn dem Verschämten ist die Nahrung abgeschnitten."

4 Da schürzt' er sein Gewand und schwang den Arm mit Pochen;
Zerrissen ward sein Rock und ihm der Arm zerbrochen.

5 Ich hörte, wie er sprach und weinte lautres Blut:
„Wie ist zu helfen dem, was man sich selber thut?

6 Sein eignes Unheil sucht der Sklave der Begier;
Bei Brot und Zwiebel bleib' ich künftig im Quartier." —

7 Ein Gerstenbrot, verzehrt vom Fleiße meiner Hände,
Ist besser als gereicht von fremdem Tisch die Spende.

(165.)

1 Bei einer alten Frau war eine Katz' im Haus,
Erbärmlich ging es ihr, und ärmlich war ihr Schmaus.

2 Da rannte sie einmal zum Gasthaus vom Emir;
Der Fürstenknechte Troß mit Pfeilen schoß nach ihr.

3 Sie sprang heraus, indes das Blut vom Leib ihr lief,
Und rannt' in Todesangst davon, indem sie rief:

---

4 b [nämlich vom Gedränge zum Freimahl.]

4 „Wenn ich den Schützen hier entrinn' und bin zu Hause,
So bleib' ich bei der Maus in meiner Alten Klause." —

5 Der Honig, liebes Herz, ist nicht der Stacheln wert,
Besser Genügsamkeit, die sich von Molken nährt.

6 Mit jenem Diener ist der Herr nicht wohlzufrieden,
Dem nicht der Teil genügt, den ihm der Herr beschieden.

(166.)

1 Als in des Kindes Mund die ersten Zähn' entsprangen,
Da ließ gedankenvoll den Kopf der Vater hangen:

2 „Woher nun soll das Brot und Mus dem Kind entsprießen?
Und unbarmherzig wär's, wenn wir es hungern ließen."

3 Da ratlos er das Wort vor seinem Weibe sprach,
Nun sieh, wie männlich sie des Mannes Zweifel brach:

4 „Laß dir vom Teufel Angst nicht machen für sein Leben;
Der ihm die Zähne gab, wird auch das Brot ihm geben." —

5 Reich ist doch wol genug, der schuf des Tages Licht,
Dir auch des Tages Brot zu geben; sorge nicht.

6 Und der im Mutterleib das Kind gezeichnet hat,
Schreibt auch den Unterhalt ihm auf des Lebens Blatt.

7 Der Herr, der nur gekauft den Knecht, wird ihn mit Recht
Erhalten, wie viel mehr, der selbst erschuf den Knecht.

8 Hast du soviel Vertraun zu deinem Schöpfer nicht,
Als selbst zu seinem Herrn ein Knecht hat Zuversicht?

(167.)

1 Du hast ja wohl gehört, daß vormals Stein und Sand
Zu Gold und Silber ward in eines Heil'gen Hand.

2 O denke nicht, dies Wort sei der vernünft'gen keines:
Wenn du genügsam bist, ist Sand und Silber eines.

3 Sag' doch dem Derwisch, der nach Sultans Gnaden jagt,
Daß mehr der Sultan als der Derwisch ist geplagt.

4 Ein halber Groschen macht den Bettler schon halb satt,
Und den Feridun kann ganz Babylon halb satt.

5 Herrschaft von Volk und Land befreit kein Herz vom Grame:
Der Bettler ist ein Fürst, und Bettler nur sein Name.

6 Der Bauer und sein Weib, sie schlafen sanft und tief,
Süß wie der Sultan nie in seinem Schlosse schlief.

7 Wenn weggespült vom Strom des Schlafs jedwedes wurde,
Wer ist Schah auf dem Thron, wer in der Wüst' ein Kurde?

8 Ob hier ein Padischah, dort ein Schuhflicker lag,
Die Nacht des einen wie des andern wird zum Tag.

9 Wenn du den Reichen siehst, das Haupt von Hochmut trunken,
Geh, Armer, und bet' an, vor Gott in Staub gesunken:

10 Dank ihm, daß er die Macht nicht gab in deine Hände,
Daß eines Andern Weh aus deiner Hand entstände.

(168.)

1 Ich hört' erzählen, daß ein jung'ger guter Mann
Nach seines Leibes Maß ein Haus zu baun begann.

2 Zu diesem sprach ein Freund: „Ich weiß, daß du mit Fug
Baun kannst ein beßres Haus." Doch jener sprach: „Genug!

3 Was soll ich ein Gebäud' empor zum Himmel bäumen?
Auch dieses ist dazu genug, um es zu räumen." —

4 Mein Knabe, baue dir kein Haus an Gießbachs Rande;
Denn niemand noch war fest zu bauen dort im Stande.

5 Der Weisheit und Vernunft, der Einsicht ist's entgegen,
Daß sich ein Reisender ein Haus bau' auf den Wegen.

(169.)

1 In Herrschaft stand ein Mann, der hoch war angesehn,
Doch seine Sonne sah er bergwärts niedergehn.

2 Da ließ er einem Scheich die Herrschaft übers Land,
Weil sich in seinem Haus kein Stellvertreter fand.

3 Wie der Einsiedler hört die Herrschaftspauke schlagen,
Will in der Siedelei die Rast ihm nicht behagen.

4 Mit Mannschaft rechts und links er auszuziehn begann,
Und der Beherzten Herz vor ihm zu fliehn begann.

5 Ihm wuchs der Fäuste Schärf' und seines Armes Wucht,
Mit allen Streitern hat er Kampf und Streit gesucht.

6 Von dem verstörten Volk hieb er ein Teil in Stücken,
Die andern schlossen fest zusammen Rat und Rücken,

7 Und schlossen endlich so in eine Fest' ihn ein,
Daß seine Kraft erlag vor Wurfgeschoß und Stein.

8 An einen frommen Mann ging da von ihm der Bot':
„O spring mir bei! ich bin bedrängt und hart in Not.

9 Mit Herzwunsch und Gebet sei thätig für mein Heil;
Denn nicht in jedem Kampf entscheidet Schwert und Pfeil."

10 Der Fromme hörte das, er lacht' und sprach dazu:
„Ei, warum aß er nicht ein halbes Brot in Ruh!" —

11 Karun erkannte nicht, berückt von Eigennutz:
Der Schatz der Rettung liegt in niedrer Hütten Schutz.

(170.)*

1 Der Edelmüt'ge trägt den Wert in seinem Mut;
Gering ist der Verlust, verliert er Geld und Gut.

2 O glaub' nicht, daß ein Wicht, wird er wie Karun reich,
Die Niederträchtigkeit auszieh' damit zugleich.

3 Doch hab' ein Edelmut Ausübender kein Brot,
Den Reichtum des Gemüts entzieht ihm keine Not.

* S. oben das Ende der zweiten Pforte, S. 110.

4 Der Gott, der aus dem Staub den Menschen ließ entstehn,
Meinst du, daß Menschlichkeit er läßt zu Grunde gehn?

5 Ja, wenn aus Rang und Würd' ein Niederträcht'ger fällt,
Ein halbes Wunder wär's, würd' er neu hergestellt;

6 Doch, wenn ein Stein von Wert du bist, kein Gram dich nage!
Verloren gehen läßt dich nicht der Lauf der Tage.

7 Am Wege liegen mag vielleicht ein Ziegelstück;
Du siehst nicht, daß danach thut jemand einen Blick.

8 Doch aus der Schere Mund kein Blättchen Goldes klein
Mag fallen, ohne daß man's sucht bei Kerzenschein.

9 Selbst aus Gestein bringt man das Glas hervor; getrost!
Der Spiegel wird bedeckt nicht bleiben unterm Rost.

10 Du brauchst nur Frömmigkeit und Tugend, Wert und Mut:
Denn mit der Zeit kommt, mit der Zeit geht Ehr' und Gut.

(171.)

1 Die Kunde hört' ich in der Redekund'gen Kreise,
Daß vormals in der Stadt hier war ein alter Greise,

2 Des Augen manchen Schah und Herrschaftswechsel sahn,
Manch Menschenalter durch, von Amru's Zeiten an.

3 Dem alten Baume war ein Früchtchen jung entsprossen,
Von dessen Schönheit laut schrien alle Stadtgenossen:

4 „O Wunder übers Kinn von solchem Herzensdieb!
Wer sah Cypressenwuchs, der einen Apfel trieb?"

5 Dem jungen Schalk das Spiel mit Menschenruh zu wehren,
Fiel es dem Alten ein, das Haupt ihm kahl zu scheren.

6 Mit hoffnungkürzenden betagten Messers Rand
Macht' er so glänzend ihm das Haupt wie Moses' Hand.

---

2 [Amru, d. i. Amr ibn Leith der Saffaride, regierte 878/900.]
4 b Der Apfel ist eben das Kinn.

7 Der Hitzkopf, dessen Herz von Eisen war, den Schönen
Mit Periwangen hub er scharf an zu verhöhnen.

8 Weil solcher Schönheit er ein Härchen abgekappt,
Ward ihm der Kopf sogleich in seinen Bauch geschnappt.

9 Der Schöne ließ vor Scham alswie die Laute hängen
Den Kopf, von dem herab fielen der Stränge Längen.

10 Dem Liebenden, der hatt' auf ihn das Herz gewandt,
Das Herz in Thränen gleich des Schönen Augen stand.

11 Da sprach zu ihm ein Freund: „Unbill hast du erfahren
Und Schmerz; die Leidenschaft, die eitle, laß nun fahren!

12 Ihn' wie ein Schmetterling, und ihm den Rücken kehre,
Da seiner Schönheit Kerz' erlegen ist der Schere."

13 Der rüstig Liebende ließ einen Seufzer steigen:
„Die Unbeständigkeit," sprach er, „ist Rohen eigen.

14 Anmutig muß ein Knab' und hold sein von Gebahren:
Mag sich der Vater dann vergreifen an den Haaren!

15 Ins Leben über ist die Liebe mir gegangen,
Und nicht an einem Haar wird mein Gemüte hangen." —

16 Hast du ein schön Gesicht, so laß dich's nicht verdrießen,
Das Haar wird, wenn es dir entfiele, wieder sprießen.

17 Auch nicht die Rebe hat beständig frisches Laub,
Bald gibt sie Früchte, bald ihr Blatt dem Wind zum Raub.

18 Ein Edler fällt wol in Verhüllung gleich der Sonnen,
Sein Neider aber fällt wie Aschen in den Bronnen.

19 Die Sonne kommt hervor aus Wolkenhüllen wieder,
Im Brunnen aber sinkt die Asch' allmählich nieder.

20 Erschrick vorm Dunkel nicht, o Mann des hohen Strebens;
Denn in dem Dunkel ist vielleicht der Quell des Lebens.

---

7 Der Hitzkopf ist das Messer; verhöhnen verunstalten, verschimpfen.
8 Das Messer wird zur Strafe für seine Unthat eingeschlagen, der Kopf (die Schneide) in den Bauch (die Scheide).

21 Fand der Erschütterung nicht Ruhe Meer und Land?
Und reiste Saadi nicht, bis seinen Wunsch er fand?

22 Drum quäle nicht dein Herz, ob dir ein Wunsch versage:
Denn schwanger ist die Nacht, o Bruder, mit dem Tage.

Siebente Pforte.

Zucht und Lehre.

(172.)

1 Es ist die Rede hier von Ordnung, Maß und Regel,
Und nicht von Roß und Schlacht, auch nicht von Ball und Schlägel.

2 Du wohnst mit deinem Feind, der Gier, in Einem Haus:
Was gehest du auf Kampf mit jenem fremden aus?

3 Der Mann, der vom Verbot zurück die Seele zügelt,
Der hat an Mannheit Sam und Rostem überflügelt.

4 Gib doch wie einem Kind dir selbst zur Zucht die Rute,
Eh du die Keule tränkst mit Feindes Stirneblute.

5 Von einem Feind wie du hat niemand viel Beschwerden,
Da mit dir selber ja du nicht kannst fertig werden.

6 Dein Ich ist eine Stadt, von Gut und Bösen voll,
Du bist der Fürst, Vernunft dein Rat, der raten soll.

7 Gewiß, die Niedrigen, die hoch den Rücken tragen,
Werden in dieser Stadt nach Leidenschaften jagen:

8 Furcht und Ergebung ist den edlen Guten lieb,
Und Losigkeit und Lust dem Strauch= und Taschendieb.

9 Wenn Nachsicht nun der Fürst hat mit der Bösen Treiben,
Wo wird die Sicherheit und Ruh' der Frommen bleiben?

10 Doch dir ist Gier und Lust und Rach' und Neides Hadern
Wie Seel' in deinem Leib, wie Blut in deinen Adern.

11 Wie diese Feinde du gezogen und gepflogen,
So haben sie ihr Haupt bald deiner Macht entzogen:

12 Und dann nur bleiben Luſt und Gierden unterdrückt,
Wenn des Verſtandes Fauſt ſie ſehen ſcharf gezückt.

13 Ein Hauptmann, wenn er nicht die Feinde bänd'gen kann,
Soll gar nicht ſagen, daß er Hauptmannſchaft gewann.

14 In dieſem Hauptſtück braucht's nicht Worte zu verſchwenden;
Ein Wörtchen iſt genug, wenn du es an willſt wenden.

(173.)

1 Wenn wie der Berg den Fuß du hältſt zurück im Saume,
So hebeſt du mit Stolz das Haupt im Himmelsraume.

2 Halt an dich deine Zung', o vielverſtänd'ger Mann;
Den zungenloſen ſchreibt der Griffel dort nicht an.

3 Die, denen das Juwel der Schweigſamkeit iſt kund,
Thun wie die Muſchel nur mit Perlen auf den Mund.

4 Wer viele Worte macht, verſtopft ſich ſelbſt das Ohr;
Beim Schweigenden nur hat der Rat ein offnes Thor.

5 Vom Reden anderer ſchmeckt nicht die Süßigkeit,
Wer ſelbſt zu jeder Friſt zu reden iſt bereit.

6 Man redet nicht das Wort, eh man's bedacht vollkommen;
Man ſchneidet nicht das Kleid, eh man das Maß genommen.

7 Wer Fehl und Richtigkeit im Sinn erwägt genauer,
Iſt beſſer als ein ſtets ſpruchfert'ger Wiederkauer.

8 Red' iſts, die ſeinen Wert dem Menſchengeiſte gab;
Du ſetze durch das Wort nicht deinen Wert herab.

9 Den minder Sprechenden ſiehſt du ſich minder ſchämen;
Ein Körnchen Muſkus gilt mehr als ein Haufen Lehmen.

10 Laß dich mit dem nicht ein, der für zehn Männer ſchwätzt;
Und ſprich alswie ein Mann, der weiſ' iſt und geſetzt.

---

¹ Der Saum des Bergs, ſein Fuß. Der Saum des Kleides, in den man den Fuß zurückzieht = continentia. Eines der ſpielenden, auf Wortſpiel beruhenden Bilder, wie auch „Gurt“ vom Berg, 140, 11.

11 Du schossest hundert Pfeil', und alle gingen schrägs:
Wenn du vernünftig bist, schieß einen gradenwegs.

12 Wie möchte heimlich wer ein Wörtchen fallen lassen,
Ob dem, wenn offenbar es würd', er müßt' erblassen?

13 Thu deine Heimlichkeit nicht kund vor einer Mauer;
Es ist ein Ohr vielleicht dahinter auf der Lauer.

14 Geheimniß liegt in Haft in deinem Herzverließe;
Gib Acht, daß es das Thor der Festung nicht erschließe.

15 Ein Weiser hemmt darum den Mund im Redeschwunge,
Weil er die Kerze sieht verbrennen an der Zunge.

(174.)*

1 Fürst Takasch sagt' einst ein Geheimniß seinen Knechten,
Das andern Leuten sie nicht weiter sagen möchten.

2 Ich denke wol, daß es bald ausgeplaudert ward:
Da sprach der Sultan: „O ihr Thoren böser Art!

3 In einem Jahr kam mir's vom Herzen auf die Zunge:
In einem Augenblick geht's durch die Welt im Schwunge."

---

¹⁵ [Zunge, züngelnde Flamme.]
* Dieselbe Erzählung zur Probe im Versmaß des Originals
($\cup - - \mid \cup - - \mid \cup - - \mid \cup -$)
übersetzt:
(1) Takasch-Schah vertraut' ein Geheimniß den Knechten,
Damit sie an Niemant es ausbringen möchten.
(2) Ich weiß nicht, von wem ausgeplautert es ward;
Der Schah sprach: „Ihr Unweisen boshafter Art!
(3) Ein Jahr, und mir kam's aus der Brust auf die Zung',
Ein Nu, und ihr bringt durch die Welt es in Schwung."
(4) Dem Scharfrichter er ohne Schonung befahl:
„Du hau ihre Köpf' ab mit schneidendem Stahl."
5 Da sprach von der Schar einer, flehend um Huld:
„O bring nicht die Knecht' um! denn dein ist die Schuld.
6 Du hast, da's ein Quell war, gestopft nicht das Loch;
Es ist nun ein Gießbach, wer stopft tiefen noch?" —
7 Du mach' dein Geheimniß nicht selbst Einem kund;
So bist du gewiß, daß er's macht keinem kund.
8 Du magst keinen Schatz keinen Schatzmeistern geben,
Doch gib dein Geheimniß dir selbst aufzuheben.

4 Und dem Scharfrichter gab er ungesäumt Befehl:
„Hau allen diesen ab die Köpf' und hau nicht fehl!"

5 Doch ihrer einer sprach, indem er bat um Gnade:
„Bring nicht die Diener um! denn von dir ist der Schade.

6 Du hast nicht, als ein Quell es war, gestopft das Loch;
Nun es ein Gießbach ward, was hilft das Stopfen noch?" —

7 Dein Herzgeheimnis thu nur selber Keinem kund,
So bist du sicher, daß er halte reinen Mund.

8 Deinem Schatzmeister magst du Edelsteine geben,
Doch dein Geheimnis gib dir selbst nur aufzuheben.

———

9 In deinen Händen steht das ungesprochne Wort;
Du sprichst es aus und bist in seiner Hand sofort.

10 Gefangen liegt der Dew in Herzens Brunnengrund;
Laß ihn herauf nicht in den Gaumen, in den Mund.

11 Du weißt, daß wenn der Dew entsprungen ist der Haft,
Kein Ruf „Gott steh uns bei" dahin zurück ihn schafft.

12 Im Spiele mag ein Kind dem Rachsch die Fessel nehmen,
Den hundert Rostene nicht wieder können zähmen.

(175.)

1 Ein Mann von schlichter Sitt' und schlechtem Ordenskleid
Lebt' einst in Misr und hielt Stillschweigen lange Zeit.

2 Verständ'ge Männer sah man gleich den Schmetterlingen
Nach Licht begierig ihn von nah und fern umringen.

3 Einst in der Nacht hatt' er Gedanken gegen Morgen:
„Unter der Zunge bleibt der innre Mensch verborgen.

---

11 vgl. 1001 Nacht, der Geist der Flasche aus dem Meer gefischt.
12 Rachsch, Rostems unbändiges Roß.
1 [Misr, Cairo.]
3b von Göthe in seinen Diwan aufgenommen:
[Wer schweigt hat wenig zu sorgen,
Der Mensch bleibt unter der Zunge verborgen.]

4 Wenn ich den Atem so an mich halt' immerhin,
Wie merken Leute denn, daß ich ein Weiſer bin?"

5 Er ſprach, da leuchtet' es ſo Freund als Feinden ein:
Unwiſſender als er war nichts als er allein.

6 Sein Hof zerſtreute ſich, die Herrlichkeit verſchwand;
Er ging auf Reiſen und ſchrieb an eines Tempels Wand:

7 „Hätt' ich mein Angeſicht im Spiegel recht geprüft,
Im Unverſtand hätt' ich den Schleier nicht gelüft.

8 So häßlich wie ich bin, hob ich des Schleiers Falten,
Weil ich mich ſelbſt ſo ſchön von Angeſicht gehalten." —

9 Wer minder redet, dem iſt leichter Ruf verliehn;
Sprachſt du und Beifall ward dir nicht, ſo magſt du fliehn.

10 Wol mag die Schweigſamkeit, o Mann der Geiſtesfülle,
Dienen zur Würde dir, Unwürdigen zur Hülle.

11 Drum wenn du weiſe biſt, gib nicht dein Anſehn preis;
Und wenn du biſt ein Thor, nicht deinen Schlei'r zerreiß'.

(176.)

1 Ein Mann begann im Streit Unziemliches zu ſagen,
Darüber packte man ihn mit der Hand am Kragen.

2 Er kriegte Schläg' und nahm mit Weinen nackt die Flucht:
Ein Welterfahrner ſprach: „O Mann der Eigenſucht!

3 Hätteſt du deinen Mund geſchloſſen wie die Knoſpe,
Sähſt du dein Hemde nicht zerriſſen wie die Roſe." —

4 Ein Unbeſonnener läßt hohle Worte tönen
Gleich der ruhmredigen hirnloſen Trommel Dröhnen.

5 Das Feuer, ſiehſt du wohl, iſt weiter nichts als Zunge;
Mit etwas Waſſer dämpft man es im hohen Schwunge.

6 Wenn Tugend in der That iſt einem Mann verliehn,
So ſpreche nicht der Mann, die Tugend ſpricht für ihn.

---

3 [Knoſpe — Roſe, ſic!]

7 Wer reinen Mustus führt, braucht keinen Lobespruch;
Denn wenn dem so ist, macht es ruchbar der Geruch.

8 Zu schwören einen Eid: „mein Gold ist extrafein",
Wozu das? selber thut mir's kund der Probestein.

9 Der tausend Neider Chor mag schelten: „Ungefällig
Ist Saadi, keineswegs umgänglich und gesellig."

10 Ich muß es leiden, daß sie mir das Fell zerpflücken,
Doch lass' ich nicht das Hirn von ihnen mir zerstücken.

(177.)

1 Dem Ajaddaula lag ein Kind einst schwer erkrankt;
Darob dem Vater ganz die Fassung war entschwankt.

2 Da riet ein frommer Mann ihm statt der Arzenei:
„Laß ein'ge Vögel aus den Vogelbauern frei."

3 Der Fürst, der immer weis' und edel sich bezeigt,
Erwies dem guten Rat des Alten sich geneigt.

4 Er brach die Käfige dem wilden Waldgeflügel;
Wenn man die Freiheit schenkt, wie hielte den ein Zügel?

5 Von all den übrigen in seinem Gartensaal
Behielt er sangberühmt nur eine Nachtigall.

6 Das Kind (genesen war's) lief früh zum Garten nieder
Und fand im Gartensaal kein andres Vöglein wieder.

7 Es lacht': „O Nachtigall, begabt mit süßem Ton!
Des Lautes wegen bist du nicht dem Band entflohn." —

8 Solang du schweigest, hat dir niemand etwas an:
Doch wenn du etwas sagst, „beweis' es, lieber Mann"!

9 Wie Saadi, der die Zung' ein Weilchen hielt gefangen;
Der Zungenhelden Schar war er solang entgangen.

10 Nur der mag Herzensruh in seinem Schoße sehn,
Der dem Verkehr der Welt mag aus dem Wege gehn.

11 Thu' nicht, Verständiger, das Hehl der Leute kund:
Zu Herzen nimm dir deins, nicht fremdes in den Mund.

12 Wo Thorengsang du hörst, da neige nicht dein Ohr:
Und wo du Blöße siehst, nimm selbst den Schleier vor.

(178.)

1 Ein Jünger, hört' ich, der zum Türkenschmaus ging hin,
Zerbrach des Sängers Laut' im Rausch und Tamburin.

2 Da riß man wie die Laut' alsbald ihn bei den Haaren,
Und ließ ihn Backenstreich' als Tamburin erfahren.

3 Der Schmerz der Püffe ließ ihn all die Nacht nicht schlafen:
Des andern Tages hub der Scheich ihn an zu strafen:

4 „Soll wie das Tamburin wund dein Gesicht nicht werden,
So senk den Kopf, o Freund, der Laute gleich zur Erden."

179.)

1 Zwei Männer sahen Staub, Getös und Kampf erhoben,
Steine, die flogen, und Schuhsohlen, welche stoben.

2 Einer sah den Skandal, und ging aus dem Gehege:
Der andre mischte sich hinein und kriegte Schläge. —

3 Dem ist am wohlsten, der sich für sich selber hält,
Und nichts zu schaffen hat mit Gut und Bös der Welt.

4 Man hat dir Augen an das Haupt gesetzt und Ohren:
Zu Reden ist der Mund, zu Sinn das Herz erkoren.

5 Du unterscheidest doch Aufgang von Niedergang:
Und sagst du nicht auch: das ist kurz und das ist lang?

(180.

1 Wenn ein Verständiger hat Ohren, um zu hören:
Süß gehn den Ohren ein erfahrner Greise Lehren.

14

2 Zu Naßir's Zeit geschah's, daß von Beit Elharam
　Ich eben unterwegs war nach Dar Esselam.

3 Nach einer Herberg lenkt' ich Nachts zu meinen Gang;
　Da kam mir zu Gesicht ein Schwarzer mächtig lang,

4 Ein Kobold, meintest du, der Königin Balkis,
　In seiner Häßlichkeit ein Muster des Iblis.

5 Und ihm in Armen war ein Mädchen wie der Schein
　Des Monds, in deren Lipp' er seinen Zahn schlug ein.

6 In seinem Schoße hielt er sie mit solcher Macht,
　Es war, als ob der Tag bedeckt sei von der Nacht.

7 Erst hielt am Rocksaum mich der Artigkeit Geheiß;
　Doch Vorwitz ward ein Fen'r und machte bald mir heiß.

8 Ich sah mich links und rechts nach Stein und Prügel um:
　„Ei gottvergeßner Wicht, dem Schande dient zum Ruhm!"

9 Mit Schelten und mit Schmähn, mit Lärmen und mit Schrein,
　Schied ich da Schwarz und Weiß alswie der Morgenschein.

10 Die wüste Wolke hob vom Garten sich empor,
　Und unterm Raben kam das Taubenei hervor.

11 Vor meinem Gotthilfruf entfloh der Dämon zwar,
　Allein dafür geriet die Peri mir ins Haar.

12 „Scheinheil'ge Kutte mit Bet teppichen behangen,
　Aushängend Himmlisches, um Irdisches zu fangen!

13 Seit ew'ger Zeit war mir das Herz fort aus der Hand
　Nach jenem Mann, und mein Gemüt um ihn in Brand.

14 Nun endlich war für mich das frische Brot gebacken,
　Da reißest du mir warm den Bissen aus den Backen."

15 Sie hob ein Notgeschrei und sang ein Klagelied:
　„Das Mitleid ist dahin, und das Erbarmen schied.

---

² Beit Elharam = Mekka; Dar Esselam = Bagdad.
¹ Balkis, nach dem Koran die Königin von Saba, die zu Salomon kam, um ihn
zu berücken mit Zaubereien — also wol auch einen Kobold (Ifrit) gehabt haben wird.
⁶ b Anspielung auf eine Koranstelle [13, 9].

16 Blieb von den Jünglingen nicht einer im Revier,
Der meine Rache nehm' an diesem Alten hier?

17 Der so hat alle Scham vom Alter abgestreift,
Daß er am Heiligtum von Fremden sich vergreift!"

18 So schrie sie Weh, und hielt fest mein Gewand am Saum,
Und übern Kragen hob mein Haupt vor Schimpf sich kaum.

19 Vernunft begann am Ohr des Geistes mich zu zupfen,
Ich sollte gleich dem Lauch aus dem Gewande schlupfen.

20 Und ich begann im Nu aus dem Gewand zu schlupfen;
Es möchte, fürchtet' ich, sonst Alt und Jung mich rupfen.

21 Halbnackt entriß ich so dem Weib mich und entschwand:
Mein Kleid blieb besser als ich selbst in ihrer Hand.

22 Drauf ein'ge Zeit hernach kam sie an mir vorbei;
„Kennst du mich?" fragte sie: ich rief: „Um Gott! verzeih!

23 In deine Hand legt' ich dort das Gelöbnis ab,
Daß ich auf künft'ge Zeit Vorwitzes mich begab." —

24 Der ist vor solcherlei Begegnissen beschützt,
Wer unbekümmert hinter seiner Arbeit sitzt.

25 Von dieser Schande hab' ich diesen Rat erhalten:
Hinfort Gesehenes für ungesehn zu halten.

26 Halt' deine Zung' an dich, wenn du bist witzereich;
Wie Saadi sprich, und wenn du so nicht kannst, so schweig.

(181.)

1 Zum Scheich Da'ud von Tai ein Schüler kam mit Kunden:[1]
„Ein Ordensbruder ward von mir berauscht gefunden,

2 Sein Kopfbund und sein Hemd besudelt von Gespei,
Es drängte sich um ihn ein Rudel Hund' herbei."

---

[1] [Da'ud von Tai, ein berühmter Mystiker.]

14

3 Wie den Bericht vernahm vom jungen Mann der Alte,
Zog über sein Gesicht er des Verdrusses Falte.

4 Er grollt' erst eine Weil', und sprach dann: „O Geselle,
In solcher Lag' ist recht ein guter Freund zur Stelle.

5 Geh hin und bring ihn aus dem garstigen Zustande,
Verpönet im Gesetz, im Orden eine Schande.

6 Nimm auf die Schultern ihn alswie ein Mann; dieweil
Ein Trunkner nicht vermag zu sorgen für sein Heil."

7 Der Hörende, des Herz eng ward von dem Gebot,
Versank in Sinnen wie der Esel in dem Kot:

8 Nicht Mut, sein Ohr dem Wort des Meisters zu entrücken,
Noch Lust, den trunknen Mann zu nehmen auf den Rücken.

9 Ein Weilchen wand er sich und wußte keinen Rat,
Und sah, sich zu entziehn dem Auftrag, keinen Pfad.

10 Da schürzt' er sich und ging, und huckte willenlos
Ihn auf, und um ihn her war all die Stadt ein Tos.

11 Der eine schimpfte: „Seht, ein Derwisch kommt vom Schmause;
O diese frommen Leut' in ihrer strengen Klause!"

12 Ein andrer schrie: „Seht an die Sufi's, die der Butte
Zusprachen und beim Wirt versetzten ihre Kutte."

13 Sie deuteten nach dem und jenem mit der Hand:
„Der da ist ganz bezecht, und der halb angebrannt."

14 Ein Schwert von Feindes Grimm ob deinem Nacken sei
Dir lieber als Geschmäh der Leut' und Volksgeschrei.

15 Schlecht ging's ihm, einen Tag voll Qualen stand er aus,
Und notgedrungen trug er jenen in sein Haus.

16 Nicht schlafen ließ ihn Nachts der Ärger und die Schmach;
Der Meister aber lacht' ihn morgens an und sprach:

17 „Mach deines Bruders Schmach nicht ruchbar auf der Gasse,
Daß man dich in der Stadt nicht ruchbar werden lasse."

(182.)

1 Vom Guten sage du und auch vom Bösen nie
Was Böses, junger Mann, dem Gott Verstand verlieh.

2 Denn nur zum Feinde machst du dir den bösen Mann;
Und wenn er gut ist, hast du Böses selbst gethan.

3 Sagt jemand dir: das ist ein übeler Gesell:
So denke du: er steckt in seinem eignen Fell.

4 Das Thun des Bösen braucht von dir nicht Commentar,
Es macht die böse That von selber schon sich klar.

5 Wenn immer sich dein Mund zu böser Red' aufthut,
Sei auch die Rede wahr, doch bist du selbst nicht gut.

(183.)

1 Zu Afterrede macht' ein Mann die Zunge lang;
Da hemmte dieses Wort des Meisters seinen Drang:

2 „Gewisse Leute mußt du mir nicht machen schlecht,
Mußt meine Meinung selbst von dir nicht machen schlecht.

3 Gesetzt, gemindert sind dadurch nicht ihre Ehren,
Doch dienen wird es nicht, die deinen zu vermehren.

184.

1 „Ich denke," sprach ein Freund, „daß es dein Kernwort sei:
'Besser als Afterred' ist Straßenräuberei.'"

2 Ich sprach zu ihm: „O Freund von sehr verwirrtem Sinn,
Was hört von dir mein Ohr, daß ganz erstaunt ich bin!

3 Was an Ruchlosigkeit hast Gutes du gesehn,
Daß sie dir höher sollt' als Afterrede stehn?" —

4 Antwort: Der Räuber macht von Tapferkeit Gebrauch,
  Mit seines Armes Stärk' er füllet seinen Bauch.

5 Von der Verläumdung was hat der einfält'ge Mann,
  Der schwarz sein Tagbuch macht und nichts dabei gewann?

(185.)

1 In der Nisamie hatt' ich die Pension,
  Tag und Nacht Lection und Repetition.

2 Zum Meister sprach ich einst: „O hochgelehrter Mann,
  Mit seinem Neid verfolgt mich jener mein Kumpan.

3 Treff' ich den rechten Sinn der Überlieferungen,
  So kommt in Aufruhr das Gemüt dem bösen Jungen."

4 Als dieses Wort vernahm der Führer unsrer Chöre,
  Geriet er stracks in Zorn und rief: „Ei was ich höre!

5 Wenn dir von dem Kumpan der Neid nicht stehet an,
  Wer sagt dir denn, es sei Verläumdung wohlgethan?

6 Ist er den Höllenweg durch Schlechtigkeit gegangen,
  Willst du auf anderm Weg denn auch dahin gelangen?"

(186.)

1 Ein Mann rief: „Hedschadsch ist ein Blutmensch voll von Tücke,
  Sein Herz ist wie ein Fels aus einem einz'gen Stücke,

2 Vom Wehruf ungerührt und von des Volkes Ache:
  O Gott im Himmel, nimm an ihm des Volkes Rache!" —

3 Ein Altgeborner, der die Welt gesehen hat,
  Gab drauf dem jungen Mann den greisenhaften Rat:

---

[1] Nisamie, eine vom berühmten Wesir Nisam elmulk gegründete Schule in Bagdad, in welcher Saadi erzogen ward.

4 „Laß du die Hand von ihm und seinem Schicksalsgange:
Das Schicksal streckt von selbst die Hand nach seinem Fange.

5 An ihm wird man einmal die Unterdrückten rächen,
An andern aber das, was sie aus Rachgier sprechen.

6 An seiner Übelthat empfind' ich kein Behagen,
Doch keines auch bei dir am heimlichen Verklagen." —

7 Von seiner Sünde wird zur Höll' ein Mann gebracht,
Wenn er das Maß hat voll, das Tagbuch schwarz gemacht.

8 Ein andrer geht als sein Verkläger hinterdrein,
Damit zur Hölle doch nicht jener geh' allein.

(187.)

1 Ich hörte, daß ein Mann von geistlich hohen Gaben
Im Scherze lacht' einmal auf einen schönen Knaben.

2 Die andern geistlichen Bewohnenden der Zell'
Ingrimmig fielen sie mit Scheltred' ihm ins Fell.

3 Verborgen bleiben konnt' am Ende nicht die Sach',
Ein frommer Herzensmann erfuhr davon und sprach:

4 „Zieh dem bedrängten Freund den Schleier nicht vom Haupt;
Ein Scherz ist unverpönt, und Nachred' unerlaubt." —

5 Zu fremder Heimlichkeit mach' keinen Commentar:
Denn deine Heimlichkeit wird einst auch offenbar.

(188.)

1 Ich war ein Kind annoch, das rechts von links nicht kannte,
Als in mir eine Lust zu fasten schon entbrannte.

2 Ein Frommer, welcher sich in unsrer Gasse fand,
Belehrte mich im Brauch, zu waschen Fuß und Hand:

3 „Erst nach der Satzung mußt du ein Bismillah sprechen,
Dich sammeln dann, und dann waschen der Hände Flächen.

4 Dann wäschest du den Mund, und dreimal Naf' und Ohren;
Ins Nasenloch mußt du den kleinen Finger bohren,

5 Die Vorderzähne mit dem Zeigefinger reiben;
Denn bei dem Fasten darf nichts in den Zähnen bleiben.

6 Drei Handvoll Wasser spritz alsdann aufs Antlitz hin
Von dem Haarboden an bis nieder an das Kinn.

7 Dann wäschest du den Arm bis an den Ellenbug,
Und bet'st dabei, so viel du weißt, in einem Zug.

8 Dann trocknest du den Kopf, und machst die Füße naß;
Und so vollendet ist in Gottes Namen das.

9 Kein andrer weiß wie ich Bescheid in diesem Fach;
Der Scheich des Dorfes, weißt du's nicht?, ward blöd und schwach."

10 Dem Ältesten des Dorfs ward dieses hinterbracht,
Und einen Boten sandt' er heimlich ihm bei Nacht:

11 „O du von schöner Red' und häßlichem Betragen,
Thu' selber erst was du den andern weißt zu sagen!

12 Sagst du, Spanfauen ist beim Fasten unerlaubt?
Ist toter Menschen Fleisch zu nagen nun erlaubt?" —

13 Wer von verbotner Speis' ausspült des Mundes Pforten,
O hielt' er sie erst rein von unerlaubten Worten!

14 Wo du den Namen hörst von jemand vorgebracht,
Sei auf ein ehrendes Beiwort für ihn bedacht;

15 Doch wenn du immer sagst, daß Menschen Esel seien,
Erwarte nicht, daß sie dir Menschentitel leihen.

16 Du solltest über mich so reden auf den Gassen,
Daß du mich selber auch es dürftest hören lassen.

17 Und schämst du so dich vor des Menschen Angesicht,
Kurzsichtiger, ist Gott dir gegenwärtig nicht?

---

3 Bismillah „im Namen Allah's".
12 [Spanfauen, Gebrauch des Zahnstochers; b bezieht sich auf Koran 49, 12.]

— — —

18 O sprich, ob du nicht Scham empfindest selbst vor dir,
Daß du ihn übersiehst und schämest dich vor mir!

(189.)

1 Die festauftretenden, des rechten Weges Kenner,
Gesellig saßen sie zusammen, ein'ge Männer.

2 Und einer von der Zahl fing an zu afterreden
Und einen Wehrlosen abwesend zu besehden.

3 Ein andrer sprach: „O Freund feindseliger Gedanken:
Hast du den Feldzug je gemacht ins Reich der Franken?"

4 Darauf antwortet' er: „Aus meinen Wänden vier
Setzt' ich mein Lebenlang nie einen Fuß herfür."

5 Da sprach der Gottesmann, beseelt von Wahrheitshauch:
„Nie vorgekommen ist mir so verkehrter Gauch:

6 Vor seinem Kampfe sind Ungläubige geborgen,
Vor seinem Zungenschwert die Gläubigen in Sorgen!"

(190.)

1 Wie trefflich hat gesagt von Murgesar der Tolle
Ein Wort, das jeder sich zu Herzen nehmen wolle:

2 „Wenn ich den Menschen wollt' an Ehr' und Namen nagen,
So würd' ich Böses nur von meiner Mutter sagen.

3 Doch alle, die Vernunft erzogen hat, die wissen,
Daß Ehrerbietung nicht die Mutter dürfe missen." —

190, ¹ Der Tolle = Gottbegeisterte.
².³ [Nach einer Überlieferung sollen beim jüngsten Gerichte die guten Thaten
eines Verleumders der von ihm verleumdeten Person angerechnet werden; diese Wohlthat also, meint „der Tolle von Murgesar", soll, wer überhaupt verleumden will, vor
allen Andern der eigenen Mutter zugute kommen lassen. Denn (so sollte, statt mit
d o ch das dritte Verspaar eingeleitet sein, persisch ki) der Mutter ganz besonders gebührt jede rücksichtsvolle Aufmerksamkeit. — Statt Murgesar steht übrigens im Texte
Margaš.]

4 Von dem abwesenden Genossen, edler Mann,
  Zwei Stücke sind es, die man nicht darf rühren an:

5 Eins: Greifen soll man nicht in seines Gutes Kasten,
  Und ihm, zum andern, nicht des Namens Ehr' antasten.

6 Wer in dem Mund mit Schmach der Leute Namen trägt,
  Von dem erwarte nicht, daß er dir Gutes hegt.

7 Denn hinterm Rücken dir wird er dasselbe sagen,
  Was hinter andern er zu Ohren dir getragen.

8 In meinen Augen ist ein Weiser auf der Welt,
  Wer sich bedenkt und läßt die Welt Gott heimgestellt.

(191.)

1 Von dreien, hör' ich, hat Nachrede gute Gründe,
  Doch über die hinaus beim vierten ist sie Sünde.

2 An erster Statt ein Fürst, der keinen Tadel scheut,
  Von dem des Volkes Herz du siehst mit Weh bedräut:

3 Erlaubt ist es, von ihm die Kunden auszutragen,
  Damit auf seiner Hut das Volk sei vor den Plagen.

4 Zum andern: ziehe nicht den Vorhang einem vor,
  Der ohne Scham und Zucht sich selbst zerriß den Flor:

5 Halt nur, o lieber Freund, den vom Bassin nicht ferne,
  Der selber übern Kopf sich stürzt in die Cisterne.

6 Zum dritten: wer die Welt betrügt mit falscher Wage,
  Von dessen bösem Thun was du nur weißt, das sage.

(192.)

1 Ich hört', ein Räuber aus der Wüste kam hervor
  Zu Sistan an die Stadt und trat daselbst ins Thor.

191, ⁶ [Zum dritten; in Rückert's Manuscript steht durch einen Schreibfehler:
Zum vierten.]

2 Er kaufte Proviant vom Händler jener Gassen,
In schlimmen Handel hatt' er da sich eingelassen.
3 Der Händler stahl dabei ihm einen halben Dang,
Darob das Wehgeschrei des argen Diebs erklang:
4 „O Gott, verdamme nicht den nächt'gen Dieb zur Glut,
Weil Schlimmeres am Tag ein Eisekauer thut.
5 Ich bin bei solchem Werk in steter Furcht bei Nacht,
Und der hat's ohne Scheu am hellen Tag vollbracht."

(193.)

1 Zu einem Sufi sprach ein Freund mit Freundesblicken:
„O weißt du nicht, was der von dir sagt hinterm Rücken?"
2 Doch jener sagte: „Schweig, o Bruder, bis man fragt;
Am besten ungewußt bleibt was der Feind gesagt." —
3 Die mir des Feindes Gruß dienstfertig tragen her,
Ich sehe wohl, sie sind mir feindlicher als er.
4 Zum Freunde wird das Wort des Feindes keiner tragen,
Der nicht in Feindlichkeit mit ihm sich hat vertragen.
5 Der Feind hat nicht gewagt das Kränkende zu sprechen,
So daß durchs Hören es das Herz mir könnte stechen;
6 Du aber wirst der Feind, der in den Mund es wagt
Zu nehmen: „Also hat heimlich dein Feind gesagt."

194.)

1 Beim Schah Feridun stand in Ansehn ein Wesir,
Begabt mit hellem Blick und reiner Sitte Zier.

192, ³ [Dang, eine kleine Münze, das russische den'ga.]
194, ¹ [Feridun, fabelhafter, durch Güte und Weisheit ausgezeichneter König Persiens, der siebente der ersten Dynastie.]

2 Die Gnade Gottes nahm er vorderfamst in Acht,
Und auf des Herrn Gebot war er sodann bedacht.

3 Das Volk bedrücken mag ein schlechter Hausverwalter;
Es ist des Staates Hort, der Reichsschätz' Unterhalter.

4 Wenn nicht zu Gott empor des Dieners Augen blicken,
Wird er vom eignen Herrn ihm das Verderben schicken. —

5 Zum König trat ein Mann am frühen Morgen ein:
„Neu möge jeder Tag dir Ruh' und Lust verleihn!

6 Hör arglos, und vernimm den guten Rat von mir:
Ein Feind dir insgeheim ist dieser Großwesir.

7 Nicht einer deines Heers ist vornehm noch gering,
Der Gold und Silber' nicht von ihm zu Borg empfing,

8 Auf den Beding, daß, wenn des Schahes Hoheit nieder
Gestreckt der Tod, sie Gold und Silber gäben wieder.

9 Der Eigensüchtige wünscht drum dir nicht das Leben,
Es würd' ihm sonst sein Geld ja nicht zurückgegeben.“

10 Da richtete der Schah mit Strafeblick sofort
Sein Aug' auf den Wesir, des Reiches edlen Hort:

11 „O der du von Gestalt den Heuchlern dich vereinest,
Wiewol du äußerlich gefällig mir erscheinest;

12 Von außen zeigst du dich als ein so Liebevoller,
Warum im Innern bist du mir ein Übelwoller?“

13 Da küßte der Wesir den Boden vor dem Thron,
Und sprach: „Weil du gefragt, muß ich's nun sagen schon:

14 Ich hab', o Padischah von hoher Manneschre,
Gewünscht, daß immerfort das Volk dein Heil begehre;

15 Weil meines Darlehns Frist ich jetzt' auf deinen Tod,
Wünscht langes Leben dir, wen jene Frist bedroht.

16 Ist dir's nicht lieb, daß nun mit brünstigem Gebet
Das Volk ein blüh'ndes Haupt und Wohlsein dir erfleht?

---

3 [Der Dichter will sagen: ein schlechter Minister bedrückt das Volk unter dem
Vorgeben, daß es das Wohl des Staates und die Füllung des Staatsschatzes so verlange.]

17 Die Segenswünsche pflegt als Heil man anzuschlagen,
Um gegen Schicksalspfeil' als Panzer sie zu tragen."
18 Froh rührte, was er sprach, des Schehriar's Gemüt,
Und seine Wange war der Rose gleich erblüht.
19 Von Rang und Würde, da der Treue stand zuvor,
Rückt' er zu höherm Rang und Würden ihn empor.
20 Den Neider aber ließ er den Verweis hinnehmen,
Daß er sich seiner Red' in Zukunft mußte schämen. —
21 Nie wirrer war der Kopf, der Glückstern düsterer,
Das Glück verkehrter als dem Ohrenflüsterer,
22 Der, unverständig und stumpfsinnig wie er ist,
Wirft mitten zwischen zwei Befreundete den Zwist:
23 Wann mit einander gut dann beide wieder sind,
Steht in der Mitten er verwirrt von Scham und blind.
24 Ein Feuer zwischen Zwein anschüren, ist zu nennen
Nur Unvernunft, um selbst dazwischen zu verbrennen.

(195.)

1 Ein Weib, das fromm und schön und willig ist zugleich,
Macht einen armen Mann wie einen Sultan reich.
2 Geh, schlag vor deiner Hütt' alswie vorm Fürstenschloß
Die Pauken, wenn dir ward ein treuer Hausgenoß.
3 Wenn du den ganzen Tag mußt sorgen, sorge nicht,
Wenn Nachts im Schoß dir ruht, was alle Sorgen bricht.
4 Wer hat ein wohnlich Haus und wohn'gen Hausgenossen,
Dem ist ein Gnadenblick des Himmels zugeflossen.
5 Von Sittsamkeit verhüllt, ein schönes Angesicht,
Entschleiert es sich dir, umfängt dich Himmelslicht.
6 Der hat von dieser Welt des Herzens Wunsch erschaut,
Mit dem herzeinig ist ein liebes Herzenskraut.

7 Ist sie von Sitten rein, von Worten sanftgeschlacht,
So hab' auf Häßlichkeit und Schönheit minder Acht.

8 Ein Weib von sanfter Art, nicht schön von Antlitz wähle;
Denn Freundlichkeit verhüllt des Angesichtes Fehle.

9 Sie nimmt aus Gattenhand Essig für Zucker hin,
Und isset Zucker nicht mit essigsaurer Mien'.

10 Ein wohlgesinntes Weib ist eine Herzerquickung,
Doch vor dem bösen Weib bewahr' uns Gottes Schickung!

11 Ist mit der Elster eingesperrt der Papagei,
So rechn' er's für ein Glück, wird er vom Käfig frei.

12 Lauf in die weite Welt, und wiss' nicht aus noch ein,
Oder zu Haus ergib dich in Geduld darein.

13 Doch besser sitzen in des Kadi Schuldgefängnis,
Als in dem eignen Haus genüber der Bedrängnis.

14 Besser ist barfuß gehn, als ein zu enger Schuh,
Besser Reis'ungemach als Hauses Kriegsunruh.

15 Verreisen ist ein Fest für einen Ehemann,
Der ein unholdes Weib in seinem Haus gewann.

16 Dem Hause schließe du der Lust und Freude Hallen,
Aus dem du hörst laut des Weibes Stimme schallen.

17 Wenn auf des Mannes Wort nicht hört die Sittenlose,
Da möge nur der Mann anziehn die Frauenhose.

18 Das Weib, schlägt es den Weg zum Markt ein, sollst du schlagen;
Sonst wirst du selbst im Haus das Weib und darfst nicht klagen.

19 Ein thöricht Weib, das umgeht mit Unehrlichkeit,
Wer das hat, hat ein Leid und nicht ein Weib gefreit.

20 Wenn ein Maß Gersten es hat treulos unterschlagen,
So magst du nur Valet dem Waizenhaufen sagen.

21 Doch jenem Knecht hat Gott das Beste zugewandt,
Dem er ein Weib verliehn, ehrlich von Herz und Hand.

22 Wenn einem Fremden sie hat ins Gesicht gelacht,
Sei Anspruch nicht vom Mann auf Mannheit mehr gemacht.

23 Und wenn die Frech' einmal den Braten hat gerochen,
   Mag sie nur mit der Faust dem Mann ins Antlitz pochen!

24 Des Weibes Auge soll vorm fremden Mann erblinden,
   Sie soll sich außerm Haus alswie im Grab befinden.

25 Sobald du siehest, daß ein Weib nicht fest hält Stand,
   Ist Nachsicht und Geduld nicht Weisheit und Verstand.

26 Entziehe sie dem Blick des fremden Augs, und wann
   Sie nicht gehorchen will, was ist dann Weib und Mann?

27 Entflieh aus ihrem Schoß in Krokodiles Rachen,
   Denn besser ist der Tod als leben mit dem Drachen.

28 Wie artig ist das Wort, das jene zwei gesagt,
   Die beide waren gleich von einem Weib geplagt!

29 Der: „Wär' ein böses Weib in keines Mannes Zelt!"
   Und der: „O wäre doch kein Weib in Gottes Welt!" —

30 Nimm dir ein neues Weib, Freund, jedes neue Jahr;
   Es taugt ein jähriger Kalender nichts fürwahr.

31 Ziehst du bei einem Weib gefangen einen Wicht,
   O Saadi, schelte nur zu sehr den armen nicht!

32 Du selbst hast deine Not, und kannst ihr nicht entfliehn,
   Wenn du bei Nacht einmal sie an die Brust willst ziehn.

(196.)

1 Einst einem Alten klagt' um die Unfreundlichkeit
   Des ehlichen Gemahls ein junger Mann sein Leid:

2 „Ich trage schwere Last von diesem Widerpart,
   So schwere wie zu Teil dem untern Mühlstein ward."

3 Doch jener sprach: „Ergib dich in Geduld darein;
   Denn keine Schande bringt dem Mann geduldig sein.

---

30 [Jährig, verjährig.]

4 Hausstürmer, wenn du Nachts der obre bist, o sage,
Warum nicht solltest du der untre sein bei Tage?

5 Wenn du vom Rosenstrauch hast deine Lust gebrochen,
Ist's billig, daß du auch von Dornen seist gestochen."

(197.)

1 Es kam in dieser Stadt die Märe mir zu Ohren,
Daß einen Sklaven schön ein Handelsherr erkoren.

2 Dem griff er etwa Nachts ein wenig an das Kinn;
Ein Silberapfel war's und reizte seinen Sinn.

3 Der Holde kam in Zorn, und warf jedweden Topf,
Der in die Hand ihm fiel, dem Herren an den Kopf.

4 Zu Zeugen rief der Mann nun Gott und den Propheten:
„Hinfort soll man mich nicht auf Kinderein betreten."

5 Nun kam ihm eine Reis' in eben dieser Wochen:
Er reiste sinnverstört, kopfwund und herzgebrochen.

6 Als vor der Karawan' er ein paar Meilen hatte
Zurückgelegt, erschien ihm eine Felsenplatte.

7 Er fragte: „Sagt mir, wie die grause Veste heißt?
Viel Wunderbars bekommt zu sehn, wer lebt und reist."

8 Ihm aus der Karawan' antwortet' ein Genoß:
„Wie sollte nicht bekannt dir sein das Türkenschloß?"

9 Er zitterte, wie er den Namen Türke hörte,
Als ob der Anblick ihn des grimmen Feinds verstörte.

10 Er sprach zum Obersten des Truppes: „Edler Mann,
Hier, wo wir eben sind, ich bitte dich), halt an!

11 Ich müßte keinen Gran Verstand im Haupte tragen,
Wollt' ich ans Türkenschloß den Kopf noch einmal wagen." —

---

*) [Türke ist bei den persischen Lyrikern eine gewöhnliche Bezeichnung schöner Knaben.]

12 Schließ der Begierden Thor! doch, willst verliebt du sein,
Beut deinen Kopf der Keul', und wickl' ihn nicht erst ein!

13 Wenn einen Sklaven du im Hause willst erziehn,
Erhalt ihn in Respekt, so magst du nutzen ihn.

14 Doch wenn des Herren Zahn die Lipp' ihm wird verletzen,
So wird er sich in Kopf Herrschaftsgedanken setzen.

15 Zum Sklaven taugt ein Lehmarbeiter, Wasserträger;
Ein Sklave zart und fein wird plötzlich ein Faustschläger.

16 Nicht überall, wo du siehst reizend einen Strich,
Bilde dir ein, daß er zum Schreiben sei für dich.

(198.)

1 Beim schönen Liebchen freut sich mancher seines Sitzes,
Der hoher Liebe wol sich rühmen mag und Witzes.

2 Du aber frage mich gezwackten vom Geschick,
Wie sehnend nach dem Tisch schaut eines Fasters Blick.

3 Die Dattelschalen läßt das Schaf sich drum gefallen,
Weil unter Schloß und Band ihm ist der Dattelballen,

4 Und des Ölpressers Rind steckt in das Stroh sein Haupt,
Weil ihm der kurze Strick den Sesam nicht erlaubt.

(199.)

1 Ein frommer Mann erblickt' einst eine Wohlgestalt
Und Liebe wandelt' ihm den Zustand mit Gewalt.

---

12 b [„und wickl' ihn nicht erst ein": nach dem mir allein bekannten Wortlaute
des Textes vielmehr: „und gib dich ruhig drein".]

16 [Strich; das im Texte siebente Wort chat bedeutet zugleich Strich und
jung sprossender Bart.]

2 Darum vergoß der Tropf soviele Tropfen Schweiß,
Wie von Thauperlen trieft ein ParadiesesreiS.

3 An diesem kam vorbei Hippokrates geritten,
Und fragt' Umstehende: „Was hat der Mann erlitten?"

4 Drauf einer ihm versetzt: „Es ist ein heil'ger Mann,
Dem etwas Sündliches kein Mensch nachsagen kann.

5 Er wandelt Tag und Nacht in Wald und Wüstenein,
Scheu meidend Weltverkehr und menschlichen Verein.

6 Doch eine Schönheit kam das Herz ihm einzunehmen,
Und mit des Schauens Fuß geriet er in den Lehmen.

7 Wenn von den Leuten nun ihn einer schelten will,
So meint er mir: ‚Wozu mich schelten? schweiget still!

8 O sagt nicht, wenn ich klag', es sei dies eine Sünde;
Denn meine Schmerzen sind nicht ohne Krankheitsgründe.

9 Nicht dieses Bild ist's, das mich um mein Herz betrügt;
Uns Herz betrügt mich Er, der dieses Bild gefügt.'"

10 Den Worten hörte zu der Mann, der was erfahren,
Erzogen und an Geist gereift in langen Jahren;

11 Er sprach darauf: „Ob auch der Ruf ein guter sei,
Es kommt nicht jedem zu, was du ihm legest bei.

12 Lag doch dem Bildner selbst dasselbe Bildnis vor,
An das sein Herz verlor der sinnverwirrte Thor.

13 Warum verliebt er sich nicht in ein tagalt Kind,
Da gleich des Schöpfers Künst' im Klein und Großen sind?

14 Der Wahrheitschauende schaut Gleiches am Kamele
Wie an dem schönsten Bild sinesischer Bildersäle." —

15 Ein Schlei'r in diesem Buch von mir ist jeder Strich,
Ein Schleier, der verhüllt ein Antlitz minniglich.

16 In jedem schwarzen Strich Gedankenklarheit wohnt,
Wie Liebchen in der Hüll' und in der Wolk' ein Mond.

17 Auf Saadi's Blättern hat der Überdruß nicht Platz,
Von welchen ist umfaßt so mancher Schönheitschatz.

18 Da ich ein solches Wort zu Festmahls Schmuck besitze,
   Wie Feuer, das in sich vereinigt Licht und Hitze,
19 Bang' ich vorm Feinde nicht, wenn er vor Neide zuckt,
   Weil in den Gliedern ihn mein Parsifeuer juckt.

(200.)

1 Wenn einer auf der Welt Ruh von der Welt genoß,
  Der ist es, der sein Haus vor aller Welt verschloß.
2 Der Zungen Ungebühr ist keiner noch entgangen,
  Mag er gottselig sein, mag er selbsüchtig prangen.
3 Ob du auffliegen magst wie Engel übern Raum,
  Doch wird sich der Verdacht hängen an deinen Saum.
4 Mit Müh kannst du im Lauf wol einen Tigris dämmen,
  Doch Übelsinnenden die Zunge niemals hemmen.
5 Ob du in Andacht magst hinschmelzen wie das Wachs,
  Und magst du Meister sein der Künste jedes Fachs:
6 Die Frechen setzen sich zusammen: „Jene Zucht
  Ist Spreu; dies Wissen ist ein Netz der Nahrungssucht.“
7 Du wende dein Gesicht von Gottes Dienst nicht ab,
  Und laß es gut sein, wenn auf dich die Welt nichts gab.
8 Ist mit dem Diener nur zufrieden Gottes Gnade,
  Wenn unzufrieden sind die andern, ist's kein Schade.
9 Wer streitet mit der Welt, der wird nicht Gott gewahr,
  Im Weltgetös wird ihm der Weg zu Gott nicht klar.
10 Deswegen kamen sie zu keinem Ziel zuletzt,
   Weil sie den ersten Schritt von Anfang fehl gesetzt.
11 Zwei hören einerlei Geschichtserzählung an
   Und gleichen sich alswie Serosch und Ahriman:

---

19) [Parsifeuer bedeutet doppelsinnig: 1) die Verse des Saadi; 2) eine Krankheit, etwa Flugfeuer oder Rothlauf.]

12 Wenn gute Lehre draus der eine nimmt, wird frei
Der Sinn des andern nicht von Worteklauberei.

13 In einem dunkeln Ort hat er sich selbst verriegelt,
Was frommt der Becher ihm, darin die Welt sich spiegelt?

14 O glaub' nicht, wenn ein Löw' und wenn ein Fuchs du bist,
Daß ihnen du entgehst durch Heldenmut und List.

15 Wenn einer sich erwählt die Einsamkeit der Zelle,
Weil er nicht Lust hat, daß er vielen sich geselle,

16 So tadeln sie: „Es ist doch Heuchelei zumeist;
Die Menschen fliehet er alswie ein böser Geist."

17 Läßt er gesellig sich und lächelmienig schaun,
So ist ihm Frömmigkeit und Zucht nicht zuzutraun.

18 Den Reichen zanjen sie mit Afterrede so:
„Er ist, wenn irgendwer es ist, ein Pharao."

19 Wenn Not den Derwisch drückt, so wissen sie Bescheid:
„Ein Zeichen ist es von des Manns Unseligkeit."

20 Ein Darbender, der weint, von herbem Schmerz entbrannt,
Wird ein armseliger, glückloser Wicht genannt;

21 Stürzt aber, dem's nach Wunsch gegangen, plötzlich hin,
So rechnen Gottes Huld sie selbst sich zum Gewinn:

22 „Wie lange solche Würd' und solch ein stolzer Nacken!
Ei ja, dem Holden folgt Unholdes auf den Hacken."

23 Doch hat wer enge Hand und schmales Kapital,
Und hebt das gute Glück ihn in die Höh' einmal,

24 So nagen sie voll Haß ihn an mit gift'gem Zahn:
„Das niederträcht'ge Glück nimmt sich der Niedern an."

25 Wenn sie in deiner Hand sehn irgend welches Gut,
So rufen sie: „O seht, was Geiz und Habsucht thut."

26 Und hältst du vom Erwerb zurück des Hochsinns Hände,
So heißt's: „Ein Bettelmann, der lebt von Gottes Spende"

27 Wenn du beredsam bist, nennt man dich Trommelbraus,
Und wenn du schweigsam bist, ein Bild im Badehaus.

28 Geduldigem will man den Namen Mann nicht geben:
„Der Wicht getraut sich nicht vor Furcht den Kopf zu heben."

29 Doch wenn er trägt ein Haupt von Mut und Mannheit voll,
So fliehen sie vor ihm, und schreien: „Ist er toll?"

30 Sie schmähen ihn, wenn er mit Mäßigkeit sich nährt:
„Sein Gut wird wol einmal von anderen verzehrt."

31 Dagegen, wenn sein Tisch gewählt und fein erschien,
Bauchdiener schelten sie und Leibespfleger ihn.

32 Wenn ein Vermögender lebt einfach unverbrämt,
Weil der Verständige sich leeres Prunkes schämt,

33 So führen sie auf ihn der Zunge Schwert mit Wut:
„Der Hungerleider, der sich selbst nicht gönnt sein Gut."

34 Doch wenn er höhern Schmuck an seine Wohnung legt,
Ein besseres Gewand an seinem Leibe trägt,

35 Verleiden es alsbald ihm die Schimpfredetreiber:
„Er hat sich selber aufgeputzt nach Art der Weiber."

36 Wenn keine Pilgerreis' ein Frommer hat gethan,
Gereiste lassen ihn nicht gelten für 'nen Mann:

37 „Aus seines Weibes Arm hat er sich nie gerafft:
Wo käm' ihm Tugend her, Einsicht und Wissenschaft?"

38 Doch der die Welt gesehn, bleibt auch nicht ungeschoren:
„Er treibt sich taumelnd um, und hat den Kopf verloren.

39 Wenn ihm an eignem Heil ein Anteil wär' geblieben,
So hätt' ihn nicht das Glück von Stadt zu Stadt getrieben."

40 Ein Eheloser wird vom Krittler angebellt:
„Von seinem Lagern und Aufbrechen bebt die Welt."

41 Und wenn er sich beweibt, so heißt es: „Durch die Not
Des Herzens fiel er wie der Esel in den Kot."

42 Der Menschen Bosheit kann kein Häßlicher entgehn,
Und auch den Schönen nicht verschont ihr häßlich Schmähn.

43 Wenn Unmut ihn einmal rückt von der festen Stelle,
Heißt er ein heftiger jähzorniger Geselle;

44 Und wenn im Gegenteil er läßt die Langmut walten,
So heißt es: „Ehrgefühl scheint er nicht zu enthalten."
45 Freigebigen ruft man mit Mahnung zu: „Halt ein!
Die Hände werden dir einmal gebunden sein."
46 Wenn er genügsam will und für sich selber leben,
Ist er dem Leutemund gefangen erst gegeben:
47 „Hinkommen wird der Tropf, wohin sein Vater kam,
Der hier der Welt Gut ließ und mit die Reue nahm."

201.

1 Einst in Ägypten war mein Sklav ein lieber Bub,
Der schamhaft seinen Blick nicht von der Brust erhub.
2 Da sprach zu mir ein Mann: „Geistlos und blöd wird bleiben
Der junge Mensch; du mußt das Ohr ihm etwas reiben."
3 Nachts schalt ich ihn einmal; da hört' ich jenen sagen:
„Der Frevelhafte hat elendig ihn erschlagen." —
4 Wer mag sich sicher in des Heiles Winkel sehn?
Selbst konnte der Prophet den Feinden nicht entgehn.
5 Und Gott, dem kein Genoß und Pärtner ward seit Tagen
Der Ewigkeit, hörst du, was Christen von ihm sagen?
6 Von keines Menschen Hand kann sich kein Mensch befrein,
Und dem Gefangnen hilft nichts als geduldig sein.

(202.)

1 Es war ein feiner wohlbegabter junger Mann,
Der in der Predigt sich mannhaft hervorgethan,

---

5 Die Lehre der Dreieinigkeit, der große Vorwurf des Korans gegen die Einheit Gottes.

2 Fromm, unbescholten und nicht minder schön: es stand
Nicht seiner Wange Schrift zurück vor der der Hand;

3 Stark in der Wörterkund', in der Syntax zu Haus:
Doch den Buchstaben Schin sprach er nicht richtig aus.

4 Des Mangels wollt' ich einst bei einem Freund erwähnen:
„Dem jungen Manne fehlt es an den vordern Zähnen."

5 Da ward er rot vor Zorn im ganzen Angesicht,
Und rief: „Sprich du hinfort so Unverständ'ges nicht.

6 Was? einen Fehler, den er hat, bemerkest du
Und drückst das Auge vor so mancher Tugend zu?

7 Die Wahrheit sag' ich dir: daß in der Wahrheit Licht
Gutsehnde Menschen gar das Böse sehen nicht." —

8 Wenn einer, der Verstand, Geist und Besinnung hat,
Mit des Betragens Fuß einst einen Fehltritt that,

9 Um eine Kleinigkeit bekrittl' ihn nicht mit Hohn.
Was sagen Edle? „Nimm was lauter ist, mein Sohn."

10 Es wohnen Dorn und Ros', o Freund, in einem Haus;
Was haftest du am Dorn? pflück' einen Rosenstrauß.

11 Wenn Fehlersucherei dir liegt in der Natur,
So siehest du am Pfau die garst'gen Füße nur.

12 Erwirb dir Helle, Mann von düsterm Geisteslicht!
Im trüben Spiegel sieht man nicht sein Angesicht.

13 Such einen Weg, auf dem du selbst der Straf' entgehest,
Nicht einen Gegenstand, an dem du Fehler spähest.

14 Unedler, halte dir nicht fremde Fehler vor,
Indes vor eigenen dein Aug' ist unter Flor.

15 Wie dürst' ich rügen den, der seinen Saum beschmitzt,
Da ich erkenne, daß mein eigner ist bespritzt?

16 Mit Strenge ziemt es dir nicht jemand anzuschrein,
Wo mit Auslegung du dir weißt zu helfen sein.

2b [wieder Doppelsinn des Wortes chat, wie oben in 197. 16.]

17 Wo Böses dir mißfällt, erst thu's nicht selber du,
Und rufe „Thu es nicht" dann deinem Nachbarn zu.

18 Ob mit dem Herzen, ob ich fromm sei mit dem Mund,
Mein Äußeres ist dir, mein Inn'res Gott nur kund.

19 Wenn ich mit seiner Zucht die Außenseite schmücke,
Zu forschen hast du nicht nach Wahrheit oder Tücke.

20 Du schweige, mag ich gut und mag ich böse sein:
Denn Schaden und Gewinn trag' ich davon allein.

21 Ob ächt mein Wandel sei, ob heuchlerisch mein Kleid;
Gott weiß mehr als du selbst von meiner Heimlichkeit.

22 Mit Straf' um böses Thun magst du solch einem drohn,
Der zu erwarten hat von dir des Guten Lohn.

—

23 Ein gutes Werk vollbracht vom gutgesinnten Mann,
Das eine schreibet Gott ihm zehenfältig an.

24 Auch du, mein Sohn, an wem du siehest immerhin
Nur eine Tugend, laß ihm gehn zehn Fehler hin.

25 Und nicht bei einem Fehl bieg einen Finger ein,
Und laß für nichts ein Heer von Trefflichkeiten sein,

26 Dem Feinde gleich, der auf das Lied von Saadi sieht
Mit Widerwillen aus verdorbenem Gemüt.

27 Für hundert Sprüche fein und zart hat er kein Ohr:
Doch sieht er ein Versehn, so schreit er laut empor.

28 Was fehlt ihm denn, der so des Bösen ist beflissen?
Das Aug' fürs Gute hat der Neid ihm ausgerissen.

--- -

²³ ein Spruch der Überlieferung [vom Propheten].

Achte Pforte.

Dank.

(203.)

1 Dem Freund zu danken, wie kann ich's zu denken wagen!
Ich habe keinen Dank, der wert wär' ihm zu sagen.

2 An meinem Leib ist sein Geschenk ein jedes Haar;
Für jedes Haar wie bring' ich einen Dank ihm dar?

3 Lob sei gesagt und Preis dem Herrn der Huld und Macht,
Der seinen Knecht vom Nichts ins Dasein hat gebracht.

4 Wem eignet Schilderung des höchsten Wesenhaften,
In dessen Wesen sind versenkt die Eigenschaften?

5 Ein Künstler, der aus Erd' ein Bild macht wie aus Erz,
Dem er Verstand und Sinn und Seele gibt ins Herz.

6 Von Vaterlenden an bis zu der Greisheit Schwelle,
Sieh wieviel Zuflüß' er dir gab aus heil'ger Quelle!

7 Rein wie er dich erschuf, gib Acht und fall' nicht ab
Von Reinheit; es ist Schmach, unrein zu gehn ins Grab.

8 Auf frischer Spur mußt du den Staub vom Spiegel wischen;
Wenn erst der Rost ihn fraß, kann nichts den Glanz erfrischen.

9 Warst du im Mutterleib ein Wassertröpfchen nicht?
O Tropf, räum' aus dem Haupt die stolze Zuversicht!

10 Wenn du den Unterhalt durch Arbeit dir geschafft,
Verlaß darum dich nicht auf deines Armes Kraft.

11 O Selbstbewunderer, was siehst du Gott nicht an?
Er hat den Arm gemacht, die Hand daran gethan.

---

¹ [Dem Freunde, nämlich Gott.]

12 Und kommt durch dein Bemühn dir Gutes, schreibe du
   Es Gottes Wirkungen, nicht deinem Werke zu.

13 Mit der geballten Faust kannst du den Ball nicht fassen;
   Du sollst den Dank und Preis dem Herrn der Schickung lassen.

14 Nicht einen Augenblick selbständig stehest du,
   In jedem Nu fließt dir geheimer Beistand zu.

15 Warst du nicht erst ein Kind mit Lippen stumm verschlossen?
   Die Nahrung kam dir durch den Nabel zugeflossen.

16 Als riß die Nabelschnur und ab die Nahrung brach,
   Da strecktest du die Hand den Mutterbrüsten nach. —

17 Ein Fremdling kommt, in Not gedrängt von harter Schickung;
   Man reicht ihm aus der Stadt ein Tröpflein zur Erquickung.

18 Dann hat er Unterhalt in einem Bauch gefunden,
   Hat Speis' und Trank zugleich in einem Schlauch gefunden.

19 Zwei Warzen, welche nun sind seine Herzenswonnen,
   Sind aus dem Ort, wo er erzogen ward, zwei Bronnen.

20 Der Schoß der Mutter ist das Paradies der Lust,
   Der Strom darin von Milch und Honig ist die Brust.

21 Ein Paradiesbaum ist ihr Wuchs von Füll' umflossen,
   Das Kindlein ist die Frucht von dem Gezweig umschlossen.

22 Stehn die Brustadern selbst nicht in der Hut des Herzens?
   So ist, besiehst du's recht, die Milch das Blut des Herzens.

23 In dieses Blut hat es getaucht den ersten Zahn;
   Die Liebe, die ihr Blut trinkt, ist ihm angethan.

24 Wird stärker nun sein Arm und seiner Zähne Kraft,
   So streicht die Amm' ihm an die Brüste bittern Saft.

25 Die Bitterkeit macht bald sein Schrei'n nach Milch so still,
   Daß es von Brust und Milch nichts weiter wissen will.

26 Auch du bist nun ein Kind auf der Entsagung Pfade,
   Und durch die Bitterkeit wird dir zu Teil die Gnade.

(204.)

1 Der Mutter wandte sich ein Jüngling trotzig ab;
Das Herz der armen ward voll Schmerz ein Flammengrab.

2 Sie wußte keinen Rat, die Wiege holte sie:
„O pflichtvergessener Liebloser, siehst du die?

3 O lagst du hier nicht klein und schwach und weinend so,
Daß Nächtelang durch dich der Schlaf mein Auge floh?

4 Nicht mächtig deiner selbst warst du in dieser Wiege,
Und hattest nicht die Kraft zu wehren dir die Fliege.

5 Bist du nun jener, den ein Flieglein plagen kann,
Der so geworden hier ist ein gewalt'ger Mann?

6 So wieder wirst du sein, tief in des Grabes Thurm,
Daß du nicht von dir selbst abwehren kannst den Wurm." —

7 Wird hell die Lampe dann sein in des Auges Höhl',
Wenn hat des Grabes Wurm verzehrt des Hirnes Öl?

8 Wie du den Blinden siehst, der weder Weg noch Stunde
Ersehen kann zur Flucht aus finsterm Brunnengrunde:

9 O sei du dankbar, daß dir hell die Augen sind!
Und wenn du das nicht bist, so bist du selber blind.

(205.)

1 Dein Lehrer lehrt dich nicht Weisheit und Wissenschaft;
In deine Anlag' ist von Gott gelegt die Kraft.

2 Gab, der die Wahrheit ist, dir nicht den Sinn der Wahrheit,
So wird die Wahrheit dir im Ohr Unsinnes Barheit.

205, ² [Unsinnes Barheit, barer Unsinn.]

(206.)

1 Sieh einen Finger an, aus wieviel Fugen setzt
Er durch die Gotteskunst zusammen sich zuletzt.

2 Drum laß Bethörung nicht und Wahnsinn dich verführen,
An Gottes Kunstwerk mit dem Finger nur zu rühren.

3 Betracht', auf daß ein Mann einhergeh' auf den Füßen,
Wieviele Knochen sich regen und fügen müssen.

4 Denn ohne daß zugleich Knie, Knöchel, Schenkel mit
Sich rühren, kannst du nicht vom Platz thun einen Schritt.

5 Dem Menschen fällt nicht schwer die Beugung zum Gebet,
Weil ihm das Rückgrat nicht aus einem Stück besteht.

6 Zweihundert Bällchen sind in ein Verband gebracht;
Wer hat je solchen Ball wie dich aus Thon gemacht?

7 Ein Quellenboden ist in deines Leibes Gründen,
Wo sich Flußäderchen dreihundert sechzig münden.

8 Im Haupt wohnt Sehkraft dir, Besinnung, Urteil, Denken;
Die Glieder hat das Herz, das Herz der Geist zu lenken.

9 Die Thiere sind auf ihr Gesicht geworfen nieder,
Du richtest wie zu Roß vom Fuß auf deine Glieder.

10 Des Futters halber ist ihr Kopf gesenkt zum Grunde,
Du aber hebest stolz die Nahrung dir zum Munde.

11 Er gab zum Besten dir das Korn, nicht das Gestreu,
Und bog dein Haupt nicht gleich den Bestien nach dem Heu.

12 Du sollst, als Oberhaupt dich würdig zu bezeugen,
Dein Haupt nicht anders als zur Gottanbetung beugen.

13 Doch laß die herrliche Gestalt dich nicht verführen;
Ihr angemessen mußt du guten Wandel führen.

---

6 Bällchen oder Kügelchen wie an der Schnur; im Persischen Ein Wort für (Rücken=)
Wirbel und Glaskügelchen.

14 Geh mit aufrechtem Gang auf rechtem Weg zugleich:
In Hinsicht der Gestalt sind uns Ungläub'ge gleich.

15 Dem, welcher Auge dir und Mund und Ohr gegeben,
Wirst du, wenn auch Verstand du hast, nicht widerstreben.

16 Mag sein, daß deinen Feind du treffest mit Steinwürfen,
Doch deinen Freund wirst du niemals beschden dürfen.

17 Wer Einsicht hat und Pflichtgefühl, macht ohne Wank
Wie mit dem Nagel fest die Wohlthat mit dem Dank.

(207.)

1 Wie schätzte recht den Wert von einem Wonnetag,
Wer eines Tages nicht in Mühsal niederlag!

2 Des Bettlers Winter in dem Jahr der Hungersnot
Fällt leicht dem reichen Mann, dem es nicht fehlt an Brot.

3 Für die Gesundheit wird dem Herren Dank nicht sagen
Der Rüstige, der nie zu Bette lag mit Klagen.

4 Frag' nach des Wassers Wert nicht die am Oxusstrande,
Frag' die Erliegenden im Sand und Sonnenbrande.

5 Wie schiene wol dir lang die finstre Nacht, wenn du
Von einer Seite dich zur andern wendst in Ruh?

6 Denk an den Armen, der in Fieberunruh wacht:
Denn nur der Kranke kennt die Längen einer Nacht.

7 Bei Trommelschall erwacht der Herr vergnügt am Morgen:
Wie's seinem Wächter ging bei Nacht, macht ihm nicht Sorgen.

(208.)

1 Von seinem Rappen fiel einmal ein Königssohn,
Verschoben war am Hals ein Wirbel ihm davon.

---

16 Der Freund = Gott, wie oft. Vielleicht Anspielung auf die Steinigung Satans bei der Wallfahrt.

2 Schief war der Hals ihm wie ein Karst, und wollt' er drehn
Den Kopf, so konnt' es nur mitsamt dem Leib geschehn.

3 Die Ärzte waren ihm zu helfen nicht im Stande,
Das konnt' ein Philosoph allein aus Griechenlande.

4 Den Kopf rückt' er zurecht, das Rückgrat macht' er grad;
Half er ihm nicht, so war für ihn gebahnt der Pfad.

5 Doch hört' ich, er vergaß sich dankbar zu bezeugen,
Und von Erkenntlichkeit ließ er die Zunge schweigen.

6 Noch einmal näherte der Weise sich dem Schah;
Der niedersinnig ihn mit keinem Blick ansah.

7 Zu Boden hängen ließ den Kopf vor Scham der Weise;
Ich hörte, daß hinweg er ging und sagte leise:

8 „Wo gestern ich den Hals zurecht ihm drehte nicht,
So dreht' er heute mir nicht ab sein Angesicht."

9 Ein Körnchen schickt' er drauf durch eines Sklaven Hand,
Es ihm zu legen auf der Kohlenpfanne Brand.

10 Der Bote kam damit zum Fürsten hingegangen,
Und that im Augenblick nach seines Herrn Verlangen.

11 Vom Rauche kam alsbald dem Fürsten an ein Niesen,
Und wieder stand ihm Kopf und Hals alswie vor diesem.

12 Mit Abbitt' eilte man nun hinterm Manne her,
Man sucht' ihn viel und fand ihn desto weniger. —

13 Auch du sollst nicht den Hals ab vom Wohlthäter drehn:
Es möcht' am Ende dir der Kopf verloren gehn.

(209.)

1 Ich hörte, daß einmal mit seines Zorns Gewicht
Den Sohn ein Vater schalt: „Schamloses Angesicht!"

2 Er schüttelte mit Macht den Jungen an dem Ohr:
„Ei du unseliger, heillos verkehrter Thor!

3 Ich gab dir diese Axt, Brennholz damit zu haun;
Ich sagte nicht: Zerstör an der Moschee den Zaun." —

4 Die Zunge gab man dir, o Mensch, zu Dank und Preise,
Zu Afterrede nicht verwendet sie der Weise.

5 Das Ohr, für Koransprüch' und Lehren eine Pforte,
O horche nicht mit ihm auf leere Lügenworte!

6 Auf Gottes Schöpferkunst dein Auge richte du;
Vor deines Bruders Fehl und Freundes mach es zu.

(210.)

1 Er hat die Nacht zur Lust dir und den Tag gemacht,
Des Monds Erleuchtung und der Sonne Weltenpracht.

2 Der Wind, dir zum Behuf ein Kämmerer im Haus,
Er breitet auf der Flur des Lenzes Teppich aus.

3 Ob Sturm, ob Schnee es ist, ob Nebel oder Regen,
Mit Blitzes Schwerterzuck, mit Donners Paukenschlägen,

4 Geschäft'ge Diener sind sie all, bereit zum Lauf,
Die deine Saaten dir im Boden nähren auf.

5 Und wenn du durstig bist, so laß dich's nicht bedrücken,
Denn Wasser trägt dir zu die Wolk' auf ihrem Rücken.

6 Farbe, Geruch, Geschmack entlocket Er dem Raum,
Und beut sie zum Genuß für Auge, Hirn und Gaum.

7 Der Honig aus der Bien', aus Luft dir Manna schafft,
Aus Palme Dattel, aus dem Kern den Palmenschaft.

8 Die Palmenbinder all, sie stehn und kaum die Hand
Erstaunt, weil keiner noch dergleichen Palmen band.

9 Plejade, Sonn' und Mond um deinetwillen prangen,
Kronleuchter von dem Dach des Hauses aufgehangen.

8 [Palmenbinder – – Gärtner.]

10 Er bringt die Ros' aus Dorn, aus Blut des Mustus Korn,
Gold aus dem Schacht, und frisch das Laub aus trocknem Storrn.

11 Mit seiner eignen Hand formt' er dir Aug' und Brauen;
Verwandte kann man ja nicht Fremden anvertrauen.

12 Der Reiche, der sich ein geliebtes Kind erzieht,
Ein Lustpalast ist es, worin er's lind erzieht.

13 Zur Seele ziemt es sich von Zeit zu Zeit zu sagen,
Daß nicht die Zung' allein ihm kann den Dank abtragen.

14 O Gott, mein Herz wird Blut, mein Auge wund von Zähren,
Daß deine Gnaden weit gehn über alle Mären.

15 Ich sage nicht, daß Wild und Zahm, Fisch und Ameise,
Nein, daß der Engel Chör' im höchsten Himmelskreise

16 Nur wenig noch gesagt von deinem Preise haben,
Von Dank ein Tausendstel gebracht für deine Gaben.

17 Wasch', Saadi, deine Hand und deines Buches Blatt,
Und laufe nicht den Weg, der keine Grenze hat.

(211.)

1 Ich hörte, daß Togrul in einer Winternacht
Auf einen Hindu stieß, der dastand auf der Wacht,

2 Der so von Schneegestock und kaltem Regenguß
Geriet in Zittern wie das Licht des Sirius.

3 In Regung kam sein Herz vom Mitleid über ihn,
Er sprach: „Hier diesen Pelz geb' ich dir anzuziehn;

4 Wart einen Augenblick an des Altanes Rand,
Ich send' ihn dir heraus durch eines Dieners Hand."

5 So stand er, und es weht' ein Frühlingshauch ihn an;
Der Herrscher stieg gemach das Herrschaftschloß hinan.

---

17 a [d. h. höre auf, laß ab, verzichte.]

6 Ein Bürschchen hatt' er dort in seiner Sklavenschar,
Ein reizendes, dem er geneigt ein wenig war.

7 Den schönen Türken sah er so mit Wohlgefallen,
Der arme Hindu war schnell seinem Sinn entfallen.

8 Dem war das Pelzgewand zu Ohren nur gekommen,
Doch seinen Schultern blieb's vom bösen Glück benommen.

9 Nachtfrost erschöpfte wol genug nicht seine Kräfte,
Daß ihn des Himmels Tück' auch mit Erwartung äffte. —

10 Gib Acht nun, als der Schah so unbekümmert schlief,
Wie ihn der Oberste der Wache früh anrief:

11 „Vergessen hast du wol, was du dem guten Loose
Verdankest, als du lagst in des Schoßkindes Schoße.,

12 Da dir in Wonnerausch und Lust die Nacht verging,
Was weißt du, über uns was in der Nacht erging?" —

13 Die Karawane, die den Kopf steckt in den Topf,
Fragt nicht, ob stecken blieb im Sand ein armer Tropf.

14 Halt auf dem Wasser an, o Steuermann, den Nachen!
Denn übern Kopf weg geht das Wasser jenem Schwachen.

15 Ihr raschen Jünglinge, geht doch nicht so geschwind,
Weil unterm Reisetrupp erschöpfte Greise sind.

16 Du ruhest sanft im Tragebett der Karawan',
Und an der Hand führt dein Kamel der Sarawan;

17 Was thut dir Sand und Fels, was thut dir Berg und Thal?
O frag' nach den Zurückgebliebnen doch einmal!

18 Dich trägt ein Renner, der sich wie ein Berg bewegt:
Vom Gänger weißt du nichts, der Blut im Schuhe trägt.

19 Wer mit Behaglichkeit im Vorrathause lungert,
Was fragt er wol nach dem, der leeren Bauches hungert?

---

13 [d. h. die sich zum Mahle niedergelassen hat.]
16 [Sarawan, s. eben zu 73, 3.]

(212.)

1 Die Scharwach' hatte wen gebunden an den Pfahl;
Die ganze Nacht durchwacht' er so in Herzensqual.

2 Da kam zu ihm ein Ton her von der Rückenwand
Von einem, welcher klagt' über gebundne Hand.

3 Das hört' in seiner Haft der Dieb und rief ihm zu:
„Wie lange willst du schrein um deine Not? gib Ruh'!

4 Geh hin und danke Gott für die gebundne Hand,
Daß nicht die Scharwach' sie dir auf den Rücken band." —

5 Nicht über deine Not darfst du dich sehr beklagen,
Wenn du viel größere siehst einen andern tragen.

(213.)

1 Für einen Dirhem, den ein kleidentblößter Mann
Erborgte, schafft' er ein rauhwollnes Wamms sich an.

2 Dann klagt' er: „O Geschick, das übel mich beraten!
Im ungeschlachten Rock muß ich vor Hitze braten."

3 Doch als in Wallung so geriet der Ungeschlachte,
Rief aus des Kerkers Grub' ihn einer an: „O sachte!

4 Du Roher, danke Gott in deinem rauhen Rock,
Daß du mit Hand und Fuß nicht steckst wie wir im Block."

(214.)

1 Ein Frecher ging vorbei vor einem frommen Mann,
Und sah ihn nach dem Kleid für einen Juden an.

2 Gleich auf den Rücken hieb er ihn mit einem Stock:
Der gute Derwisch gab dafür ihm seinen Rock.

213, [1] (Dirhem, Silbermünze.)

3 Beschämt sprach jener drauf: „Ich habe dich gekränkt;
Vergib mir nur! Wozu hast du mich noch beschenkt?"

4 Er sprach: „Mit meinem Kopf muß ich zu Danke stehn,
Daß ich nicht bin, wofür du mich hast angesehn."

(215.)

1 Ein Wandrer auf dem Weg erliegend rief mit Weinen:
„Wer ist elend wie ich in diesem Feld von Steinen?"

2 Mit seiner Saumlast kam ein Esel her: „Du Gauch,"
Sprach er, „verklagest du des Schicksals Härten auch?

3 Dank Gott, wenn unter dir nun auch kein Esel ist,
Daß wenigstens du selbst ein Mensch, kein Esel bist."

(216.)

1 Ein Trunkner lag im Weg; an diesem ging vorbei
Ein Schriftgelehrter, stolz, daß er enthaltsam sei.

2 Aus Hochmut sah er kaum mit einem Blick ihn an;
Der Jüngling hob sein Haupt, und sprach: „Betagter Mann!

3 Sei übermütig nicht, wenn es dir gehet gut;
Denn die Demütigung kommt aus dem Übermut.

4 Lach' über keinen, den du siehst im Bande liegen;
Wer weiß, wie bald du selbst dich mußt in Bande schmiegen.

5 Hat etwa das Geschick die Macht nicht über dich,
Daß morgen du berauscht am Boden liegst wie ich?" —

6 Wenn dir der Himmel gab in der Moschee dein Teil,
So schilt nicht den, der in der Kirche sucht sein Heil.

7 Erheb', o Muselman, zum Danke deine Hand,
Daß Gott um deinen Leib den Magiergurt nicht band.

16*

8 Sein Suchender kann nicht von selbst den Weg einschlagen,
Des Freundes Gnade zieht ihn mit Gewalt am Kragen.

9 O sieh, wie wunderbar der Schickung Wege sind;
Wer seine Zuversicht auf andres setzt, ist blind.

(217.)

1 Gott hat der Heilung Kraft gemischt im Honigsaft,
Doch so nicht, daß den Tod bezwänge seine Kraft.

2 Der Honig macht nur süß den Gaumen der Lebendigen,
Des Todestags Geschick ist er zu schwach zu bändigen.

3 Desgleichen ist viel Heil ins Zuckerrohr gelegt,
Wo der Genießende noch Lebensdauer trägt;

4 Doch wo der letzte Hauch will ausgehn einem Schlucker,
Was nützet in dem Mund ihm Honig oder Zucker?

5 Wenn einen Keulenschlag hat wer aufs Haupt empfahn,
Was soll's, daß einer sagt: „Reibt ihn mit Sandel an!"

6 Dem Schwerte der Gefahr, solang du kannst, entweiche;
Doch mache keine Faust gegen des Schicksals Streiche.

7 Solang empfänglich ist der Leib für Speis' und Trank,
Solang ist die Gestalt ihm frisch, das Antlitz blank;

8 Doch dann fällt dieses Haus in Trümmer gar geschwind,
Wenn Nahrung und Natur nicht mehr verträglich sind.

9 Du bist aus Trockenem, aus Feuchtem, Warmen, Kalten
Gemischt, ein Mensch besteht aus diesen vier Gewalten.

10 Sobald von diesen eins am andern Sieg ersicht,
Verliert die innere Natur ihr Gleichgewicht.

11 Wenn nicht der kühle Hauch des Atems drüber geht,
Bald durch des Magens Glut die Seel' in Not gerät.

12 Und wenn des Magens Topf nicht kocht die Speise gar,
Des Leibes Haushalt ist verkümmert ganz und gar.

13 Ein weiser Mann hängt nicht sein Herz an die entzweiten,
Die sich zusammen nicht vertragen ohne Streiten.

14 Nicht nach dem Essen miß die Kraft des Leibes ab:
Des Herren Gnad' ist es, die dir die Nahrung gab.

15 Beim Recht des Herrn! wenn Schwert und Dolch dein Aug erlitt',
Du machtest gegen ihn dich nicht der Dankschuld quitt.

16 Legst auf den Boden du dein Antlitz dienstbarlich,
So bringe Gott den Preis, und denke nicht an dich:

17 Ich gebe zu, du hast ihm einen Dienst gethan,
Hast du beständig nicht von ihm den Lohn empfahn?

18 Ein Betteln nur ist dein anhaltendes Gebet;
O wie dem Bettler doch so schlecht der Hochmut steht!

(218.

1 Gott ist es, der zuerst ins Herz legt will'gen Sinn,
Dann legt auf seine Schwell' ihr Haupt die Andacht hin.

2 Wenn Gott die Leitung nicht zum Guten dir verliehen,
Wie wäre denn von dir ein Gutes mir verliehen?

3 Wenn von der Zungen ist des Herren Preis erklungen,
O sieh doch, wer das Wort gegeben hat der Zungen!

4 Des Menschen Auge, traun, ist der Erkenntnis Thor,
Dem Himmel aufgethan und rings der Erde Flor;

5 Wie unterscheidest du das Unten von dem Oben,
Hätt' Er von diesem Thor die Riegel nicht gehoben?

6 Er brachte Haupt und Hand vom Nichtsein in das Sein,
Und wollte Spendung ihr, ihm Niederfall verleihn.

7 Sonst, und könnt' auch die Hand der Spendung Werk betreiben,
Doch würde Niederfall dem Haupt unmöglich bleiben.

6a [In Rückert's Manuscript steht „Haut und Hand" statt „Haupt und Hand".]
b [ihr, der Hand; ihm, dem Haupte,] Niederfall zur Anbetung.

8 Er setzte Zung' und Ohr voll Weisheit an den Platz,
Wo sie die Schlüssel sind für deines Herzens Schatz.

9 Wo das Dolmetscheramt die Zunge nicht bekommen,
Wer hätte denn vom Hehl der Brust Bericht bekommen?

10 Und wäre nicht das Ohr mit Späherdienst bemüht,
Wie käme Kundschaft denn dem Könige Gemüt?

11 Die beiden sind bestellt zu Kämmerern, und eilen
Von einem König Gruß dem andern zu erteilen.

12 Mir hat er süßes Wort verliehn zur Redegabe,
Und dir Empfänglichkeit des Sinns zur Geisteshabe.

13 Was denkst du von dir selbst: „mein eignes Werk ist gut"?
Sieh auf den Beistand doch, den er dabei dir thut!

14 Die Früchte, welche bringt der Gärtner aufzuwarten
Dem Sultan, pflückt er doch nur in des Sultans Garten.

(219.)

1 Ein Bild von Elfenbein sah ich in Somenat,
Geschmückt wie in der Zeit des Heidentums Menat.

2 Der Künstler hatte so das Bild mit Kunst bedacht,
Daß ein kunstreicheres wird schwerlich ausgedacht.

3 Viel tausend Seelen nahm aus jeglichem Gefild,
Um staunend anzusehn ein seelenloses Bild;

4 Sich rühren Könige von Tschin und von Tschigil,
Wie Saadi, der ein Bild von Steine rühren will;

5 Und Sprachbegabte ziehn herbei aus Land und Stadt,
Um anzustehen den, der keine Sprache hat.

6 Ich war ob dieses Falls Erklärung höchst betreten,
Warum Lebendige den toten Stein anbeten;

---

[1] [Somenat, skr. Sômanâtha, prachtvoller Tempel in Gudscherat mit berühmtem Linga-Bild, von Mahmud von Ghazna im Jahre 1024 zerstört, später aber wieder hergestellt. — Menat, ein altarabisches Götzenbild.]

7 Und einen Magier, der mir verbunden war,
Als trauter Wohngenoß und Freund erfunden war,

8 Wollt' ich in guter Art befragen: „O Brahman,
Ob diesen Dingen hier kommt mich Bewundrung an,

9 Wie dies unmächtige Gebild thört alle Welt
Und sie gefangen in des Irrtums Brunnen hält.

10 Nicht regen kann's die Hand und nicht den Fuß bewegen,
Und wenn man's umwirft, wird's nicht aufzustehn vermögen.

11 O siehst du nicht, daß ihm die Augen gläsern sind?
Wer von Schelaugigen Erhörung sucht, ist blind."

12 Auf diese Rede sah der Freund mich feindlich an,
Wie Feuer lodert' er und griff mit Grimm mich an.

13 Er gab den Magiern und Ältesten Bericht,
Und Gutes von dem Volk erwarten durft' ich nicht.

14 Die Gebern fielen mit pazend'schen Litanein
Mich gleich den Hunden an um jenes Totenbein.

15 In ihren Augen war ihr krummer Weg der grade,
Drum ärgerten sie sich an meinem graden Pfade;

16 Denn wie erleuchtet sei und hochgeherzt ein Mann,
Unweise sehen ihn für einen Thoren an.

17 Wie ein Ertrinkender verzagt' ich an der Rettung,
Nur von Nachgiebigkeit versprach ich mir Entkettung.

18 Wenn du den Thoren siehst in seines Zornes Blindheit,
So findest du dein Heil in Mäßigung und Lindheit.

19 Ich sang des obersten Brahmanen Lob behend:
„O der Auslegung Hort, Altmeister von dem Zend,

20 Auch über mein Gemüt hat dieses Bild Gewalt,
Denn lieblich ist die Form und reizend die Gestalt.

---

7 Magier (Geber) erscheint hier mit Brahmane eins. [Gerade die in dieser ganzen Erzählung durchgeführte Gleichsetzung von Brahmanen und Gebern dürfte ein Beweis dafür sein, daß Saadi nicht wirklich in Indien gewesen ist.]

21 Ganz außerordentlich kommt's meinen Augen vor,
Doch seinen Sinn verbirgt bis jetzo mir ein Flor,

22 Da ich seit kurzem erst allhier als Pilger weile;
Gutes vom Bösen kennt ein Fremder nicht in Eile.

23 Du kennst es, denn der Roch auf diesem Feld bist du,
Dem Herrscher dieses Orts als Rat gesellt bist du.

24 Erkläre mir, was ist von diesem Bild der Sinn,
Von dem der erste der Anbeter selbst ich bin!

25 Andacht gedankenlos ist nur Irrseligkeit;
Dem Waller Heil, der weiß von seinem Weg Bescheid!"

26 Da strahlte dem Brahman vor Freude das Gesicht:
Gefällig sprach er: „O du, der gefällig spricht,

27 Du fragst als edler Mann und handelst als ein weiser:
Zur Station gelangt, wer folgt dem Wegeweiser.

28 Ich selber kam wie du weit in der Welt umher,
Und sah manch Götzenbild von Selbstbewußtsein leer,

29 Als nur allein dies Bild, das hier auf seinem Stand
An jedem Morgen hebt zu Gott dem Herrn die Hand.

30 Wenn dir's beliebt, verweil' die Nacht an diesem Ort,
Und das Geheimnis wird dir morgen klar sofort."

31 Ich weilte dort die Nacht auf das Gebot des Alten,
Wie Bischen in der Haft des Brunnens ward gehalten.

32 O eine Nacht, lang wie der Auferstehungstag:
Wo ungewaschnes Volk um mich Gebetes pflag:

33 Mönchpriester, welche nie das Wasser angerührt,
Mit Üchsen, wie man Aas im Schein der Sonne spürt.

34 Ich mußte mich an Gott versündigt haben schwer,
Daß ich in jener Nacht gepeinigt ward so sehr;

— —

35 Die ganze Nacht geplagt, die eine Hand gedrückt
Aufs Herz, die andre zum Gebet emporgezückt:

36 Als plötzlich Trommelschlag ertönt', und ferne Fahnen
Mit Krähn sich thaten kund im Rücken der Brahmanen,

37 Und stracks der Prediger der Nacht im schwarzen Kleide
Zog zweifellos das Schwert des Tages aus der Scheide.

38 Es fiel der Feuerstrahl des Frührots in den Zunder,
Im Nu erleuchtet war die Welt umher ein Wunder.

39 Es war als ob mit eins im Feld von Zengebar
Siegreich von einer Seit' einbräche der Tatar.

40 Unsinn'ge Magier, nicht im Gesicht gereinigt,
Kamen herbei zur Kirch', aus Berg und Thal vereinigt.

41 Kein Mann blieb und kein Weib zurück in Land und Stadt,
Sodaß kein Hirsenkorn im Tempel Platz mehr hat.

42 Ich war von Unlust krank, trunken von Schlaf dazu;
Als seine Hand der Götz erhob in einem Nu.

43 Da kam von all dem Volk auf einmal ein Geschrei,
Du meintest, daß ein Meer in Wogenaufruhr sei.

44 Als drauf das Götzenhaus vom Volke war geleert,
Hat mir sich der Brahman mit Lächeln zugekehrt:

45 „Kein Zweifelsknoten wird dir nun geblieben sein;
Die Wahrheit kam zu Tag, verschwunden ist der Schein."

46 Als ich nun sah, wie tief er in der Thorheit steckt,
Von der unsinnigen Einbildung zugedeckt:

47 Macht' ich nicht den Versuch, die Wahrheit mehr zu sagen;
Denn nicht dem Thörichten ist Wahrheit vorzutragen.

48 Wo Oberhand mit Macht den Sieg von dannen trägt,
Ist es nicht Mannheit, daß man seine Faust zerschlägt.

.

49 Schon war ich heuchlerisch in Thränen ausgebrochen,
Und rief: „Wie fühl' ich Reu ob dem, was ich gesprochen!"

50 Das Herz der Heiden ward vom Thränenstrom gelenkt;
Kein Wunder, wenn vom Bach ein Mühlstein wird geschwenkt.

51 Mit Dienstbeflissenheit lief gegen mich der Schwarm,
Und ehrerbietungsvoll faßten sie mich beim Arm.

52 Ich trat, Abbitte thu'nd, zum beinernen Gesellen
Im goldgetriebnen Stuhl auf Platanusgestellen.

53 Dem Götzlein einen Kuß gab ich auf seine Rechte:
„Der Götze sei verwünscht, verwünscht die Götzenknechte!"

54 Mitmacht' ich ein paar Tag' ihr heidnisches Gepränge,
Und sang als ein Brahman die zendischen Gesänge.

55 Als ich im Kloster sie zu mir Vertraun sah fassen,
Wußt' ich mich auf der Welt vor Freude nicht zu lassen.

56 Ich hatt' in einer Nacht die Thür geschlossen schon,
Und rief nun rechts und links alswie ein Skorpion.

57 Als ich nun unter'n Stuhl und über ihn geblickt,
Fiel in die Augen mir ein Vorhang goldgestickt.

58 Ein seu'ranbetender Metropolit im Gaden
Saß unverwandt und hielt in Händen einen Faden.

59 Im selben Augenblick ward mir die Sache klar,
Wie einst dem David, als das Erz geschmolzen war:

60 Nothwendig, daß, sobald den Faden er bewegt,
Das Götzenbild die Hand empor zum Himmel regt.

61 Beschämt ward der Brahman vor meinem Angesicht;
Denn eine Schand' ist's, wenn die Naht kommt an das Licht.

62 Er lief davon, und ich ihm nach mit aller Macht,
Und stürzt' ihn übern Kopf in einen Brunnenschacht.

---

59 b s. Koran [34, 10].
61 b Die Naht ist zum Vorschein gekommen, Sprichwort; einigermaßen verwandt ist: Es ist nichts so fein gesponnen ꝛc. Die Naht ist auf der Kehrseite, das Verdeckte, was man nicht zeigen will.

63 Denn das war mir bewußt, wenn der Brahman am Leben
Verbliebe, würd' er nur nach meinem Blute streben,

64 Daß er von Herzen gern hinweg mich räumen möchte,
Damit die Heimlichkeit ich an den Tag nicht brächte.

65 Wenn des Verderbers Plan dir kund geworden ist,
So wirf zu Boden ihn, wo du's im Stande bist;

66 Denn wenn am Leben du lässest den Bösewicht,
So läßt er selber dir das Leben fürder nicht.

67 Und leg' er dienstbarlich sein Haupt auf deine Schwellen,
Sobald die Hand er hat, wird er das Haupt dir fällen.

68 Setz' lieber nicht den Fuß auf des Betrügers Spur;
Doch gehst und findst du ihn, so triff ihn schonlos nur. —

69 Mit einem Steine schlug ich vollens tot den Schuft;
Denn keine Stimme kommt aus eines Toten Gruft.

70 Doch da ich merkte, daß ich Lärmen angerichtet,
So räumt' ich jenes Land und habe mich geflüchtet.

71 Wo in ein Schilfrohrfeld du warfest einen Brand,
Da nimm dich vor dem Lern in Acht, hast du Verstand.

72 Ihr Junges töte nicht der Schlange, welche sticht;
Hast du's getötet, bleib im selben Hause nicht.

73 Da wo du hast das Nest verstört dem Wespenschwarm,
Da räume schnell den Ort, sonst machen sie dir warm.

74 Auf einen Rüstigern schieß lieber nicht den Pfeil;
Doch ist's geschehn, so mach dich aus dem Staub in Eil'.

75 Von Saadi wird an dich nie dieser Rat ergehn,
Da wo du untergrubst die Mauer, still zu stehn. —

76 Ich kam nach Hindustan nach jenem üblen Spaß,
Von dannen auf dem Weg von Jemen nach Hidschas.

77 Nach all der Bitterkeit, die über mich ergieng,
Ist es erst heute, daß ich süßen Mund empfieng

74 b Das persische Sprichwort sagt: faß den Saum mit den Zähnen.

78 In den Auspicien des Abubeker Saad,
Desgleichen nie gebiert die Mutter früh noch spat.

79 Vor Schicksalsgrimm mit Schrei um Rache kamen wir,
Zum schattenbreitenden Schutzdache kamen wir.

80 Heilwünscher dieses Throns bin ich in Knechtsgestalt:
O diesen Schatten, Gott, unwandelbar erhalt'!

81 Denn Pflaster gab er mir, nicht wie es meinem Schaden,
Nein, wie es seiner Huld zukam und seinen Gnaden.

82 Wie hätt' ich solcher Huld den schuld'gen Dank gebracht,
Hätt' ich auch dienstbereit den Kopf zum Fuß gemacht?

83 Erlösung fand mein Herz von jenen Kummerbanden,
Doch kamen meinem Sinn die Lehren nicht abhanden:

84 Zum ersten, daß, so oft ich des Bedürfens Hand
Empor zum thronenden Allwissenden gewandt,

85 Mir die Erinnerung sich jenes Götzen beut,
Und Staub der Demut in der Selbsucht Auge streut,

86 Da ich erkenne, daß die Hand, die ich nach oben
Gestreckt, durch meine Kraft hab' ich sie nicht erhoben.

87 Es können Sinnige von selbst die Hand nicht rühren,
Da sie an ihrer Hand den Leitungsfaden führen.

88 Wol offen ist das Thor des Guten und der Pflicht,
Doch weiß den Weg dazu zu finden jeder nicht.

89 Im Weg ist dieses, daß in den erwählten Kreis
Des Schahes niemand kommt, als auf des Schah's Geheiß.

90 Den Schlüssel des Geschicks hat in den Händen keiner,
Und unumschränkte Macht hat nur im Himmel Einer.

91 Drum, der du gehst, o Fürst, im rechten Wege gern,
Nicht dein ist das Verdienst davon, es ist des Herrn.

92 Da gut geschaffen hat dein Herz sein ew'ger Rat,
So kann nicht deinem Sinn entsprossen böse That.

93 Doch solche Süßigkeit von Bienen bringt hervor
Derselbige, der Gift zu Schlangenart erkor.

94 Wenn er beschlossen, daß dein Reich veröbet werbe,
   Wird er zuerst durch dich bedrücken deine Herbe.

95 Soll aber Gnad' und Huld von ihm dir kommen zu,
   Wird er durch dich dem Volk bereiten Glück und Ruh'.

96 Drum überhebe dich nicht auf des Guten Bahn,
   Man reichte dir die Hand, und du erhobst dich dran.

97 Dir nützt das Wort, wenn du zu hören es verstehst;
   Du kommst zur Pilgerschar, wenn du des Weges gehst.

98 Du findest einen Platz, wenn Zutritt wehret nicht
   Wer auf der Gnade Tisch dir setzet dein Gericht.

99 Dann aber ziemet dir alleine nicht zu essen,
   Den Bettler, der der Not erlag, nicht zu vergessen.

100 Vielleicht o sendest du mir ein Erbarmen nach!
   Denn auf mein eignes Werk ist mein Vertrauen schwach.

Neunte Pforte.

Buße und Bekehrung.

(220.)

1 Du, dessen Jahre nun zu siebzig sind gegangen,
  Hast du geschlafen, daß sie in den Wind gegangen?

2 Zum Bleiben eifrig hast Anstalten du gemacht,
  Doch an das Weggehn hast du ernstlich nie gedacht.

3 Am jüngsten Tag, wenn Himmelsjahrmarkt wird gehalten,
  Da wird ein jeder nach der Werke Wert erhalten.

4 Soviel du bringst, soviel bekommest du dafür;
  Und bringst du nichts, so ist Beschämung die Gebühr.

5 Denn um wie voller ist der Markt von Gegenständen,
  Um so verlegner ist, wer kommt mit leeren Händen.

[Pforte; hierfür hat Rückert dies eine mal „Tor" geschrieben.]

6 Von funfzig Dirhemen wenn man dir fünfe nahm,
So fällt dein wundes Herz zum Raub anheim dem Gram;
7 Wenn funfzig Jahre dir gekommen sind abhanden,
Mach' die fünf Tage dir zu Nutz, die noch vorhanden!
8 Der arme Tote, hätt' er eine Zunge nur,
Zu Klag' und Weheruf wär' sie im Schwunge nur:
9 „O Lebender, der du noch reden kannst, laß nun
Die Lippe nicht von Dank alswie ein Toter ruhn.
10 Da uns verstrichen sind die Tag' in Unbedacht,
Nimm du nun wenigstens den Augenblick in Acht."

221.)

1 In einer Nacht voll Lust und jugendlichen Flammen
Saßen wir eine Zahl von Jünglingen zusammen,
2 Wie Nachtigallen laut, wie Rosen frisch entglommen;
Die Gasse war in Braus durch unsre Lust gekommen.
3 Von uns saß nebenaus ein Alter, dessen Haar
Durch Himmelsumschwung Tag aus Nacht geworden war;
4 Dem war wie einer Nuß der stumme Mund verschlossen,
Mit Lachen nicht wie uns Pistazien-gleich erschlossen.
5 Ein junger trat zu ihm: „Ei, alter Mann, warum
Sitzest du mit Verdruß im Winkel einsam stumm?
6 Erheb einmal das Haupt aus der Bekümm'rung Kragen,
Und mit den Jünglingen reg' dich in Lustbehagen."
7 Darauf erhob das Haupt der Hochbetagte leise;
Vernimm, wie greisenhaft die Antwort gab der Greise:
8 „Wenn Morgenwindes Hauch den Rosenhain bewegt,
Steht's jungem Zweige wohl, daß er sich lustig regt.
9 Die junge Saat regt sich, die noch grünhauptig steht;
Wie sie zur Bleichheit ist gelangt, wird sie gemäht.

10 Wann jung im Frühling sproßt der Moschusweide Laub,
Dann wirft die alte Palm' ihr Dürres in den Staub.

11 Mir ziemt nicht Regung gleich dem jugendlichen Strauch,
Da meine Wangen traf des Alters Morgenhauch.

12 Der Edelfalke, den ich hatte fest am Band,
Schon reißen will er mir den Faden aus der Hand.

13 An euch ist nun die Reih zu sitzen an dem Tische,
Wo ich mir vom Genuß bereits die Hände wische.

14 Wenn auf das Haupt sich dir gesetzt des Alters Staub,
So blicke nicht mehr aus nach Jugendwonneraub.

15 Mir hat der Schnee beschneit die Fittige des Raben;
Darf ich wie Nachtigall mein Fest im Garten haben?

16 Stolziren mag der Pfau, weil er ist schön geputzt:
Was soll der Falke, dem die Schwingen sind gestutzt?

17 Eng in der Scheun' ist mir der Ernte Kornvorrat:
Und euch steht eben jetzt in frischem Grün die Saat.

18 Mir ist fürs Rosenbeet die Blütezeit verstrichen;
Wer bindet einen Strauß von Rosen, die verblichen?

19 Der Stab, beim Himmel, ist zum Anhalt mir gegeben,
Und Sünde wär's, wollt' ich mich halten noch ans Leben.

20 Fahrlos ist Jünglingen der Sprung mit freien Füßen,
Wo Alte wol die Hand zur Hülfe nehmen müssen.

21 Unreife Jugend selbst mag sündlichem Verlangen
So widrig nicht als ein unreifer Greis nachhangen.

22 Gleich Kindern mag mir wol geziemen nun zu weinen
Aus Sündenscham, jedoch nicht kindisch zu erscheinen.

23 Indes den Jüngling bringt zu Glanz der dunkle Duft,
Befördert einen Greis der weiße Glanz zur Gruft."

24 Wie schön hat Lokman dies gesprochen: „Nicht zu leben
Ist besser, denn viel Jahr' als schlechter Wicht zu leben.

25 Viel besser schließest du gleich morgens deinen Kram,
Als daß dir aus der Hand Ertrag und Hauptstock kam."

(222.)

1 Zu einem Arzte kam ein Alter hochbejahrt,
Von dessen Klagen kurz zum Tode war die Fahrt.

2 „Befühle mir den Puls, o hocherfahrner Mann,
Weil ich den Fuß nicht mehr vom Flecke bringen kann!

3 Mein Leib ist so gekrümmt, die Ahnung kommt mir bei,
Als ob ich in den Lehm bereits geraten sei."

4 Der Arzt sprach: „Von der Welt mußt du nur Abschied nehmen,
So kommt am jüngsten Tag der Fuß dir aus dem Lehmen." —

5 Beim Alter suche nicht der Jugend Munterkeiten;
Das Wasser, das verlief, läßt nicht zurück sich leiten.

6 Wenn in der Jugend du ausschlugst mit Fuß und Hand,
So brauch im Alter nun Besinnung und Verstand.

7 Wenn über Vierzig ging die Lebenszeit hinaus,
Zapple nicht mehr! denn schon ging übern Kopf der Braus.

8 Nun von der Lust des Spiels das Haupt du räumen mußt,
Denn abgelaufen ist die Frist dem Spiel der Lust.

9 Mir hat die Munterkeit zu weichen angefangen,
Als aus dem Abend mir der Morgen aufgegangen.

10 Wie würde nun das Herz mir frisch von grünem Laube,
Da grünes Laub wird bald entsprießen meinem Staube!

11 Lustwandeln gingen wir in unsrer Wonne Schwellen
Hin über Grubenstaub viel fröhlicher Gesellen.

12 Gesellen werden nun, die wir nicht vorgesehn,
Nachkommen und dahin ob unserm Staube gehn.

---

³ Der Fuß im Lehmen = in Not (s. 88, 11), hier in Todesnot (und mit einem
Fuß im Grabe .
⁷ᵇ du bist schon ertrunken.
⁹ᵇ [als mein schwarzes Haar anfing grau zu werden.]

13 O Schad' und Jammer, daß der Jugend Tage schwanden,
Und uns in Spiel und Tand das Leben kam abhanden.

14 O Schad' und Jammer um die Zeit voll Seelenspeise,
Daß sie vorüberfuhr in eines Blitzes Weise.

15 Vor Eifer über das „was ess' ich? zieh' ich an?"
Fand ich nicht Muße, mich dem Heiligen zu nahn.

16 O Schad' und Jammer, daß ich an dem Eitlen hing,
Dem Wahren ferne blieb, und ohne Schmuck ausging.

17 Wie treffend hat gesagt der Lehrer zu dem Knaben:
„Kein Tagwerk thatest du, und hast den Tag begraben."

18 O Jammer, daß dahin das edle Leben ist,
Und bald dahin wird sein auch diese letzte Frist.

19 Wenn für dich ist das Haus der Seligkeit gebaut,
Genügt von Saadi dir ein seelenvoller Laut.

(223.)

1 Heut mach', o Jüngling, dich nach Tugend auf die Reise,
Weil Jugend zu Gebot nicht morgen steht dem Greise.

2 Ein sorgenfreies Herz, Gliedmaßen derb und prall;
Der Tummelplatz ist weit, du schlage deinen Ball!

3 Sieh, um ein Leben hat das Schicksal mich gebracht,
Von dem ein jeder Tag galt eine Schöpfungsnacht.

4 Den Wert der Tage hatt' ich nicht erkannt zuvor;
Nun kenn' ich ihn, nachdem ich ihn im Spiel verlor.

5 Was kann das alte Thier nun unter seiner Last?
Du reit', weil unter dir du einen Renner hast.

6 Zerbrochen Glas, wie fest man kitten mag die Scherben,
Den Wert des ganzen wird es nimmermehr erwerben;

---

²b hic Rhodus, hic salta.
³b Schöpfungsnacht, worin der Koran herabgesandt und die menschlichen Schicksale
bestimmt wurden.

7 Doch, durch Nachlässigkeit ist's deiner Hand entglitten,
Es bleibt kein andrer Rat als eben es zu kitten.

8 Wer hat dir denn gesagt: „stürze dich in den Fluß!"
Da du darein nun fielst, so rühre Hand und Fuß.

9 Nachlässig wiesest du das Wasser von der Hand:
Was bleibt dir übrig, als zu baden dich im Sand?

10 Da von den Flinken erst den Wettpreis du im Laufen
Davon nicht trugst, so mußt du nun mit Müh nachschnaufen.

11 Wenn die Windfüßigen hinsausten wie ein Hauch,
Du ohne Hand und Fuß magst triechen auf dem Bauch.

(224.)

1 Der Schlummer eines Nachts legt' in der Wüste Feid
An meines Laufes Fuß sein hemmendes Geschmeid.

2 Ein Treiber aber kam mit drohndem Braus und Schnauf,
Schlug den Kamelzaum mir ums Haupt und rief: „Steh auf!

3 In deinem Herzen scheint die Lebenslust zu stocken,
Daß du dich nicht erhebst beim Schall der Reiseglocken.

4 Auch mir ist süß wie dir im Haupt des Schlummers Duft,
Doch vor uns öffnet sich der Wüste Totengruft." —

5 Du, den vom süßen Schlaf der Klang der Karawan'
Erweckt nicht hat, wie willst du finden nun die Bahn?

6 Längst hat der Sarawan die Trommel schon gerührt;
Schon hat die Station der erste Trupp berührt.

7 Heil den Besonnenen und nicht in Trägheit Blinden,
Die, eh die Trommel ruft, schon ihre Bündel binden.

---

1 [in der Wüste Feid; es sollte heißen: in der Wüste von Feid; denn Feid ist ein
kleiner Ort an dem Wege von Kufa nach Mekka.]

9 [b mit Sand wird, nach dem arabischen Ritualgesetz (das in einer Sandwüste gemacht ist) im Notfalle des fehlenden Wassers die Abreibung Abwaschung zum Gebet
vorgenommen. Der bildliche Sinn ist: das Versäumte, so gut es noch geht, wieder einholen.]

8 Wer unterweges schläft, wann er den Kopf nun schwer
Erhebt, sieht der des Wegs Gegangnen Spur nicht mehr.

9 Den Vorsprung haben, die beizeiten auf sich machen;
Was kann es helfen, nach dem Aufbruch zu erwachen?

10 Wenn Gersten Einer hat im Frühling ausgestreut,
O meinst du wol, daß ihm die Ernte Waizen beut?

11 Komm' nicht mit leerer Hand zum Markt der Auferstehung;
Denn unersprießlich ist das Leid der Leerausgehung.

12 Jetzt rühre dich, da dir die Flut am Gürtel steht,
Nicht dann erst, wenn der Strom dir übers Haupt hingeht.

13 Bring jetzt Entschuldigung für deine Mängel vor,
Nicht wann die Seel' im Mund des Worts Gebrauch verlor.

14 Hör' heute gern ein Wort, das dir die Weisen sagen:
Denn strenger wird dich einst der Todesengel fragen.

15 Erbeute rasch den Schatz der kurzen Lebensfrist:
Was ist der Käfig wert, aus dem der Vogel ist?

16 Verlier' das Leben nicht an Tand! Gelegenheit
Verdienet Ehr', es ist ein edler Gast die Zeit.

(225.)

1 Den Lebensfaden riß das Schicksal Einem ab,
Ein Anderer zerriß sein Kleid bei dessen Grab.

2 Da sprach ein dritter, der mit schärferm Auge sah,
Als seinem Ohre kam Wehklag und Leidruf nah:

3 „Zerreißen würd' er selbst, der Tote, wenn die Hand
Dazu ihm wäre frei, um dich sein Grabgewand:

4 'O winde dich um mich in Schmerz nicht solcherweise,
Weil vor dir ein paar Tag' ich antrat meine Reise.

---

1) Der Jahrmarkt des jüngsten Tags wie 220, 3—5.

5 An deinen eignen Tod haſt du wol nicht gedacht,
Daß dir der meinige ſo vielen Kummer macht.'" —

6 Der Wahrheitskenner, der die Handvoll Erde gibt
Dem Toten, iſt um ſich und nicht um ihn betrübt.

7 Was klagſt du, daß zu Grab ein Kindelein gegangen?
Rein kam es her zur Welt, und hin iſt's rein gegangen.

8 Rein kamſt du ſelber auch; ſei achtſam und ſei rein!
Denn Schand' iſt es, ins Grab unrein zu gehen ein.

9 Dem wilden Vogel leg' jetzt um den Fuß das Band,
Nicht dann wenn er dir riß den Faden aus der Hand.

10 An eines andern Platz ſo lange ſaßeſt du;
Bald ſitzt ein anderer an deinem Platz in Ruh.

11 Seiſt du ein Pehlewan, ſeiſt du ein Rieſenſohn,
Du trägſt ein Leichenhemd und weiter nichts davon.

12 Wildeſel, der dem Wurf der Fangeſchnur entgangen,
Wenn er im Sande bleibt, iſt ihm der Fuß gefangen.

13 So lange haſt auch du die Macht in deiner Hand,
So lange nicht dein Fuß kam in des Grabes Sand.

14 O leg dein Herz nicht auf dies altermorſch Gemach;
Denn liegen bleibet nicht die Wallnuß auf dem Dach.

15 Da Geſtern dir entging, und Morgen ſich dem Strick
Des Fangs entzieht, ſo rechn' auf deinen Augenblick.

(226.)

1 Schah Dſchemſchid mußte ſehn den holdſten Knaben ſcheiden;
Dem Seidenwurme gleich hüllt' er die Leich' in Seiden.

2 Ins Grabmal ging er dann hinab nach ein'gen Tagen,
Um weinend über ihn mit heißem Leid zu klagen.

---

11 [Pehlewan = gewaltiger Held.]

3 Da er vermodert sah das seidne Totenkleid,
  Stellt' er Betrachtung an, und sprach in seinem Leid:
4 „Was mit Gewalt dem Wurm ich abgerissen habe,
  Das reißen wieder ihm die Würmer ab im Grabe." —
5 Keine Cypresse wächst so hoch in diesem Park,
  Die nicht des Todes Wind versengt an Stamm und Mark.
6 In vielen Jahren wird zu einem Baum ein Sproß,
  Den aus der Wurzel dann reißt eines Windes Stoß.
7 Kein josephschönes Bild ist dem Geschick gelungen,
  Das nicht wie Jonas hat des Grabes Fisch verschlungen.

8 Durch ein Paar Verse lag auf einem Flammenroste
  Mein Herz, die jüngst zur Laut' ein Sänger also koste:
9 „O Schade, daß ohn' uns so viele Tage blühn
  Die Rose wird, und neu erstehn des Frühlings Grün.
10 Soviele Monate, December, Mai, August,
  Gehn über uns dahin, und wir sind Staub und Duft.
11 Das Rosenbeet wird stehn nach uns in Rosenflammen,
  Und andre sitzen, die sich lieben, dort beisammen."

(227.)

1 Ein Frommer, lang getreu in Gottes Dienst bestanden,
  Kriegt' eine Platt' aus Gold, ich weiß nicht wie, zu Handen.
2 Und sein vernünft'ger Kopf ward so erhitzt davon,
  Daß Leidenschaft sein hell Gemüt mit Nacht umsponn.
3 Ganz in Gedanken war er Nachts: „Das ist ein Schatz,
  Bei dem, so lang ich leb', ein Mangel nicht hat Platz.
4 Nun soll mein schwacher Leib, um keines Menschen Gnade
  Zu betteln, bald gebückt sich zeigen bald gerade.

5 Ich baue mir ein Haus, den Sockel Marmor stolz,
Und jede Sparr' am Dach massives Aloeholz;

6 Ein trauliches Gemach, Herzfreunde zu erwarten,
Die Thüre des Gemachs geht in den Hausbaumgarten.

7 Zu flicken Fleck auf Fleck hat vormals mich bedrängt,
Und des Kochherdes Dampf der Seele Hirn versengt.

8 In Zukunft kochen mir die Diener meine Speise,
Ich pfleg' in Ruh' den Gast auf angenehme Weise.

9 Durch ihre Schwere hat mich die Matratz' erstickt,
Ich geh' und breite mir nun Tepp'che goldgestickt."

10 Einbildung macht' ihn so verschroben und vertrackt,
Als ob das Hirn ihm von Krebsscheeren sei gezwackt.

11 Ihm blieb nicht Muße zu Betrachtung und Myster,
Ihm blieb für Essen, Schlaf und Beten Zeit nicht mehr.

12 Einst ging er in das Feld, den Kopf erfüllt von Brause,
Weil er nicht hatte Ruh' noch Rast in seinem Hause.

13 Dort knetet' Einer Lehm an eines Grabes Seiten,
Um daraus lehmene Grabplatten zu bereiten.

14 Dem alten Mann erwuchs da des Nachdenkens Saat;
„O Seele," rief er aus, „kurzsichtige, nimm Rat!

15 Was heftest du dein Herz an eine goldne Platte?
Bald wirst zur lehmenen du selbst, der nimmersatte." —

16 Nicht soweit ist der Gier der Rachen aufgethan,
Daß ihn ersättigen ein mäß'ger Bissen kann.

17 Von dieser Platte zieh, o Wicht, die Hand zurücke;
Mit Einer Platte baut man nicht des Oxus Brücke.

18 Auf Zins und Kapital bedacht, fällt dir nicht bei,
Wie untern Fuß gestampft des Lebens Grundstock sei.

19 Staub der Versäumnis hat dein Auge zugedeckt,
Der Gierde Glutwind dir die Saat in Brand gesteckt.

20 Der Thorheit Schminkestaub wasch aus dem Auge rein!
Bald wirst du Schminkestaub im Aug' der Erde sein.

(228.)

1 Zwei Feinde lebten, die einander zu bedräuen
Pflegten mit Kampf und Zorn alswie zwei grimme Leuen.

2 Sie hätten mögen selbst vor ihrem Anblick fliehn,
So daß für alle zwei der Himmel enge schien.

3 Vom Heer des Todes nun ward einer überzogen,
Die Tage seiner Lust waren hinweggeflogen,

4 Und seines Feindes Herz war hocherfreut darüber;
Er ging an seinem Grab nach ein'ger Zeit vorüber.

5 Sein Totenschlafgemach sah er betüncht mit Lehm,
Des Lusthaus er gesehn mit Gold betüncht vordem.

6 Zu seinem Pfühle trat er hin mit stolzem Gang,
Und sprach, indes die Lipp' ihm auf mit Lächeln sprang:

7 „O wie behaglich ist zu Mute dem, der warm
Nach seines Feindes Tod ausruht in Freundesarm!

8 Nicht weinen soll man, wenn man solchen einst begräbt,
Der auch nur einen Tag den Feind hat überlebt."

9 Und aus Feindseligkeit, mit Armen der Gewalt
Brach in des Feindes Grab er einen breiten Spalt.

10 In seiner Niedrigkeit sah er das hohe Haupt,
Die Augen, die die Welt einst schauten, eingestaubt,

11 Sein Dasein eingezwängt im engen Grabeskreise,
Sein Leib des Wurmes Fraß, die Beute der Ameise:

12 Als ob der Moder ihm aus allen Knochen wüchse
Und quölle, wie voll Duft gestopft die Salbebüchse:

13 Der Vollmond des Gesichts zum Neumond eingeschrumpft,
Des Wuchses Buchsbaum zum Zahnstocher abgestumpft;

14 Die Spannung seiner Händ' und seiner Fäuste Kraft
Durch die Gewalt der Zeit gelöst aus Band und Haft.

15 So überkam sein Herz ein Mitleid mit dem Schemen,
Daß er aus Thränen macht' auf seinem Grabe Lehmen.

16 Er sah mit Reu beschämt auf sein vermeßnes Treiben,
Und ließ dem Toten dies auf seinen Grabstein schreiben:

17 „Du sollst dir keine Lust an Jemands Tode machen;
Denn lange wirst du nicht nach seinem Schlafen wachen.“

18 Die Rede hörte drauf ein weiser frommer Mann,
Und den Allmächtigen rief er mit Thränen an:

19 „Unmöglich wird von dir Erbarmen dem versagt,
Um welchen selbst der Feind mitleidig hat geklagt.“

20 Uns allen auch wird so der Leib an einem Tag,
Daß über ihn ein Herz des Feindes schmelzen mag.

21 Es wird mir wol der Freund Erbarmung nicht entziehn,
Wenn er gesehn hat, wie mir selbst der Feind verziehn.

(229.)

1 In solchem Zustand kommt gar bald ein Schädel, daß
Du meinetest, daß nie in ihm ein Auge saß.

2 Den Spaten schlug ich einst in eine Erdenscholle,
Da kamen an mein Ohr Klaglaute schmerzenvolle:

3 „O Schonung, wenn ein Mensch du bist, sei grausam nicht!
Dies war ein Aug’ und Ohr, ein Haupt und Angesicht.

4 Ein Weltgebieter war einmal ich in der Welt,
Und nun dem Staube bin ich worden gleichgestellt.“

(230.)

1 Ich schlief in einer Nacht mit Reisevorsatz ein,
Und schloß der Karawan’ mich an beim Morgenschein.

2 Ein Wirbel furchtbar sich erhob von Staub und Wind,
Dem Menschenauge ward die Welt umher stockblind.

3 Auch ein Haustöchterchen war da mit auf der Reise,
Die wischte mit dem Tuch den Staub vom Vater leise.

4 Der Vater sprach zu ihr: „Mein holdes Angesicht,
Verstör aus Liebe doch zu mir dein Herzchen nicht!

5 In dieses Auge wird nicht so der Staub sich setzen,
Daß du mit deinem Tuch hinweg ihn könntest netzen." —

6 So lange wird die Luft ob meinem Staub hin gehn,
Bis sie wo anders hin wird jedes Stäubchen wehn.

7 Der Trieb des Lebens trägt voreilig dich bergab
Wie ein unbändig Roß, und steht mit dir am Grab.

8 Die Hand des Schicksals bricht dir unversehns den Bügel,
Und von dem Abhang hältst du nicht zurück die Zügel.

(231.

1 Du Vogelhaus von Bein, es ist dir wohlbekannt,
Ein Vogel wohnt in dir, der Seele wird genannt.

2 Wenn aus dem Käfig ist der Vogel und zerbrach
Die Fessel, stellest du mit List umsonst ihm nach.

3 Nimm die Gelegenheit in Acht! ein Atemzug
Ist Leben, Weisen ist ein Atemzug genug.

4 Auch Alexander, der die Welt am Zügel hält,
Er geht zuletzt hinweg, und läßt zurück die Welt.

5 Vergönnt ist es ihm nicht, daß eine Welt er gebe,
Und eine Stunde Frist empfange, daß er lebe.

6 Sie gehn, und jeder hat geerntet, was gesät:
Und nur der Nam' allein, gut oder schlecht, besteht.

7 Was binden wir das Herz an diesen Einkehrort?
Die Freunde sind schon weg, und wir auch müssen fort.

8 Das Rosenbeet wird stehn nach uns in gleichen Flammen,
Und andre sitzen, die sich lieben, dort beisammen.

— — — — —

231, ᴮ [226, 11. Auch Haringten hat diesen Vers zweimal.]

9 O hänge nicht dein Herz an dieses Lied, die Welt!
   Sie saß bei keinem, dem sie nicht das Herz zerspellt.
10 Liegt erst der Mensch im Bett von Erde, wird mit Rütteln
   Ihm nur der jüngste Tag den Staub vom Antlitz schütteln.
11 Heb' jetzt dein Haupt empor aus der Sorglosheit Schoß,
   Daß du nicht lassest einst es hängen hoffnungslos.
12 Wenn du eintreten willst in Schiras Stadtgehege,
   Wischest du nicht von Kopf und Leib den Staub der Wege?
13 Nun denn, bestaubter Mann der Sünde, nachgerade
   Wirst du zur fremden Stadt eingehn auf deinem Pfade:
14 Ergeuß aus deines Augs zwei Quellen einen Bach,
   Und hast du Schmutz an dir, so wasch' dich allgemach.

(232.)

1 Von meinem Vater her hab' ich ein Angedenken
  (Stets müsse seinen Staub der Gnade Regen tränken!):
2 Er kaufte mir als Kind Tafel und Buch nach Brauch,
  Und einen goldnen Ring kauft' er dazu mir auch.
3 Da nahm den goldnen Ring mir unversehens ab
  Ein Käufer, der dafür mir eine Dattel gab. —
4 Da Kindes Unverstand nicht kennt des Goldes Wert,
  Kann ihm für Süßigkeit es nehmen, wer's begehrt.
5 Du kennst des Lebens Wert noch jetzt nicht, da du ihn
  Wirfst für die Süßigkeit des Weltgenusses hin.
6 Beim Auferständnis, wann die Guten aufwärts steigen
  Vom Reich der Dunkelheit zum lichten Sternenreigen,
7 Wird dir das Haupt vor Schmach zu Boden niederhangen,
  Wenn deine Werke rings im Kreise dich umfangen.
8 O schäme dich des Werks der Bösen, daß du nicht
  Dich müssest schämen vor der Guten Angesicht!

9 Des Tages, wo man fragt nach jedem Werk und Wort,
   Den Frommen selber bebt das Herz vor Schrecken dort;
10 Wo der Bestürzung nicht die Heiligen entgingen,
   Was für Entschuldigung hast du da vorzubringen?
11 Selbst Weiber, die sich gern der Andacht unterziehn,
   Sind Männern, welche Gott nicht fürchten, vorzuziehn.
12 O kommt dich keine Scham vor deiner Mannheit an,
   Wenn Weiber dir's zuvor an Würdigkeit gethan?
13 Ein Weib hat triftiger Entschuldigung genug,
   Wenn es zu Zeiten nicht der Andacht Schuld abtrug;
14 Allein in seiner Seel' empfindet's Leid und Qual,
   Daß es von Blut ist rot und von den Wangen fahl.
15 Du ohn' Entschuld'gungsgrund gehst wie ein Weib abseits:
   Du, minder als ein Weib, nicht als ein Mann dich spreiz'!
16 Inzwischen merke nur auf meine Worte nicht,
   O merke was der Mund der weisen Vorzeit spricht!
17 Der Zungenmeisterschaft rühm' ich mich selbst nicht hie;
   Gesprochen hat das Meer der Dichtkunst, Enweri:
18 „Krumm heißt es, wenn man ab von dem Geraden weicht:
   Was ist der für ein Mann, der selbst dem Weib nicht gleicht!"

(233.)

1 Wenn zart und weichlich du die Seele pflegst, gib Acht,
   Am Ende hast du nur stark einen Feind gemacht.
2 Ein Wölflein groß zu ziehn war einst ein Mann beflissen,
   Und als es groß nun war, hat es den Mann zerrissen.

---

10   [quid sum miser tum dicturus,
      quem patronum rogaturus,
      quum vix justus sit securus?]
17 [Enweri, berühmter Dichter, † um 1190. Die meisten Ausgaben nennen statt seiner
den älteren Dichter Unsuri, einen Zeitgenossen des Firdosi: nur Harington hat Enweri.]

3 Als mit dem letzten Hauch er auf der Seite lag,
Ging ein beredter Mann an ihm vorbei und sprach:

4 „Da du solch einen Feind so zärtlich hast gepflegt,
Weißt du nicht, daß er dir notwendig Wunden schlägt?" —

5 Hat Iblis nicht von uns gesagt das Schmähewort?:
„Die werden anders nichts denn Böses thun hinfort."

6 Weh über's Böse, das in uns wir lassen walten!
Iblis, ich fürchte, wird am Ende Recht behalten.

7 Da der Verfluchte sich vermaß, uns zu bezwingen,
Warf unsertwegen Gott ihn aus des Himmels Ringen;

8 Wie können wir das Haupt vor solcher Schmach erheben,
Daß wir mit Gott im Krieg, mit ihm in Frieden leben?

9 Soll dir vom Freund der Baum der Freundschaft Früchte bringen,
So mußt du nicht dem Feind zum Knechte dich verdingen.

10 Der Blick des Freundes wird wol selten dir beschert,
Wenn dem Gesicht des Feinds ist deines zugekehrt.

11 Dir selbst hast du des Freunds Entfremdung zuzuzählen,
Wenn du den Feind zur Hausgenossenschaft wirst wählen.

12 O siehst du nicht, der Freund wird minder zu dir kommen,
Sieht er, daß dir im Haus der Feind ist aufgenommen!

13 O wenn du weise bist, vom Freunde nie dich trenne,
Daß seinen Blick auf dich der Feind nie werfen könne.

(234.)

1 Erinnerlich ist mir aus meinem Vaterhaus:
An einem Festtag ging ich mit dem Vater aus.

2 Als ich im Spiele mit den Leuten ab mich gab,
Kam ich im Volksgewühl von meinem Vater ab.

3 Da hob ich ein Geschrei, als ich den Mut verlor,
Und unversehens nahm der Vater mich beim Ohr:

4 „Hab ich's nicht oftmal dir, leichtfertiges Gesicht,
Gesagt: 'Laß deine Hand von meinem Saume nicht?'" —

5 Ein kleines Kind ist nicht im Stand, allein zu gehn;
Man findet schwer den Weg, den man nie hat gesehn.

6 Ein kleines Kind im Weg des Heils, o Strebender,
Bist du auch, halte dich am Saum Ratgebender.

7 Mit der gemeinen Welt hab' nicht den Sitz gemein;
Sonst stell' auf Würde nur jedweden Anspruch ein.

8 Leg an den Sattelgurt der Edlen deine Hand;
Almosen fordern, bringt dem Weisen keine Schand'.

9 Die Jünger sind an Kraft noch mehr als Kinder schwach,
Die Scheich' an Festigkeit stehn einer Wand nicht nach;

10 Drum lerne du das Gehn von jenes Kindes Hand,
Sieh, wie es, um zu gehn, zu Hilfe nimmt die Wand!

11 Der ist unheiligen Umkettungen enteilet,
Wer im geweihten Ring der Heiligen verweilet.

12 O wenn dir etwas fehlt, so ziehe diesen Ring
Am Thor, zu dem auch wol ein Fürst bedürftig ging.

13 Geh, lerne Saadi-gleich der Ährenlese pflegen,
Um einen Ernteschatz von Weisheit anzulegen.

14 O ihr, die im Gemach der Gottvertrautheit itzt,
Und künftig an dem Tisch der Auserwählten sitzt,

15 Kehrt nicht von Bettlern vor der Thür ab eu'r Gesicht;
Denn ein Großmütiger vertreibt Schmarotzer nicht.

(235.)

1 Stell' heut mit der Vernunft dein Bündnis wieder her;
Denn morgen steht nicht auf das Thor der Wiederkehr. —

2 Um Geld und Gut betrog die Menschen ein Verruchter;
Und als er seinen Fang vollbracht, dem Teufel flucht' er.

3 Der Teufel aber sprach zu ihm einst unterm Gehn:
„Solch einen Thoren hab' ich nie wie dich gesehn.

4 Im Bunde bist du doch mit mir, o Wunderlich;
Was sträubest du zum Kampf den Nacken wider mich?" —

5 O Schad' und Jammer, wenn, wozu dich angetrieben
Der Teufel hat, dir wird vom Engel angeschrieben.

6 Hältst du's in thörichter Scheulosigkeit für gut,
Daß deiner Unreinheit der Reine Meldung thut?

7 Schlag' einen Heilsweg ein, such' eine Friedensthür,
Ruf' eine Fürsprach' an, bring' ein Entschuld'gen für!

8 Zu hoffen ist nicht Heil in Augenblickes Frist,
Wenn voll im Lauf der Zeit das Maß geworden ist.

9 Wenn dir sich in der Hand der Werke Kraft nicht fand,
So hebe, Kranken gleich, mit Klageruf die Hand.

10 Und wenn das Böse schon die Grenzen überschritt,
Sag', daß es böse ging, und gut fährst du damit.

11 Komm' her, weil du die Thür des Friedens offen siehst,
Bevor man unversehns das Thor der Reue schließt.

12 O laß von dir, mein Sohn, der Sünde Bündel fliegen;
Denn wer beladen geht, wird auf dem Weg erliegen.

13 Du mußt der Frommen Spur nacheilen, daß dies fruchte;
Denn diese Seligkeit fand jeder, der sie suchte.

14 Allein du hängest dich als Schweif dem Teufel an;
Ich weiß nicht, wie du willst dem Engelchore nahn.

15 Denjenigen allein wird der Prophet vertreten,
Der wandelt im Gesetzrichtwege des Propheten.

(235 b.)

1 Dem Schah bot Trotz ein Mann in seinem Frevelmut:
Da übergab er ihn dem Feind: „Vergeuß sein Blut!"

2 Dem Rachegierigen gegeben in die Hand,
Sprach er betrübt bei sich in seines Herzens Brand:

3 „Wenn ich nicht gegen mich den Freund hätt' aufgebracht,
Wie hätte wol der Feind mir wehzuthun die Macht?" —

4 Natürlich hat der Feind dein Fell entzwei gerissen,
Geselle, der den Freund zu kränken war beflissen.

5 O daß du mit dem Freund ein Herz wärst und ein Mund,
So wär' von selbst der Feind entwurzelt aus dem Grund.

(236.)

1 Ein Lehmbeschmutzter schlug den Weg ein zur Moschee;
Um die Beschmutzung war ihm selber wunderweh.

2 Den Eintritt wehrt' ihm wer: „Sei dir die Hand verdorrt!
Komm mit beflecktem Saum nicht an den reinen Ort!" —

3 Mir ward das Herz gerührt, als ich vernommen dies;
Denn rein und lustreich ist das höchste Paradies.

4 In diesem Wonneraum der hoffnungsreichen Reinen
Dürst' ein mit Sündenlehm Beschmutzter wol erscheinen?

5 Das Paradies empfahn, die treu in Werken waren;
Wer Baares lösen will, der kommt zu Markt mit Waaren.

6 Beeile dich, vom Saum den Staub der Schmach zu schwemmen:
Denn unversehns wird man den Strom von oben dämmen.

7 Des Glückes Vogel ist entronnen deinem Band,
Doch hältst du noch ein End' des Fadens in der Hand.

8 Spät ist es schon; doch schreit' nur scharf auf, frisch und munter!
Zu späte fürchtet nicht zu kommen ein Gesunder.

9 Noch band des Bittens Hand der Todestag dir nicht;
Erhebe sie zum Thron des, der das Urteil spricht!

10 O Sünder, der du liegst im Schlummer, auf, erwach'!
Zur Sündentschuldigung gieß einen Augenbach!

6) b Der Strom der göttlichen Gnade.

11 Da man nun doch einmal dies Wasser muß vergießen,
So lassen wir es denn auf dieser Gasse fließen.

12 Und fehlt's am Wasser dir, sei dein Vertreter Einer,
Bei dem ergiebiger dies Wasser ist und reiner.

13 Will Gott mich mit Gewalt von seiner Thüre stoßen,
Mögen vertreten mich die Geister jener Großen.

(237.)

1 Als sie den Rausch empfand vom süßen Liebeschaume,
Da hieng Suleicha's Hand an Joseph's Kleidersaume

2 Der böse Geist der Lust, er fand daran Gefallen,
Daß sie, ein andrer Wolf, den Joseph angefallen.

3 Ägyptens Herrin hatt' ein Götzenbild von Stein,
Vor dem sie Andacht hielt bei Früh= und Abendschein;

4 Doch jetzt verdeckte sie ihm Kopf und Angesicht,
Damit vor Augen ihm das Böse käme nicht.

5 In einem Winkel saß Joseph von Schmerz umgossen,
Vorm Sturm der Leidenschaft die Händ' ums Haupt geschlossen.

6 Ihm küßte Hand und Fuß sie, die in Thränen schwomm:
„O widerspenstiger und ungetreuer, komm!

7 Mit Amboßherzigkeit wend ab nicht dein Gesicht;
Verstör' mit Eigensinn die gute Stunde nicht!"

8 Er ließ den Thränenquell aus seinen Augen springen:
„Laß ab und heiße nicht Unreines mich vollbringen!

9 Du hast Beschämung hier gefühlt vor einem Stein;
Wie sollt' ich nicht beschämt vor meinem Schöpfer sein?" —

10 Was bleibt dir zu Gewinn leichtsinnigen Bestrebens,
Wenn du dabei verlierst das Kapital des Lebens?

---

² Der Wolf, der Josef zwar nicht zerrissen, aber zerrissen haben sollte und sprich=
wörtlich so gestellt wird, als habe er's wirklich gethan.

11 Sie trinken Wein, um rot sich das Gesicht zu färben;
Das End' ist aber, daß sie bleiche Wang' erwerben.

12 Bring' die Entschuldigung heut in die Gnadenpforte!
Denn morgen wird der Gang gehemmet sein dem Worte.

238.)

1 Ich kam als Reisender nach Habessinien;
Mein Herz war wohlgemut und frei wie Pinien.

2 Am Wege sah ich sich erheben einen Zwinger,
Gefangene darin, gefesselt Fuß und Finger.

3 Da macht' ich schnell mich aus dem Staub, und vor der Mauer
Floh ich ins Weite, wie ein Vogel aus dem Bauer.

4 Doch einer sprach: „Die dort Gefangenen sind Diebe,
Sie achten nicht auf Rat, und merken nicht auf Liebe.

5 Da Frevel deine Hand an Niemand hat gethan;
Wenn alle Welt der Vogt ergreift, was geht dich's an?" —

6 Wer guten Namen hat, den nimmt kein Mensch gefangen;
Laß dir vor Gott, und laß nicht vorm Emir dir bangen.

7 Wenn der Verwalter bringt im Korne keine Spreu,
Macht ihn die Sichtung nicht der Rentbeamten scheu.

8 Doch wenn der Lauterkeit sich mischet Falschheit unter,
So regt zur Rechenschaft die Zunge sich nicht munter.

9 Will Fleiß und Eifer nur dem Dienst ein Diener weihn,
Wird er in Ehren auch vom Herrn gehalten sein.

10 Doch wenn er stumpf und träg im Dienst ist überall,
Kommt er vom Leibwachamt zum Dienst im Eselsstall.

11 Vorwärts, und überhol' auch einen Engel hier!
Bleibst du zurück, so bist du wen'ger als ein Thier.

(239.)

1 Einst mit dem Schlägel traf der Schah von Damegan
Einen, daß er zu schrein der Trommel gleich begann.

2 Vor Unbehagen konnt' er in der Nacht nicht schlafen;
Ein Frommer ging vorbei, und sprach, um ihn zu strafen:

3 „Hätt' er mit Inbrunst Nachts sich vor dem Vogt ergossen,
Hätt' ihm nicht Sünd' am Tag die Wangenflut vergossen." —

4 Am Auferstehungstag wird nicht bestehn in Schand'
Ein Herz, das vor den Thron bringt nächtlich seinen Brand.

5 Wenn dir Besinnung ward, erbitte vom Gerechten
Des Sündentags Vergehn in deinen Reuenächten.

6 Wenn noch auf Friede steht dein Sinn, was kann dir schaden?
Dem Flehnden schließet nicht das Thor der Herr der Gnaden.

7 Der Güt'ge, der dein Nichts ins Sein hat treten lassen,
Wie sollt' er, wenn du fällst, nicht bei der Hand dich fassen?

8 Wenn du bist Gottes Knecht, so bringe dein Begehren;
Und mußt du schämen dich, so regne Reuezähren.

9 Kein Schuldbeladner trug zu diesem Thron sein Ach,
Dem nicht die Sündenschuld abwusch der Reue Bach.

10 Gott wird nicht dem den Glanz des Angesichts vergießen,
Dem seine Sünde läßt der Augen Wasser fließen.

(240.)

1 Wohl einen reinen Ort verunreint eine Katze,
Doch weil's ihr häßlich scheint, verscharrt sie's mit der Tatze.

----

¹ Der höchste Vogt ist Gott, dessen Stellvertreter und Werkzeug der Schah (von
Damegan ist blos durch den Reim herbeigeführt). Der Sinn der Rede ist: die Miß-
handlung von Seite des Schahs ist eine göttliche Strafe, verschuldet durch Dienstver-
säumnis.
¹⁰ Hier ist das Gesichtswasser Ehre, Glanz des Angesichts übersetzt; es vergießen zu Schande werden lassen.

2 Fühlest du dich so frei von Mißgefälligkeiten,
 Und fürchtest keinen Blick, der drüber möge gleiten?

3 Gedenk an jenen Knecht und seine Sündigkeit,
 Der seinem Herren ist entlaufen ein'ge Zeit;

4 Wenn er zurücke kehrt aufrichtig reuevoll,
 Ist's not nicht, daß man ihn mit Kett' und Banden hol'.

5 Auflehnen mögest du dich gegen einen Herrn,
 Dem du entrinnen kannst und kannst ihm bleiben fern.

6 In dieser Zeit mußt du der Werke Rechnung tragen,
 Nicht dann, wenn dort das Buch vor dir wird aufgeschlagen.

7 Wer Böses hat gethan, hat's gleichwol nicht gethan,
 Wenn er vorm jüngsten Tag des Bessern sich besann.

8 Zwar wird des Spiegels Glanz getrübt von einem Hauch,
 Doch klärt ein Seufzerhauch des Herzens Spiegel auch.

9 Vor deiner Sündenschuld erbeb' in diesem Nu,
 Alsdann am jüngsten Tag vor Niemand bebest du.

(241.)

1 Die Ernte legt' ein Mann auf Haufen im August,
 Nicht für'n December hatt' er Sorgen in der Brust.

2 In einer Nacht betrank er sich und schürt' ein Feuer,
 Der glückverlaßne Thor verbrannte seine Scheuer.

3 Des andern Tages las er auf der Stoppel Ähren,
 Weil ihm kein Körnchen war geblieben zum Ernähren.

4 Wie sie nun sinnverwirrt den Bettler gehen sahn,
 Sprach Einer mahnend so den eignen Zögling an:

5 „Wenn du nicht also willst umirren trübgemut,
 So setz in Wahnsinn nicht die eigne Scheu'r in Glut.

6 Wenn dir das Leben gieng im Bösen aus der Hand,
 So bist du der gesetzt die Scheuer hat in Brand.

240, ³a [Knecht; in Rückert's Manuscript steht auch hier „Herrn".]

18*

7 Beschämend ist es, wenn man Ähren liest zuletzt,
Nachdem man selbst in Brand die Scheuer hat gesetzt.
8 Mein Leben, thu das nicht! Sä' Frömmigkeit mit Rat,
Und gib dem Wind nicht preis des guten Namens Saat.
9 Wenn ein Unseliger in Weh gestürzt sich hat,
So nehmen Glückliche davon der Warnung Rat.
10 Erhebe heut den Kopf aus der Betäubung Kragen,
Um morgen nicht beschämt ihn auf der Brust zu tragen."

(242.)

1 Mit etwas Häßlichem wollt' einer ab sich geben:
Ein wohlgesinnter Mann ging ihm vorüber eben.
2 Und jener saß, daß ihm vor Scham der Schweiß ausbrach:
„Vorm Scheich des Stadtquartiers bin ich beschämt, ach, ach!"
3 Der Geisterleuchtete gewahrte was er dachte,
Und sprach zu ihm, indem sein edler Zorn erwachte:
4 „O schämst du, junger Mann, nicht selber dich vor dir?
Gott ist zugegen, und du schämest dich vor mir!" —
5 Willst du von irgendwem unangefochten sein,
So hab auf niemand Acht, als nur auf Gott allein.
6 Schäme dich nur so viel vor deinem Herrn, o Kind,
Als du vor Fremden thust und deinem Hausgesind!

(243.)

1 In Sanaa legte man ein Kind von mir ins Grab;
Was soll ich sagen, was es mir für Schmerzen gab!
2 Es ist kein Wunder, daß die Erde Rosen bringt,
Da so viel Rosenwang' und Glieder sie verschlingt.

3 Zum Herzen sprach ich: „Stirb, o du der Welt Unpreis!
Denn rein geht hin das Kind, und schuldbefleckt der Greis.“

4 Aus schmerzlicher Begier nach seiner Wohlgestalt
Drängt' ich mich in sein Grab durch einen Felsenspalt.

5 Vom Schauder an dem Ort der Dunkelheit und Enge
Schwand mir die Farb' und kam der Odem ins Gedränge.

6 Als aus der Wandelung ich zu mir wieder kam,
War's meines Lieblings Ton, den ich im Ohr vernahm:

7 „Wenn dich verstöret hat die Dunkelheit der Stelle,
So sei bedacht, wie du kannst eingehn in die Helle.

8 Soll dir des Grabes Nacht hell gleich dem Tage sein,
So bringe du mit dir der Werke Lampenschein.“ —

9 Den Sonnenbrand erträgt der Landmann mit dem Leibe,
Damit nicht ohn'-Ertrag der Palme Stamm ihm bleibe.

10 Die Leute meinen wol, die allzu hoffnungsvollen,
Daß, wo sie nicht gesät, sie Ernte halten sollen.

11 Doch, Saadi, wer den Baum gepflanzt hat, ißt die Frucht;
Und wer das Korn gestreut, trägt ein die Garbenwucht.

Zehnte Pforte.

Gebet und Schluß.

(244.)

1 Komm, laß vom Herzen uns erheben eine Hand,
Die morgen heben sich nicht kann aus Staub und Sand.

2 In winterlicher Zeit, o siehst du nicht den Baum,
Der durch die Kälte steht der Blätter leer im Raum?

3 Des Mangels leere Händ' erhebet er mit Flehn:
Wird vom Erbarmen er mit leerer Hand ausgehn?

4 Ein namhaft Ehrenkleid wird das Geschick ihm senden,
Der ew'ge Ratschluß wird im Schoß ihm Früchte spenden.

5 O glaube nicht, daß dort zum nieverschloßnen Thor
Je einer hoffnungslos die Hände heb' empor.

6 Sie alle bringen Dienst und Bitte bettlerhaft;
So komm, daß zu dem Thron der Bettlerpflegeschaft

7 Wir wie die nackten Zweig' auch unsre Hand erheben;
Denn länger können wir der Frucht uns nicht begeben.

8 O Lenker des Geschicks, thu einen Blick der Huld;
Denn kommen kann von uns im Leben nichts denn Schuld.

9 Ja, Sünde kommt allein vom staubgebückten Knechte
In Hoffnung auf des Herrn vergebungsreiche Mächte.

10 Wir sind die Pfleglinge, Großmüt'ger, deiner Labe,
Die Kinder, die gewöhnt sind an des Vaters Gabe.

11 Da wo der Bettler sieht Großmut und Mild' und Spenden,
Wird er sich ab vom Schweif des Spendenden nie wenden.

12 Da du in Ehren hier uns hieltest in der Welt,
Ist unsre Hoffnung, daß man dort auch so uns hält.

13 Ehr' und Erniedrigung verleihest nur du Einer,
Erniedern den von dir Geehrten wird keiner.

14 Bei deiner Ehr', o Gott, erniedrige mich nicht!
Beschäme nicht mit Schmach der Schuld mein Angesicht

15 Vor deinem Angesicht muß ich genug mich schämen:
O laß nicht Schande mich vor einem andern nehmen!

16 Gib über mich Gewalt nicht einem meines gleichen;
Besser von deiner Hand wird mich die Straf' erreichen.

17 So schlimm auf dieser Welt ist nichts wie dieses Schlimme:
Dulden zu müssen Schmach von eines Gleichen Grimme.

18 Doch wenn mir auf das Haupt von dir ein Schatte fällt,
So ist mein niedrigstes Gemach das Sternenzelt.

19 Und wenn ein Königsschmuck das Haupt mir soll umlauben,
Bewahr ihn mir, daß ihn mir niemand dürfe rauben.

(245.

1 Nie denk' ich, ohne daß erzittert mein Gebein,
An jenes Brünstigen Gebet beim heil'gen Schrein.

2 So sprach der Brünstige, den Busen heiß von Wehn:
„Vergib mir, o mein Gott, verschmähe nicht mein Flehn!"

3 So tiefbekümmert sprach er zum Erbarmungsreichen:
„Verlaß mich nicht! es wird die Hand mir niemand reichen.

4 Ruf' mich in Huld herbei, treib' mich nicht von der Stelle;
Es hat ja keinen Ort mein Haupt als deine Schwelle.

5 Du weißt, daß ohne Hülf' und ohne Rat ich bin
Bedrängt von Sinnlichkeit, der bösen Heischerin.

6 Nicht also bäumen sich die trotzigen Gewalten,
Daß die Vernunft vermöcht' am Zügel sie zu halten.

7 Wer könnte mit Gewalt begegnen ihrem Sturm?
Aufnehmen kann den Kampf mit Tigern nicht der Wurm.

8 O bei den Männern, die auf deinen Wegen gehn,
Gib einen Weg und laß den Feinden mich entgehn!

9 Herr, bei der Herrlichkeit, dem Wesen, das dir eigen,
Den Eigenschaften des ohn' Ähnlichs, ohne gleichen!

10 Beim Ruf der Pilgerschar im heiligen Gebiete!
Bei dem Begrabenen in Jathreb (ihm sei Friede)!

11 Beim Schlachtruf „Gott ist groß" der Helden in den Schlachten,
Die selbst nur als ein Weib den Mann in Waffen achten!

12 Bei aller Frömmigkeit der alten treubemühten,
Bei aller Innigkeit der jungen neuerblühten!

13 Spring mir in diesem Drang der einen Stunde bei
Gegen die Schmach, daß ich vom Einen sage Zwei!

10b [Jathreb = = el Medina; der Begrabene in Jathreb = Mohammed.]
13a der einen Stunde — — des kurzen nichtigen Lebens d. h. gegen Abgötterei, ver=
mutlich Christenglauben).

14 Mein Hoffen steht auf die, die gute Werke thaten,
Um zu vertreten die, die solcher Werk' entraten.

15 O bei den Reinen, halt' mich vor Besudlung rein;
Und wenn ich Schlechtes that, laß es entschuldigt sein.

16 Bei allen Greisen, die mit andachtkrummem Rücken
Aus Scham vor Sündigem auf den Fußrücken blicken!

17 Verschließ' mein Auge nicht vor meiner Seele Wohl,
Und meinen Mund nicht, wo er dich bezeugen soll!

18 Halt eine Leuchte hin mir auf den rechten Pfad,
Und halte mir gekürzt die Hand von böser That!

19 O wende mir vom nicht zu Seh'nden ab den Blick,
Und vom Unziemenden zieh' mir die Hand zurück!

20 Ich bin das Stäubchen Nichts im Hauche deines Seins;
Dasein und Nichtsein ist in meiner Kleinheit eins.

21 Vom Sonnschein deiner Huld gnügt mir ein einz'ger Glanz,
Damit auf ewig' man mich seh' in Freudentanz.

22 Sieh einen Schlechten an, der nicht verdient das Glück!
Dem Bettler ist vom Schah genug ein gnäd'ger Blick.

23 Willst du mich fassen nach Verdienst und Recht, so klagt
Mein Herz, daß deine Huld nicht das ihm zugesagt.

24 O treib' mich nicht, mein Gott, von deiner Thür mit Schmach!
Denn denkbar ist für mich kein ander Ruhgemach.

25 Und wenn aus Unverstand ich fern blieb ein paar Tage,
Komm' ich zurück, o nicht die Thür vor mir zuschlage!

26 Was zur Entschuldigung der Unzucht führ' ich an?
Nur meine Schwachheit bring' ich vor: O reicher Mann,

27 Ich bin ein armer, faß mich nicht bei meiner Schuld!
Ein reicher Mann hat mit dem Bettelmann Geduld.

28 Um meine Schwäche was soll klagen ich unnützer?
Ich selber zwar bin schwach, doch stark ist mein Beschützer.

29 Aus Unbedachtsamkeit brach ich, o Gott, den Bund;
Wo ist Anstrengung, die dem Schicksal widerstund?

30 Bei allem meinem Rat was kommt heraus? Genug
Ist dieser Spruch zu meines Fehls Entschuldigung:
31 Du hast all was ich that geworfen übern Hauf;
Welch Selbsein nähm' es wol mit dem Selbsei'nden auf?
32 Ich habe nicht mein Haupt entzogen deiner Macht,
Von deiner Macht ist's so mir übers Haupt gebracht.
33 Mein Gott, wir nahen dir mit mangelhaftem Zoll;
Wir nahn mit leerer Hand und Herzen hoffnungsvoll."

(246.)

1 Als einen Schwärzlichen einst jemand häßlich hieß,
Erwidert' er darauf, was jenen staunen ließ:
2 „Ich selber habe nicht mein Bild hervorgebracht,
Daß du mich tadeltest, ich hab' es schlecht gemacht.
3 Was geht die Häßlichkeit meines Gesichts dich an,
Da ich kein häßliches noch schönes machen kann?" —
4 Dem, was von Anbeginn du schriebest an mein Haupt,
Dem wird nichts zugesetzt, o Herr, und nichts geraubt.
5 Und du weißt wol, daß mir jedwede Kraft gebrach;
Allmächtig unbeschränkt bist du; wer bin ich, ach!
6 Wenn du den Weg mir zeigst, gelang' ich hin zum Glück:
Und wenn du mich verlierst, bleib' ich vom Ziel zurück.
7 Wenn seinen Beistand nicht verleiht der Welternährer,
Wie könnte frommes Werk vollbringen ein Verehrer!

(247.)

1 Wie treffend ist, was einst der schwache Derwisch sprach,
Der Buße that bei Nacht, und sie am Morgen brach:

2 „Wenn er die Buße schenkt, dann ist sie dauerhaft;
Denn unsre Festigkeit ist ohne Halt und Kraft." —
3 Bei deiner Wahrheit! schleuß mein Aug' dem Lügenschein!
Bei deinem Lichte! gib mich nicht der Feuerpein!
4 Zur Erde vom Verdruß ist mein Gesicht gelegt,
Und meiner Sünde Staub zum Himmel aufgeregt.
5 O der Barmherzigkeit Gewölk, gib einmal Regen!
Denn vor dem Regen hält kein Staub sich auf den Wegen.
6 Verschuldung gibt mir Raum im Erdenreiche nicht,
Und auf das Himmelreich was gibt mir Zuversicht?
7 Du hörst die Seelen, wo die Zungen sind gebunden;
Den Balsam gibst nur du für alle Herzenswunden.

(248.)

1 Ein Mage hatte vor der Welt die Thür geschlossen,
Vor einem Götzenbild in Andacht sich ergossen.
2 Nach Jahren ward dem Mann, im Glauben so verkehrt,
Durch göttliches Geschick ein harter Stand beschert.
3 Der Arme wälzte sich in Hoffnung, daß ihm müsse
Erhörung werden, hin vor seines Bildes Füße:
4 „Ich bin erlegen, reich' mir eine Hand, mein Götze!
Ans Leben geht es mir; erbarm' dich und mich setze!"
5 In Dienstbeflissenheit so winselt' er gar oft,
Und nie zu Stande kam sein Ding, wie er gehofft.
6 Wie sollt' ein Götzenbild auch eines Manns Anliegen
Vollbringen, das von sich nicht wehren kann die Fliegen!
7 Zu Zorn geriet der Mann: „Du, der Verirrung Strick,
Viel Jahre beugte dir umsonst sich mein Genick.

---

¹ Mage Götzendiener, nach V. 11 Christ.

8 Nun dies Anliegen, das ich habe, mir vollbringe!
Wo nicht, so bitt' ich es vom Schöpfer aller Dinge."

9 Noch lag der Mage dort, das Haupt in Staub und Kot,
Da ward sein Wunsch vollbracht vom Herrn der Reinheit, Gott.

10 Doch ein Rechtgläubiger ward darum sehr betrübt,
Ihm ward die Lauterkeit des Lebens schwer getrübt:

11 "Solch ein hirnschwindliger gemeiner Götzenknecht,
Dem von dem Tempelwein das Haupt noch ist bezecht,

12 Der von Unglauben noch das Herz, die Hand von Trug
Nicht reinwusch, Gott vollbringt ihm seinen Wunsch im Flug."

13 Als sein Nachsinnen in dies Rätsel sich verlor,
Kam ein Geheimnißgruß zu seinem Seelenohr:

14 "Vor seinem Götzen hat der Alte blöd von Sinnen
Viel vorgebracht, und konnt' Erhörung nicht gewinnen.

15 Wenn er von unsrer Thür auch abziehn soll mit Spott,
Wo wär' ein Unterschied vom Götzen und von Gott?" —

16 Freund, am lebend'gen Gott laß sich dein Herz ergötzen;
Denn was da lebet, ist ohnmächtiger als Götzen.

17 Unmöglich legest du dein Haupt auf Seine Schwelle,
Und gehst mit Händen unbefriedigt von der Stelle.

(249.)

1 Ich hört' erzählen, daß ein Trunkner einst von Wein
Erhitzt gedrungen sei in den geweihten Schrein.

2 Zu winseln hub er an dort an der Gnadenschwelle:
"Im höchsten Paradies, Herr, gib mir eine Stelle."

3 Am Kragen packte da ihn der Mu'eddhin: "Fort,
Mensch ohne Gottesfurcht! ein Hund und dieser Ort!

___

16 b [was da lebet, d. h. die Geschöpfe; sie sind noch ohnmächtiger, als Götzen.
3 [Mu'eddhin, Gebetrufer.]

4 Was thatst du, um dafür den Himmel zu verlangen?
Zum häßlichen Gesicht steht dir nicht an dies Prangen."

5 Er sprach's, da weinete der Trunkne bitterlich:
„Ich bin betrunken; Mann, leg nicht die Hand an mich!

6 Es nimmt dich Wunder, daß zur milden Gnadengabe
Des Allernährenden ein Sünder Hoffnung habe!

7 Ich sage nicht zu dir: nimm meine Fürbitt' an;
Gott ist mein Hort, die Thür der Reu' ist aufgethan.

8 Ich muß vorm Gütigen mich schämen, seiner Huld
Genüber irgend groß zu nennen eine Schuld.

9 Wer von dem Alter sich geworfen sieht danieder,
Reicht man ihm nicht die Hand, so steht er auf nicht wieder

10 Ich bin ein solcher so gefallner schwacher Greis;
Gott, reiche mir die Hand, um deines Namens Preis!

11 Ich sage nicht, du sollst mir Größ' und Ehre schenken;
Du sollst mir meinen Fall und Sündenschwere schenken!

12 Wenn ein Genosse sieht an mir nur kleinen Fehl,
Macht er in Unverstand gleich ruchbar meinen Hehl.

13 Du schanst, indes wir scheu uns vor einander wahren,
Und deckst Gebrechen, die wir schonlos offenbaren.

14 Die Menschen heben laut von außen ein Geschrei,
Du im Verborgnen willst, daß es verborgen sei.

15 Lehnt sich ein Diener auf in unverständ'gem Sinn,
So zieht ein güt'ger Herr den Griffel drüber hin.

16 Erlässest du Vergehn nach Maße deiner Huld,
So bleibet auf der Welt nicht übrig Eine Schuld;

17 Doch wenn du strafen willst nach deines Zorns Gewicht,
So sende mich zur Höll', und nimm die Wage nicht!

18 Wenn du die Hand mir reichst, werd' ich ein Ziel erreichen!
Und stößest du mich weg, wer soll die Hand mir reichen?

———— —— —

8 [vorm; Rückert: vom.]

19 Wer kann Gewalt mir thun, wenn du mir Beistand leihst?
Und wer nimmt mich in Haft, wenn du mich, Herr, befreist?

20 Zwei Haufen werden sein am Auferstehungstag;
Ich weiß nicht, welches Wegs man dort mich weisen mag.

21 Da nichts durch meine Hand als Unrecht ist ergangen:
O Wunder, wenn ich soll zur rechten Hand gelangen!

22 Mein Herz läßt mich von Zeit zu Zeit den Trost vernehmen,
Vor meinem weißen Haar werde der Herr sich schämen;

23 Allein, wie sollt' er denn vor mir sich schämen, da
Ich vor mir selber nicht geschämt mich habe ja?

24 Hat Joseph, der so lang ertragen Haft und Not,
Bis hoch ward seine Würd' und geltend sein Gebot,

25 Den Söhnen Jakobs nicht großmütig einst verziehn?
Denn lieblicher Gestalt ist edler Sinn verliehn.

26 Nicht legen wollt' er sie in Haft um ihr Vergehn,
Noch den geringen Preis in ihrer Hand verschmähn.

27 Auch ich, Erhabenster, muß dieser Hoffnung leben;
Mir, dem der Kaufpreis fehlt, wirst du geschenkt es geben.

28 So schwarz wie mich sah man noch keinen angeschrieben;
Denn nichts ist angenehm von dem, was ich getrieben,

29 Als dieses nur, daß ich auf deinen Beistand traue,
Und meine Hoffnungen auf dein Vergeben baue.

30 Als einen Kaufpreis bring' ich meine Hoffnung blos:
Laß, Gott, nicht von der Huld mich ausgehn hoffnungslos!"